インフォーマル・パブリック・ライフ

人が惹かれる街のルール

飯田美樹

はじめに

この研究は、私が京都郊外のニュータウンに引っ越したことをきっかけにして始まった。私がそこを見学したのはたった一度きりだった。ショッピングセンターも徒歩圏内、公園も豊富で、歩車分離が進んでおり、車にはねられる可能性も低いこの街は、ウォーカブルでベビーカーも使いやすく、生後半年の子どもを抱えた母親にはよさそうだった。

「なんだか嫌な予感がする」

そのとき確かに私は思った。しかし、この優れた街の設定に対して、「では一体何が嫌なのか？」と問われても、論理的に反論することは不可能だった。そして、私は幸せな家庭を夢見て引っ越した。幸せになるための選択が、実は不幸の始まりだったとは夢にも思わずに。

新米の母親だった私は、できるだけその街になじむための努力をし、ベビーカーを押しながら探検を試みた。家の前には巨大な公園があったが、朝から晩までそこにいるのは私と小さい息子だけであり、より遠くへ足を延ばしたところで状況は変わらなかった。そこにあるのは美しい街路樹とその奥に広がる山々、延々と続く団地と住宅街であり、多くの人が住んでいるはずなのに、歩いている人はほとんどおらず、まるで歩いていることが間違っているかのようだった。

私の精神状態はどういうわけか日増しに悪化し、泣くことが多くなってきた。しかし、その理由は自分はおろか、周りの誰にも理解できず、私は得体の知れない孤独を抱え続けていた。

子どもを産んで急に専業主婦になり、誰一人知り合いのいない郊外のニュータウンに引っ越し、まさに出口の見えないトンネルの真っ只中にいた私のささやかな希望といえば、出産直後に前著『カフェから時代は創られる』を出版したことだけだった。そしてその本を読んだ先生方から「レイ・オルデンバーグの『The Great Good Place』は飯田さんの研究の役に立つのでは」と言われて読むことにした。

当時の私は日本語の本を読む気力すらなく、英語の本など一冊も読んだことはなかったが、その本だけは子どもが昼寝したときや三時間だけ一時保育に預けられたとき、辞書を片手に必死になって読み進めた。というのも、この本にはアメリカ郊外の専業主婦の孤独が描かれており、まさに自分のことが書かれているように思えたからである。オルデンバーグはアメリカ郊外の専業主婦の孤独の原因は、「インフォーマル・パブリック・ライフ」の欠如によるのだと説いていた。

「インフォーマル・パブリック・ライフ」を一言で表すと、気楽に行けて、予期せぬ誰かや何かに出会えるかもしれない、あたたかみのある場所である。そして私は、これを研究しようと心に決めた。

思えば、私が学生時代に留学していたパリはニュータウンとはまさに対極的であり、インフォーマル・パブリック・ライフに満ちていた。ニュータウン時代は子どもを一時保育に預けた帰り、パン屋のイートインの壁に描かれていたワイン産地の絵をぼんやりと眺め、いつかあそこに行きたいと思い、児童館の階段の踊り場に飾られていたパリの絵を見ては、私はあそこにいたはずなのだ、と自分に言い聞かせるように眺めていた。しかし私には現実的な希望は何ひとつなく、次第に自分が大学院に行ったことも、京都の街を自転車で駆け抜けていたことも忘れていった。

その後数年がたち、幸運なことに私は憧れていたフランス各地のワイン産地を取材する機会に恵まれた。そんななかで、先進的な都市ほど車中心社会から脱却しようとしていることに気づき、また、インフォーマル・パブリック・ライフが盛んな場所ほど人で溢れ、人が集まる場には世界のどこであれ共通点があるのだと気づくようになる。

前著のおかげで東京大学とのつながりもでき、本郷キャンパスでのカフェイベント「UTalk」のホストとなった私は、これを機にまちづくり関係の多くの先生をお招きし、研究室でも話を聴かせていただいた。なかでも、中島直人先生がしてくださった、ニューヨークの中心部を歩行者空間にしていった都市改革の話は本当に衝撃的で、「ニューヨークのような大都市すら変えることができるのか！」と驚いたことを今でもよく覚えている。その後「都市は変えられる」が私にとっての大きなテーマとなり、長い間、本書のタイトルの第一候補となっていた。

インフォーマル・パブリック・ライフにますます興味を抱いた私は、世界で一番美しいといわれるヴェネチアのサン・マルコ広場を訪れた。それは子どもを産んでから八年目にして初めて手にした、たった二日間のバカンスだった。私は、そのヴェネチア行きが人生を変えるように思っていた。サン・マルコ広場には三軒のカフェがテラスを張り出し、朝から晩まで楽団による生演奏が繰り広げられ、思い切って「カフェ・フローリアン」でカプチーノを注文し、生演奏を聴きながら広場を眺めていた喜びは忘れられないものとなった。

帰国後に、一体何がこの広場の魅力を形作っているのかを考えてみると、この美しい広場から生演奏のある三軒のカフェを取り除いてしまったら、実はほとんど何も残らないと気づき、インフォーマル・パブリック・ライフを生み出すには、長年私が研究してきたカフェという場が大きな役割を果たしているのではないかと気づき、ようやく「カフェ文化」と「インフォーマル・パブリック・ライフ」という二つの研究がつながった。

十年以上の長い年月を経て、本書はようやくかたちになった。私はなぜあのときヴェネチアに行ったのかわからなかったし、そのときは何も変わらなかった。だが今になって振り返ると、ヴェネチアに行かなければ、インフォーマル・パブリック・ライフとカフェとの関係性に気づくことはなかったし、英語ができるようになってやると決意することも、そのとき「ボンジョルノ」しか知らなかったイタリア語を勉強することもなかっただろう。そして、イタリアにこそインフォーマル・パブリック・ライフの原型があるのだと気づかなかったに違いない。

本書をかたちにしていく過程は、苦しいことの連続だった。出版計画は二回も頓挫し、もはやＰＤＦで公開するか大学の近くで製本でもするかと思っていたが、「ＮＰＯ法人ミラック」の西村勇哉さんのご英断のおかげで、この長い研究はようやくかたちになった。

街のデザインは、私たちの想像以上に人の行動や感覚に影響を与えているものである。こんな街にはいたくない、この街にはなぜか惹かれる、そんな「なぜかわからないけど、そう感じてしまう」というのは、単なる文句や気分ではなく、そう感じる理由があるからだ。問題はその理由がこれまで言語化されず、多くの人が「なぜそう感じるのか、なぜそれが大事だと思うのか」を言葉で説明できなかったことである。

本書は私がニュータウンへの引っ越しを決めたとき、直感では感じていたものの、言葉にすることができなかった街への違和感と、その後に抱えた原因不明の孤独をきっかけに、インフォーマル・パブリック・ライフの重要性と、街のデザインが人に与える影響を研究し、可能な限り言語化したものである。

なぜある街は魅力的で、なぜある街からは人が去ってしまうのか、これからの街のあり方を考えるときの重要なヒントが本書には詰まっているはずだ。この本を手にしてくださった方の人生に、少しでも本書が役に立てば幸いである。

インフォーマル・パブリック・ライフ　目次

はじめに 002
序章　サバルタンは語りうるのか? 012
第一部　人を惹きつける街にあるインフォーマル・パブリック・ライフ 027
第一章　インフォーマル・パブリック・ライフ 028
第二章　人を惹きつける街 056
第二部　理想の郊外の厳しい現実 101
第三章　人が大事にされない街 102
第四章　理想の楽園としての初期郊外 138
第五章　幸せのプロパガンダ 176

第六章　郊外にインフォーマル・パブリック・ライフがないのはなぜか　208

第三部　車社会からの脱却を目指す社会　243

第七章　車社会という問題　244

第八章　脱車社会を目指す世界　268

第四部　インフォーマル・パブリック・ライフの生み出し方　297

第九章　インフォーマル・パブリック・ライフを生み出す七つのルール　298

第十章　カフェだからこそ　430

おわりに　452

主要参考文献　463

序章　サバルタンは語りうるのか？

二十一世紀に入って二十年以上がたった今、世界は荒波のように揺れ動いている。二〇一六年、イギリスは国民投票によって、まさかのEU離脱を選んでしまった。二〇一九年には、ボリス・ジョンソン首相の保守党が予想外に圧勝し、それまで行ったり来たりを繰り返していたEU離脱が急速に現実化した。二〇一六年、アメリカでは現地のメディアから散々批判されていたトランプ氏が、「Make America Great Again」のスローガンで大統領になってしまった。二〇一八年十二月、パリでは「黄色いベスト運動」が始まり、シャンゼリゼ周辺の高級店が攻撃され、「フランス革命の再来か」と言われるほどだった。翌年の二〇一九年十二月、年金制度改革に反対する史上最大規模のストライキが起こり、一四路線あるメトロで動くのは二路線だけとなり、バスにも乗れない状態が数週間にわたって続いていた。

香港では、二〇一九年六月から大規模なデモが続き、蒸し暑さにも混乱した状況にも負けず、人々は戦いをやめなかった。

こうした動きは一方ではポピュリズムと呼ばれ、一方では民主化運動と呼ばれるものの、これらに共通するのは、社会的弱者の我慢が限界を迎えたということではないだろうか。

二十世紀の激しい競争社会の中で勝ち組となり、ピラミッドの頂点に立てたのは主に裕福な家庭に生まれ育ち、人が羨む教育を受けてきたエリートだった。彼らは人口の割合ではごく少数であるにもかかわらず、圧倒的な富を所有し、彼らにとって不利益のない社会構造をつくってきたようである。

とはいえ、そんな彼らの生きている世界と、圧倒的多数の生きている世界は大いに異なり、多くの人は、ひたすら毎月の支払いに追われる生活に嫌気が差しているのだろう。

何十年もこうした状況を続けた上で彼らが痛感したのは、こうした状況を受け身のままで続けていても、状況は一向によくならないということである。非難の矛先《ほこさき》や彼らの行動の仕方が正しいのかは議論の余地があるとはいえ、これまでの社会の支配層に対して「自分たちの声にも耳を傾けてくれ！」という声はますます強くなっている。

この本に通底する大きなテーマは「サバルタンは語りうるのか？」というものである。つまり、抑圧され従属的な立場にある弱者は語ることができるのだろうか？

弱者はそもそも弱い立場であるがゆえに、強者に耳を傾けてはもらえない。立場の強い者は弱者になど興味がないからだ。やっと聞いてもらえたとしても、弱者の言い分は往々にして文句にしか聞こえない。強者に聞く耳をもってもらうためには、彼らと同じ土俵に上がる必要があり、論理的な言い回しだけでなく、時には言語を習得する必要すらある。

しかし、弱者の状況を考えたとき、金銭的・時間的余裕のなさから、それはほとんど不可能である。こうした事情が重なって、彼らの言い分はほとんど耳を貸してもらえない。

つまり、往々にしてサバルタンは語りえないのだ。しかし、社会の中では小さな存在であっても、数では圧倒的大多数であることに気づいた人々が、今声を大にして言いたいことは、「もうこんな状況にはうんざりだ」「もっと俺たちの声を聞いてくれ」「ここは自分の国なんだ」ということだろう。

自分らしく生きられる街のあり方

多くの運動で批難の矛先となってきた、社会的に成功しているお金持ちやエリートは、全てを手にした羨ましい存在に思えるものだ。とはいえ、彼らも心の底から幸せかといえば、実は空虚感や満たされなさを感じ、ふと湧き起こる根源的な問いを覆い隠すために、マリー・アントワネットのように消費を繰り返しているのかもしれない。

二十世紀は、資本主義の巨大なシステムの中でうまくやっていくために、ピラミッドの頂点を目指すのが当然のように肯定された時代だった。「エリートになれば」「一流企業に入れば」「グローバル社会で活躍すれば」「美しく大きな一軒家を手にすれば」、あなたは幸せになれるのだと。

しかし、果てしない努力の末にやっと手にしたが、自分の理想とは大いにかけ離れていたとしたらどうだろう。もしかすると、社会的弱者であれ、成功者であれ、二十世紀のパラダイムの中でもがき続け、本来の自分が悲鳴を上げているという点では変わらないのかもしれない。

二十一世紀に求められているライフスタイルは、こうした自分の手には負えない巨大なシステムの中で自分の小ささや疎外感を感じる生き方ではなく、ヒューマン・スケールで、もっと自分らしくあれる生き方なのではないだろうか。そして、そんな生き方を可能にする街のあり方とはどのようなものだろう。

一九六〇年代から、ヨーロッパやアメリカを中心に、車社会で空洞化した都市に対して危機感を抱き、街に活気を取り戻すにはどうすればよいかという研究・実践をする者が現れ始めた。

彼らは、街のデザインや交通システムが、それを使う人々に大きな影響を与えているということを発見した。自分一人では無力で何もできないと思うか、自分は尊厳ある人間だと思えるかは、本人の気持ちのもちようだけでなく、実は街のデザインや周辺環境も大きく影響しているのである。

彼らのおかげで、今日では街に活気を取り戻すための研究・実践方法はかなり明確になってきた。現在活気を取り戻している世界の街はほとんどの場合、以前の姿をしっかり反省し、街を変える取り組みに成功したものであり、初めからうまくいっていたわけではない。

しかし、日本の状況を見てみると、二十一世紀になって二十年以上たった今でも、多くの街では問題が解決できずにいるようである。では、この差は一体何に由来しているのだろうか。

街は誰のものなのか

私がこんなことを書くと、「お前は一体何者なのだ?」と問う人もいるだろう。都市計画の専門家でもなく、建築関係の出身でもないくせに、まちづくりに関する本を書く資格があるのかと。しかし、まちづくりに関して、声を大にして発言すべきなのは、その街で暮らし続ける住民ではないだろうか。

世界中で始まっている「ストリートは誰のものか?」という問いに対する答

えは、「ストリートは私たちのものだ」ということである。ストリートが私たちのものであるならば、街も私たちのものではないのだろうか。

良質な住環境を誰よりも必要としているのは、都市計画家でも建築家でもなく、そこに住み続けることになる住民である。寂《さび》れゆくニュータウンや、車がないと買い物もできない生活が内心嫌だと思いながらも住み続けるのは、そこしか選択肢がないからであり、小さい子どもを抱えた主婦や体調の優れない高齢者、切り詰めた年金生活をしている者など、そこから出ることができない者にとっては、住環境の良しあしは精神衛生に直結する。

彼らは住環境からの影響を受け、苦しみを抱えながらも、その苦しみが一体何に由来するのかもわからないまま、ストレスを和らげるために、病院やマッサージなどに通ってなけなしのお金を払う。質の低い住環境が改善されないまま自己責任として放置されれば、将来的にそこが社会問題の巣窟となり、見捨てられていく可能性は高いだろう。

当事者がまちづくりを学ぶには

では、まさに当事者である住民たちが自分の街を良くしたいと願い、自分の時間を割いて何かしようと思ったとき、成功するまちづくりの秘訣は一体どこで学べるのだろう。

たしかに日本では、優れたセミナーや研究会、シンポジウムなどが開催されている。だが、私の印象では、まちづくり関係の知が集結しているのは今のところ東京であり、一旦東京を経由してから知が地方に流れているようである。

社会全体のオンライン化が進んだとはいえ、それらが東京で開催されている場合、地方に暮らし、往復の移動費を払える余裕のない人にとっては、東京でのセミナーに参加することは難しい。

では、「これさえ読めば大丈夫」という本があるのだろうか。本を二〜三冊買うことならそこまでハードルは高くないし、ネットでどこからでも購入できる。しかし、七年以上かかったこの研究において、これさえ読めば成功する「まちづくりの秘訣」がわかると思えるものには出会えなかった。そのため、門外漢である私がまちづくりの秘訣を学ぶには、非常に多くの資料を読み解く必要があり、そのためには膨大な時間と労力が必要だった。

これは多少の興味さえあれば誰にでもできるようなものではなく、この研究はほとんど執念に近い。それに加えて、そもそもパブリック・ライフの活性化や成功するまちづくりについての優れた本の多くは日本語で書かれていないのだ。

パブリック・ライフ研究の大家であり、世界の都市改革に影響を与えてきたヤン・ゲール氏の『パブリックライフ学入門』は素晴らしく、多くの本が紹介されている。しかし、もっと学びたいと思っても、巻末に記載されている参考文献の七割は邦訳されていない。

本書のために必要となった多くの訳本は、都立中央図書館の書庫や東京大学工学部の図書館に、忘れ去られたように眠っていた。つまり、書店や一般的な図書館で誰もが目にして手に取れるようなところには置かれておらず、わざわざ書名検索をする必要があり、絶版の本も多かった。東京の中心部ですらこんな状況である上に、東大の図書館は誰もが使えるものではない。それゆえ、地方でまちづくりに興味をもった一般の人がこうした本にたどり着くのは非常に困難なことだろう。

言語の壁

また、語学が壁となり、世界の知見が一般の人にまで届いていないことも問題である。研究を進めるうちに、日本語の本だけではパズルのピースが足りないことに気づいた私は、急速に英語力を上げる必要があることを痛感した。その後、多くの英語の本を注文したが、それらの平均的なボリュームは一冊三百ページ前後である。

私はフランス語と英語の通訳案内士としても活動しており、日本においては語学の上級者に分類されるだろう。それでも、こうした本を読みこなしていくには膨大な時間がかかり、とても片手間で読めるようなものではなかった。

私はこうした本を読むたびに、これらの本は本当に日本で読まれているのだろうか、読まれているのであれば、その人たちはどれほど卓越した速読能力のある人たちなのだろうと自分の語学力を呪わずにはいられなかった。

こうした本の多くが邦訳されていないのは、実際に原書を丸ごと読んだ人が非常に限られていることと、翻訳に多大な手間がかかること、そして売れる保証がないからだろう。その結果、一般人が日本語で読めるのはごく一部の相当知名度の高い本だけとなり、それも現地での発刊から何年もたってからのことである。

しかも、日本語となって現れた本は欧米圏の都市改革の知見のごく一部であり、パズルのピースの多くが欠けている。ここでパズルを無理やり完成させようとすれば、当然完成像は本来のものとは異なり、いびつな形になってしまう。

そのため、日本では表面的な情報は多くても、「なぜ彼らがこうしたまちづくりをしているのか」という本質的・哲学的な部分までが伝わらず、表面的に真似て、長続きしないということが起こりがちである。

まちづくりの基礎技法

最後の問題点は、日本で書かれる本の大半が、事例研究であることである。「ある国のAという街では」という事例研究、事例の紹介はいくつもあり、雨後の筍《たけのこ》のような勢いで出版されている。これは恐らく、細かい事例研究の場合は研究費がつきやすく、それらを後にまとめて出版することが多いからだと思われる。

だが、まちづくりの初心者がこうした本を読んだ後に抱きがちな感想は、「そんなこと言われたって」というものである。「こんなのは無理、私たちの状況とはあまりにも違う」と彼らは思うだろう。当然である。それは、基礎をしっかり認識・習得していないのに、応用編の事例を見せられているからだ。

これは語学を始めたばかりの初心者が、通訳の人を見て圧倒されるのに近い。「私には無理、一生こうなれない」とその人は思うだろう。しかし、実際には通訳者も生まれながらに通訳者であったわけではなく、彼女にだって四行の文章を訳すのに二時間かかった時代があったのだ。

基礎をないがしろにしては、語学は絶対に上達しない。私は語学を教えるなかで、このルールは非常に多くの事象に共通することに気がついた。今、うまくいっているように見える人は、そうなる以前に必死に基礎を積み重ねてきたわけであり、その表面だけを真似てもうまくいかないのは当然である。

語学上達の鍵が天賦の才能ではなく基礎と努力の積み重ねにあるように、まちづくりもしっかりした土台と、目標に向かって諦めなかった人々の戦いや交渉の積み重ねによるものであり、その結果として後から経済的繁栄、知名度や整った法制度がついてくる。

日本では、成功するまちづくりの大前提、語学でいうところの基礎の文法や構文は、一般人が興味をもっても簡単に手が届かない状態でありながら、応用編の事例紹介ばかりが数多く存在する。

これは語学でいうと、英検四級の参考書が書店にないのに、一級の参考書だけが山積みされているようなものである。これでは挫折するのは当然であり、長続きのしようがない。

私は地方でまちづくりに力を注ぎ、人生をかけて自分の街を良くしたいと奮闘している人を何人も知っている。本書は、少しでもそんな人たちの助けになればと思い、自分の語学力を最大限に駆使し、長年の研究を積み上げて執筆したものである。

街を、道を自分たちの手に取り戻す

私はこの研究を続けるなかで、後述するインフォーマル・パブリック・ライフを生み出すルールが世界中で当てはまることを目の当たりにしていった。それはまるで魔法のように、人の動きに影響を与えているのである。

人はよく「あの街は有名だから」と言うが、実際にはパリやヴェネチアのように有名な街だからといって隅々まで賑わっているわけではなく、このルールから外れた途端に人の動きが激減する。問題は都市の知名度でも、立地条件でもないのである。

本書で述べるルールはどこの国であれ、優れた場所とそうでない場所を分析するのに非常に有効だ。人を集めることに成功している空間を観察すると、ほとんどこの法則が当てはまる。「何か変だな」という場合には、ルールのいくつかが欠けている。

世界では、街を、道を自分たちの手に取り戻すという動きが始まっている。街も、道も、そして私たちの人生も、本当は私たちのものだったのだ。

今、日本で多くの人が生きづらさを感じているのは、与えられた理想像や街のあり方が、現代の私たちに合っていない、時代錯誤のものだからではないだろうか。それは個人の責任というよりむしろ、社会の機能不全かもしれない。

「私が社会に適応できなかった」のではなく、変わりゆく時代に合わせて社会や街がアップデートされないことが問題なのだとしたら？　得体の知れない生きづらさが実は街のあり方、そしてそこに通底する思想に起因するのなら、まずは何が問題なのか、それを一度客観視する必要がある。

住環境というのは、単に静かな住宅地とスーパーやコンビニが徒歩圏にあればよいというわけではない。私たちの周辺環境は、日々確実に私たちの思考や行動に影響を及ぼしている。だからこそ、自分たちの幸せな未来のために街のあり方を問い直すこと、それが重要なのである。

第一部　人を惹きつける街にあるインフォーマル・パブリック・ライフ

第一章　インフォーマル・パブリック・ライフ

インフォーマル・パブリック・ライフとは

世界一有名なその広場に一歩足を踏み入れたとき、「嗚呼《ああ》ついにヴェネチアに着いたのだ」と誰もが高揚感を感じることだろう。整然として美しい長方形の回廊と、黄金色に光り輝くサン・マルコ寺院。空に向かって一斉に飛び立つ鳩の群れ。遠方からはカモメの声が聞こえてくる。空を舞う鳥たちは自由を象徴しているかのようである。

サン・マルコ広場にあるのは独特の開放感と海洋国の誇りである。広場の向こうにはアドリア海が広がり、いくつもの船やゴンドラが忙しそうに出入りしている。ゴンドラ乗りが一本の櫂《かい》で大海に繰り出すように、自分の人生もこの先どうなるかはわからない。けれどもここでの開放感と幸福感は、ささやかな希望を与えてくれる。

子どもたちは広場で駆け回り、テラスを張り出したカフェからはオーケストラの生演奏が聞こえてくる。せっかくだからとテラスに腰かけ、ゆっくり辺りを見回すと、歩いていたときとはまた違う視界が開け、本当にサン・マルコ広場にいるのだという実感が込み上げてくる。

やっとたどり着いたヴェネチアに、ひと時の自分の居場所が存在する。そこでは飲み物を片手にリラックスでき、目の前には黄金色に光り輝くサン・マルコ寺院の姿がある。初めて来たにもかかわらず、カフェのスタッフは自分を一人の人間として大切にしてくれる。世界でたった一つの空間で、ゆったりした時を過ごせ、移り変わる光景をぼんやりと眺めていられるのは、なんて幸せなことだろう。

夜が更けるにつれ、サン・マルコ寺院は妖艶な魅力を放ち始める。テラスの客が増えていくにつれて、オーケストラの演奏にも気合が入る。そこに知り合いがいなくても、隣の客と言葉を交わさなくても、独特の一体感を感じていられる。有名な曲が演奏されたときの皆の嬉しそうな表情や、演奏がのってきたときに拍手を送りたくなる感情は、人種を超えて共通しているようである。

自分の時間や主体性を大事にしながら、ゆるやかに人とつながっている感覚がもて、時に感動を共有できる。ここに集う人々の出身国や、価値観は違うはずだが、そこには人類に共通する幸福の概念が具現化されているようである。

コロンビアの首都、ボゴタを変えた元市長のエンリック・ペノロサは、「素晴らしい公共空間とは魔法のようなもので、そこから生まれる幸福はやむことがない。というのも、公共空間はほとんど幸福そのものだからだ（筆者訳）」と述べている。［001］優れた公共空間は何度訪れても幸福感を感じていられる。

001. Charles Montgomery, Happy City: Transforming Our Lives Through Urban Design (Penguin Books 2015)

サン・マルコ寺院とオープンカフェ

それは、まさにこうした場で過ごす時間が幸せそのものだからではないだろうか。

　社会学者のレイ・オルデンバーグは、アメリカでは「家庭」と「仕事」以外に友人や知人と気軽に落ち合える場や機会がないことで、「家庭」と「仕事」という二つの場に対する人々の期待が過度になり、結果として離婚率が世界一となり、ストレスが原因の長期欠勤や生産性の低下を誘発したと説いている。〔002〕

　後述するが、プライベートな空間がここまで重視されるようになったのは産業革命以降のことであり、人は「家庭」「職場」、それらの外で人と出会える「第三の場」という三つの柱で精神的なバランスをとってきた。オルデンバーグはサードプレイスについて語る前に、「インフォーマル・パブリック・ライフ」について説明し、その核となる場のことをサードプレイスと呼んでいる。

　インフォーマル・パブリック・ライフとは、肩書や社会のコードから一旦離れ、リラックスし、自分らしくいられる場のことである。そこは魔法のように人を惹きつけ、人を吸い寄せる力をもっている。インフォーマル・パブリック・ライフを特徴づけるのは、次の五つの点である。

サン・マルコ広場の先には海が広がる

002. Ray Oldenburg
The Great Good Place: Cafés, Coffee Shops, Bookstores, Bars, Hair Salons and Other Hangouts at the Heart of a Community
(Da Capo Press 1999)

・朝から夜までどんな時間でも人がいる
・誰にでも開かれており、そこでゆっくりすることが許される
・あたたかい雰囲気があり、一人でも、誰かと一緒にいるような安心感がある
・そこに行くと気持ちが少し上向きになる
・そこでは人がリラックスしてくつろぎ、幸せそうな表情をしている

インフォーマル・パブリック・ライフはあたたかい。そこには人間本来のあたたかみや優しさが凝縮されているようである。私は彼らを知らないけれど、同じ場所で時を過ごすことで、大事なものを共有している気になれる。老若男女、外国人、犬、猫、鳩、波の音など様々なものが交わり、誰もがそこでゆっくりすることを許される。

そこには、大道芸人もいればガラクタを売る人もいる。いろんな人がいて、活気があり、人々のポジティブなエネルギーで満ちている。美味しそうな香りがどこからともなく漂ってくる。皆そこで過ごす時間をリスペクトして、わざわざその場所にやって来る。

今すぐ家に帰りたくない、今すぐ仕事に行きたくない、そんな気持ちを抱えたままで、そこでしばらく過ごしていると、さっきまでの悩み事が消えていく。

フランス、ディジョンのリベラシオン広場

自分の知っている狭い世界だけが世界ではない、もっと広い世界があったはずだ。誰かと言葉を交わさなくても、ちょっと前向きな気分になり、「よし、頑張ろう！」と思える場、それがインフォーマル・パブリック・ライフなのである。

ちなみにインフォーマル・パブリック・ライフは昨今語られる「パブリック・ライフ」や「ストリート・ライフ」と意味が近い。あえて「インフォーマル」という言葉を加えた理由は、日本では「パブリック」というと駅や病院、区役所などの公共空間が想像されがちだからである。

インフォーマル・パブリック・ライフの舞台は主に広場や公園、市場、川沿いや街路に面したオープンカフェなどだ。日本では、公に開かれた空間でリラックスし、くつろいだ姿をさらけ出すという行為は一般的でないため、経験したことがある人のほうが少ないかもしれない。

これに近い概念である「アウトドア・リビング・ルーム」も、もともとプライベートな空間で行っていたことを、公の空間に持ち出すことである。たとえば公園でのピクニックにワインやグラス、チーズにテーブルクロスまで持参して楽しむ姿は、その発想がなかった人に新鮮な驚きを与えるだろう。

公共空間は公のものだから誰にも属さない、誰のものでもない冷たい空間なのではなく、むしろ私たちが狭い世界を飛び出して人生を楽しむための空間であり、それを促す場やそこでの経験がインフォーマル・パブリック・ライフだといえる。

インフォーマル・パブリック・ライフの原点

インフォーマル・パブリック・ライフの原点となるイメージはイタリアやフランスのリラックスした広場や公園、オープンカフェである。前述したサン・マルコ広場や、十三世紀につくられ、今でも市民に愛されているシエナのカンポ広場はまさにその代表例だ。

カンポ広場は、周囲が建物で閉ざされた扇形の広場である。中央部分にはハイライトとなる市庁舎と「マンジャの塔」があり、扇の曲線部分はオープンテラスを張り出したカフェやレストランで埋め尽くされている。

この広場に足を踏み入れると、建物に囲まれているためか独特の安心感があり、周りの人につられて自分も座ってみたくなるから不思議である。座りやすく設計された広場の傾斜に腰を下ろし、辺りを見回すと、「ついにシエナのカンポ広場まで来たんだ！」という感動が込み上げてくる。

シエナのカンポ広場

中世につくられ、その面影をしっかりと残すこの広場に人は明確な目的をもって来るわけではない。しかし、近くを通りがかったらつい立ち寄らずにはいられない磁力をこの広場はもっている。

また、毎年夏にはこの広場を競技場にした馬のレース「パリオ」が開催されている。開催前には、子どもたちが自分たちの地区の歌を熱唱して他地区と競い合う。

人で埋め尽くされた広場は、やがて扉が閉ざされ、人の出入りができなくなる。観客の熱狂が最高潮に達したその瞬間、レースの火蓋が切られ、たった数分で勝敗が決まってしまう。閉ざされた広場は開放されて元に戻り、レース会場の跡地はすぐに飲食店としての営業を開始する。

その夜、優勝した地区の人々は太鼓を叩いて優勝旗を掲げ、誇らしげに行進する。それを嬉しそうに眺める人、カフェやレストランのテラス席で食事を楽しむ人、ジェラートを食べる男女やおもちゃのパラシュートを追いかける子どもたち、地べたに座ってビールを飲む若者。広場をゆっくり進むたびに、出会う光景はいかようにも移り変わっていく。

カンポ広場に集まる人たちは、そこに行けば何かが起こっているんじゃないか、きっと誰かがいるんじゃないか、そんな思いで近くを通るたび、つい吸い

シエナのパリオ

寄せられていってしまう。中世からそんな光景が繰り返されていると思うと、自分も大きな歴史の一員になったような気さえする。

広場は誰にでも開かれており、入場は無料である。ジェラートを食べたいと思えば買うこともでき、お酒が飲みたいと思えばカフェやレストランに入ることも可能である。特別な日に適した高級レストランも用意されている。このように気分に応じて使い分けができる懐の深さが、磁石のように人々を惹きつける。

パリの場合、インフォーマル・パブリック・ライフの代表格は公園である。パリ十九区にある「ビュット・ショーモン」は、十九世紀末にナポレオン三世が近隣の労働者の生活改善のためにつくった、パリでは珍しく起伏に富んだイギリス風の公園である。

そこには、子どもが遊ぶのに適した芝生の斜面や遊び場、カフェやジョギング用のルートがあり、小川や美しい滝など自然も豊かで、大人も子どもも心地よい時間を過ごすことができる。

同じくナポレオン三世がつくったパリ南部の「モンスリー公園」には湖もあり、大きな木々の葉が風に揺られるなかで、のんびりとベンチに座って時を過ごしていられる。

パリオ後のカンポ広場

そこでは、ワインとチーズでピクニックをする人や、芝生に寝転ぶ人の姿を見かけるのは日常茶飯事であり、いつしか誰かがギターを演奏し始め、子どもたちが近くでたわむれる。忙しい日常からの束の間の解放感が味わえるパリの公園は、都会にいながらリラックスできる場の代表的存在である。

また、パリで恒例となった夏のイベント「パリ・プラージュ」もインフォーマル・パブリック・ライフの優れた例である。パリ・プラージュはセーヌ川右岸の車道を七月半ばから九月初めまで通行止めにしてビーチ風の空間をつくり、バカンスに行けない人もパリでバカンス気分が味わえるという社会福祉側面のあるイベントだ。

このイベントにかけるパリ市の情熱は並々ならぬものがあり、本物の砂を路上に敷き詰め、ヤシの木を並べ、ビーチ用の長椅子を出して本格的な雰囲気をつくり上げた。これは二〇〇二年の初年度から人気を博し、現在まで開催地を拡張しながら続いている。

その後、パリ・プラージュの開催地となった十九区のウルク運河沿いでは子ども向けのボート講座などが開催され、近年ではついに運河の一部を囲ってプールをつくり、深さの異なる三種の屋外プールはいつも賑わっている。

そして、その周辺には自由に座れる砂浜、コーヒーやアルコールを飲めるカ

パリ・プラージュ

フェ、ミストシャワーなど、様々なアクティビティが用意されている。

現在、世界中の都市で普及しつつあるインフォーマル・パブリック・ライフの原点は、フランスやイタリアの広場、オープンカフェ、ピクニック、そして地中海の浜辺などである。

こうした場に共通するのは、バカンス特有の開放感や、ゆったりした豊かな時間への憧憬だ。もともとヨーロッパの貴族や上流階級が味わっていた豊かなライフスタイルは、世界中で人々の憧れを育み、かたちを変えつつ世界中に伝播していった。

私はデンマークのコペンハーゲンを訪れたとき、カフェの多くがまさに南仏やイタリアのカフェのイメージだったことに驚いた。建築家のヤン・ゲール氏や五十年以上コペンハーゲンの変化を見てきた地元の方によれば、一九六〇年代にはオープンカフェはほとんど存在しなかったが、多くの人がヨーロッパを旅し、その心地よさを自国でも味わいたいと考える人が増え、イタリアやフランス風のオープンカフェが広まっていったという。

オープンカフェが想起させるのは、豊かな余暇のイメージである。まだオープンカフェが少なかった頃、そうした場で過ごすことには象徴的な意味があったことだろう。仕事の手を休めてカフェで過ごせるだけの経済的・時間的余裕

パリ・プラージュのウルク運河にできたプール

がある自分、イタリアでのバカンスに思いをはせる自分。オープンカフェでくつろぐひと時は、忙しく動き続ける都市の真ん中で、ゆとりの時間を楽しめるようになった自分自身を実感することでもある。

「スターバックス」は、イタリアのカフェのような場をつくりたいという想いから誕生した。その理念に影響を与えた『サードプレイス』の著者であるオルデンバーグは「パリのカフェほどサードプレイスとして最適な場所は他にない（筆者訳）」と語る。〔003〕

プロテスタント色が濃く、ひたすら真面目に働くことがよしとされている国からやって来た人が、フランスやイタリアでのリラックスした人々の暮らしを目の当たりにすると、仰天したり度肝を抜かれたりすることがある。

世界中の街角を豊かにしつつあるインフォーマル・パブリック・ライフの原型は、今でもフランスやイタリアに溢れている。そして、遠い国での限られた経験だけでなく、自分たちの街でもより豊かな時間が過ごせるようにと願った人々の手により、世界中でインフォーマル・パブリック・ライフは一つ、また一つと生まれていった。

デンマークのオープンカフェ

003. Ray Oldenburg
The Great Good Place: Cafés, Coffee Shops, Bookstores, Bars, Hair Salons and Other Hangouts at the Heart of a Community
(Da Capo Press 1999)

インフォーマル・パブリック・ライフの三つの意義

ここからは、なぜインフォーマル・パブリック・ライフが重要なのか、その社会的意義について見ていこう。

一　ソーシャル・ミックスを促す

社会的意義の一つ目は、インフォーマル・パブリック・ライフが身分を超えて人々が交じり合う「ソーシャル・ミックス」を促すことである。

公共空間は、社会的に成功した、似たような価値観をもつ者だけが集まる高級ホテルや会員制クラブのような場ではない。インフォーマル・パブリック・ライフには多種多様の人がいて、誰もがくつろぐことができる。

映画や雑誌の中ではなく、実際に自分が立っている地平に、こんなにも様々な人がいる。大道芸人として生きている人や、肌や髪の色、服装も仕事も異なる人が、同じように、ここでは幸せそうにリラックスして生きているのを肌感覚で知ることは、自分の幅を広げ、生きる勇気を与えてくれる。

イタリアの広場はまさにインフォーマル・パブリック・ライフを代表する包

パリのカフェ

括的な空間である。私の息子が九歳のとき、ヴェネチアのサン・マルコ広場で「ママ、広場っていうのは○歳から九十九歳までが楽しめる場所だね」と言ったのは非常に印象深かった。その広場にはおもちゃ屋も遊具も一つもないのに、遠い日本から来た子どもですら、そう感じたのである。

イタリアの建築・都市史を専門とする法政大学名誉教授の陣内秀信氏は、広場の魅力をこう語る。

退職後の悠々自適の生活になっても、こうした広場に集まって、仲間と語り、楽しく時を過ごす。地中海世界では、大の男が昼間から家にいたのでは、甲斐性《かいしょう》がないという感覚がどうも強いようだ。このようにリタイヤ後も、男たちが出掛け、集い、充実した時を過ごせる場所と人のネットワークが町に存在するというのは、素晴らしい。高齢化社会になればなるほど、こうした仕組みが町にあるか否かが、鍵となるはずである。（中略）いろいろな世代、職種、男女のそれぞれが、自分の居場所を求めて、集まってくる。お気に入りのカフェや居酒屋もどこかにある。仲間にも会える。こうした広場を中心に成り立つ人間社会の複合性は、イタリア都市の大きな魅力だ。そもそも、イタリアの都市社会は、セグリゲーション（隔離）を

ヴェネチアのサン・マルコ広場

できるだけ避けようとする。どんな人間も都市の中で一緒に暮らす。これが原則なのだ。〔004〕

それに対し、日本では高齢者は高齢者向けの施設、子どもを産んだ女性はひたすら子ども用の施設を巡ることになる。同じ地域に住んでいても、同じカテゴリーに属していない高齢者と子どもが出会い触れ合う機会は滅多にない。そして私たちはある日突然、社会的弱者になった瞬間に、いかに弱者が社会の辺境に追いやられた存在であるかに気づいて愕然とするのである。

社会的弱者のためにつくられた施設の多くは、実際には限定された者だけが集まる排他的な空間である。老人福祉センターで開催されるイベントに興味があっても、子連れの母親は六十五歳以上ではないという理由で入れてもらえない。「小さい子どもと触れ合いたい」という理由で高齢者がふらりと児童館を訪れることも、ママサークルを訪れることもない。保育園の帽子を被った子どもの集団と同い年の我が子が公園でたまたま出会っても、我が子はその保育園児ではないから一緒に遊べない。

私たちはこうしてあるカテゴリーに分類された時点で、そのカテゴリーの中でだけで生きることを暗黙のうちに強要され、別のカテゴリーから弾かれ、疎

004. 陣内秀信著 イタリア 小さなまちの底力（講談社 2006）

外されていく。

とはいえ、高齢者も、いつも高齢者扱いされるのではなく若い人たちと共に過ごしたいという欲求があり、子育て中の母親たちも、いつも母親扱いされていたいわけではない。子どもを産んで数ヶ月後の母親は、友人とお洒落なカフェに行けることを泣きそうなほど喜ぶものだ。

たとえ弱者のカテゴリーに分類されても、多くの人は「自分は普通である」と思っているし、限定されたカテゴリーの中に押し込められて社会から疎外されるのは嫌なのだ。

また、社会的弱者だけでなく、実は富裕層にとってもソーシャル・ミックスは重要である。特にプロテスタントの影響が強い国では、富裕層は自分たちと似たような属性の人々に囲まれ、良質な教育が受けられる郊外に移り住んできた。

アメリカでは、そういった地区を犯罪から守るために高い塀とゲートが設置された「ゲーテッド・コミュニティ」が二万ヶ所以上建設され、三百万世帯以上がその中に住んでいるという。[005]

しかし、彼らがその排他的な環境、いわば無菌状態で子育てをしたとき、実際に苦しみを味わうのは、そこでのスタンダードに適応できなかった子どもや

005. Andres Duany, Elizabeth Plater-Zyberk, and Jeff Speck Suburban Nation: The Rise of Sprawl and the Decline of the American Dream (North Point Press 2010)

その親である。

我が子が手に負えない子だったらどうだろう。このままではレベルの高い学校に通えないかもしれない。成功に向かって走り続ける彼らの周りには、似たような者ばかりが集まり、敷かれたレールから脱落することは世界の終わりを意味するかもしれない。

一方、インフォーマル・パブリック・ライフが存在し、多種多様な人の存在を肌感覚で味わえれば、ものの見方が広がっていく。そこには、自分の子どもと似たような、わんぱくで、世間体など気にせず走り回っている子どもたちがいる。目の前にいる彼らの価値観と、自分の属する世界の価値観は違うだろう。だが、気づけば子ども同士は勝手に仲良くなっている。彼らはただ、同じような時期にこの世界に生まれ落ちただけなのだ。

子どもは、ただ子どもらしく遊ぶ時間が必要だったのかもしれない。母親である自分も、世間体や子どもの将来ばかり考えなくてもよかったのかもしれない。ピアノが下手でも、英語ができなくてもよいのかもしれない。そんなことに気づいた親子は、互いに少し気が晴れることだろう。

二　カフェ・セラピー

インフォーマル・パブリック・ライフがもつ二つ目の社会的意義は、そこを訪れた人の視点を変え、視野を広げることである。

たとえば、ある問題を抱えたままカフェに行き、出会った誰かと会話をしていると、店を出る頃にはその問題が問題でなくなっているという魔法のようなことが起こる。落ち込んでいるときでも、広場で大道芸人やミュージシャンのパフォーマンスを見ていると、悲しい気分も落ち着き、自分も頑張ろうと思えてくる。

そう思えるのは、自分の思考がその問題から一時的に離れることで、それを問題視し続けなくなり、頭の中を占めていた問題の割合が小さくなるだけでなく、実際に世界はそれだけではないとわかるからである。

こうした発想は、近年注目されている「マインドフルネス」でも重要視されている。私たちは大きな問題に直面したとき、「解決しなければ」と、思考を問題に集中させてしまう。たとえば「失業するのではないか」「もう稼げないのではないか」といった不安が私たちの思考を支配し、それが大きなストレスとなって人を疲弊させ、判断力を鈍らせていく。

マインドフルネスはこうした状況のときに、一旦全てをストップし、自分の思考や感情を客観視することを説く。思考を問題にフォーカスさせず、自分の周りの環境や自らの思考、自分自身の状態に気づき、それをありのままに受け止めることができると、次第に問題が問題ではなくなっていくという。〔006〕

つまり、大きな問題を抱え途方に暮れているときに本当に問題なのは、目の前の状況そのものではなく、それを問題と捉え、制御不能になってしまっている自分自身の思考なのである。そして、その不安やストレスに囚《とら》われ続けることこそが、状況をますます悪化させていくわけだ。

ただし、マインドフルネスは効果的とはいえ、行うにはそれなりのトレーニングが必要であり、誰にでも簡単にできるわけでもない。「気分を変えましょう」と言われても、そんなに簡単に気分を変えられないから問題なのだ。大渋滞に巻き込まれた車の中や動かなくなった満員電車の中で、ヘッドホンもスマホもない状態で気分を上げられる人は多くないだろう。

それに対して、カフェ・セラピーは誰にでもできる簡単な気分転換の方法であり、トレーニングの必要も、大金を払ってセミナーに参加する必要もない。

カフェのカウンターで、スタッフや隣り合った人たちと何気ない話をし、街を歩いて華やかなショーウィンドウに見とれ、広場や公園でピクニックをする

006. Michael Sinclair, Josie Seydel, and Emily Shaw Mindfulness for Busy People: Turning Frantic and Frazzled into Calm and Composed, 2nd edition (Pearson 2017)

人々や走り回る子どもたちをぼんやりと眺めているだけで、視線だけでなく思考も引っ張られ、次第に心すら動かされていく。すると、さっきまで問題に支配されていた頭の中が洗われたように、スッとしていくのである。

仕事を失うかもしれないという現実や、深刻な家族関係といった問題そのものは、カフェに行ったところでひとつも解決していない。しかし、何の関係もない天気の話やテレビで流れるニュースについて話をしているうちに、自分のフォーカスが変わり、その出来事が大問題ではなくなってくる。そして、カフェの扉を開けたときは落ち込んでいたというのに、出て行く頃にはすっかり元気になっているという、魔法のようなことが起こるのだ。

このように、インフォーマル・パブリック・ライフは、そこに入った者に気分転換を促し、ストレスを解消する力をもっている。コロナ禍で精神のバランスを崩し、身体に不調をきたした人が増えたのは、人々が外出を控え、頭の中を不安でいっぱいにしてしまったことも大きな要因であるだろう。

だからこそ、人が健全な状態でいるために、インフォーマル・パブリック・ライフが身近な生活圏に存在することが重要なのである。

三　本来の自分自身になれる

インフォーマル・パブリック・ライフの三つ目の社会的意義は、訪れた人が本来の自分自身になれることである。

オルデンバーグは、人がリラックスして満ち足りた生活を送るには「三つの場」でバランスをとる必要があると説き、家庭を「第一の場」、学校や職場などを「第二の場」、友人や知人と気楽に落ち合える場所を「第三の場」と呼んでいる。〔007〕この視点は場所だけでなく、人間にも当てはまると私は考えている。

「第一の自分」は、親や子どもといった家庭内での役割である。妻は夫を気にし、教育熱心な家庭では子どもは親の目を気にし、いい子であろうとするだろう。

「第二の自分」は、学校や職場での役割である。要請される道から外れないだけでなく、職場の場合は上司の期待に応えられるように気を張っている。

そして、そのどちらの役割にも収まり切らない、より包括的なその人全体が「第三の自分」である。ちょっと変わった趣味や、幼い頃からのささやかな夢や喜びをもつ自分。厳しい社会規範や教育によって抑圧されながらも、なんと

007. Ray Oldenburg
The Great Good Place: Cafés, Coffee Shops, Bookstores, Bars, Hair Salons and Other Hangouts at the Heart of a Community
(Da Capo Press 1999)

か残った、忘れかけていた本来の自分というイメージだ。

人は社会から求められている役割がはっきりすればするほど、それに適応しようとして悲壮な努力をしてしまう。大人になり、仕事に就き、家庭をもつと役割がよりはっきりするため、「父親」や「ビジネスマン」という自分、「母親」や「専業主婦」という自分をより強く意識するようになる。

そして「第一の自分」と「第二の自分」が板についてくると、次第に本来の自分と、仮面を被って演じていた自分との境界がわからなくなっていく。生活に余裕がなければ「第三の自分」になど気づくひますらないというなかで、本来の疎外された自分自身がひょっこりと顔を出すかもしれない場所、それがインフォーマル・パブリック・ライフなのだ。

ドイツの社会心理学者であるエーリッヒ・フロムは、自由な社会に生きているはずの現代人の孤独と恐怖を描いた著書『自由からの逃走』の中で次のように語っている。

思考や感情や意思について、本来の行為がにせの行為に代置されることは、遂には本来の自己がにせの自己に代置されるところまで進んでいく。本来の自己とは、精神的な諸活動の創造者である自己である。にせの自己は、

実際には他人から期待されている役割を代表し、自己の名のもとにそれをおこなう代理人にすぎない。〔008〕

フロムの文章を私の言葉に置き換えると、「本来の自己」＝「第三の自分」、「他人から期待されている役割を代表し、自己の名のもとにそれをおこなう代理人」＝「第一・第二の自分」ということになるだろう。そしてフロムはこう続ける。

たしかに、ある人間は多くの役割を果し、主観的には、各々の役割においてかれは「かれ」であると確信することができるであろう。しかしじっさいには、かれはこれらすべての役割において他人から期待されていると思っているところのものであり、多くのひとびとにとっては、たとえ大部分のものではないにしても、本来の自己はにせの自己によって、完全におさえられている。（中略）自己の喪失とにせの自己の代置は、個人を烈しい不安の状態になげこむ。かれは本質的には、他人の期待の反映であり、ある程度自己の同一性を失っているので、かれには懐疑がつきまとう。このような同一性の喪失から生まれてくる恐怖を克服するために、かれは順

008,009. エーリッヒ・フロム著、日高六郎訳
自由からの逃走（東京創元社 1951）

応することを強いられ、他人によってたえず認められ、承認されることによって、自己の同一性を求めようとする。〔009〕

日本では、学生時代に社会に対して問題提起をしていた者も、社会人になって、資本主義社会の歯車に組み込まれ、次第にすっかり適応し、かつての面影を失ってしまうことは珍しくない。適応できない者は精神を病むか身体に支障をきたし、資本主義のエリート競争から脱落してしまう。社会から突き放され、仕事と居場所を失う恐ろしさから、彼らはできるだけ適応し、疑問を抱かないようにする。

同調圧力の強い日本では、社会人になって「第三の自分」を表現できる機会は極めて少なく、家庭をもとうものなら「第三の場所」に行く時間も機会も激減し、その必要性を理解してくれる人も限られてくる。特に郊外に住む者の場合、都会のキラキラした雰囲気は、独身時代の思い出と共に記憶の彼方に葬り去られることになる。

私は以前、広尾のオープンカフェで出会ったフランス人男性が嬉しそうに、「パリはね、夜が楽しいんだよ」と語る姿に愕然とした。彼は妻子と共に、そのキラキラしたパリの夜の街歩きを楽しむのだ。

パリ、セーヌ川沿いでの真夜中のピクニック

「子どもが生まれたら独身時代の楽しみは諦める」傾向の強い日本の子育て世代とはなんと異なる感覚だろうと、子育て真っ最中の私は思ったものだ。こうしたインフォーマル・パブリック・ライフが一部のお金持ちのための贅沢な経験として、一般社会から切り離されたままで本当によいのだろうか。

人間にとって「第三の自分」、つまり本来の自分こそが大事なのだとしたらどうだろう。すると全てがあべこべに映り出す。「精神的な病気」と烙印を押されるような状況さえも、実は個人の責任ではなく、社会システムに無理やり適応しようとして起こったアイデンティティ・クライシスだと言えないだろうか。

フロムは、現代人が不安を克服するために周囲の人々と同化していく現象について、次のように語っている。

この特殊なメカニズムは、現代社会において、大部分の正常なひとびとのとっている解決方法である。簡単にいえば、個人が自分自身であることをやめるのである。すなわち、かれは文化的な鋳型によってあたえられるパーソナリティを、完全に受け入れる。そして他のすべてのひとびととまったく同じような、また他のひとびとがかれに期待するような状態になりきってしまう。（中略）個人的な自己をすてて自動人形となり、周囲の何百万というほかの自動人形と同一となった人間は、もはや孤独や不安を感ずる必要はない。しかし、かれの払う代価は高価である。すなわち自己の喪失である。〔010〕

抑圧され、喪失されたように見える本来の自己というのは、抑圧し切れるものなのだろうか。フランスの哲学者であるジャン・ボードリヤールは、自己疎外とは悪魔との取り引きのようなものだとして、次のように述べている。

疎外はそんななまやさしいものではない。われわれから離れたわれわれの一部分は、われわれに絶えずつきまとうことになる。（中略）奪いとられたものはすべてわれわれに否定的な意味で結びつく、つまり妄想となって取り付く。〔011〕

社会にうまく適応し、本来の自分を抑圧し、何もかもうまくいっているように見せかけても、実際には疎外された自分が、心の底で大きな悲鳴を上げ続けているかもしれない。

010．エーリッヒ・フロム著、日高六郎訳
自由からの逃走（東京創元社 1951）
011．ジャン・ボードリヤール著、今村仁司、塚原史訳
消費社会の神話と構造（紀伊國屋書店 1995）

他人から求められる「役割」という名の仮面を被り続けて心を抑圧し、心が動かなくなると次第に身体に不調が生じていくのは、疎外された本来の自己が身体を引き倒してまで訴えようとしているからではないだろうか。「この生き方は間違っている、そうじゃない、目を覚ますんだ！」と。

人は「誰かに認めてもらいたい」という強い承認欲求をもっている。しかし、「第一の場」や「第二の場」で演じるべき役割と本来の自分との乖離《かいり》が激しければ激しいほど、本来の自分の欲求は満たされずに抑圧を重ねていく。

抑圧に気づくことすらないまま生きていくと、それがいつしか危ういかたちで爆発することにもなりかねない。自分の存在、自分の価値を一人でもいいから誰かに認めてもらいたい、そんな想いのために犯罪に手を染めてしまう人もいるほど、満たされない承認欲求は時に絶望的で果てしない。

正しいとされる社会規範に無理やり自分を適応させるだけでなく、本来の自分のままでいられることをよしとし、それを促してくれるインフォーマル・パブリック・ライフが生活圏に存在すること、そんな場が身近にいくつもあること。それこそが、人が自分らしく生きていくために重要なのではないだろうか。

第二章　人を惹きつける街

自分らしく生きられる街と経済発展

ここまでインフォーマル・パブリック・ライフの社会的意義について見てきたが、ここからは街の発展、活性化におけるインフォーマル・パブリック・ライフの重要性について考察していきたい。

二十一世紀における理想の街の姿は、ウォーカブルで、様々な用途が凝縮した環境配慮型の街である。近年では、環境配慮型の街を目指す方法論と生活の質を高める方法論には共通点が多く、両立できることがわかってきた。環境に配慮し、かつ生活の質を上げるためには、パブリック領域の質を上げることが重要である。

パブリックの領域が充実し、電気自動車のカーシェア、レンタサイクル、質の高い図書館などが身近にあれば、住民は全てを自分で所有しなければならないという強いプレッシャーから解放され、より自分らしく生きやすくなる。大学の学費が無料に近づけば、親の人生も異なるだろう。

公的領域が充実し、自己負担が軽減すると人生の選択肢も広がり、小さな挑戦もしやすくなる。浮いた分のお金で自分の趣味を充実させたり、家族や友人と外食を楽しむことができる。自分にとって使い勝手のよいカフェがあれば、

パブリック領域の変革に力を入れた
ボルドー市

そこが書斎や居間の代わりとなり、家の中で冷暖房を使い続ける必要もない。インフォーマル・パブリック・ライフが充実し、人がそれに惹かれて街に繰り出し、そこで出会って話をすることで、新しいアイデアやプロジェクトが生まれていく。

クリエイティブクラスの人や優秀な若者たちは、街の活気や新しいアイデア、プロジェクトやビジネスを生み出していくと言われいる。そして彼らが求めているのは、自分を快く受け入れてくれて刺激があり、さらに飛躍できる可能性を感じられる、インフォーマル・パブリック・ライフやストリート・ライフの充実した街である。

社会のコードから離れて自分らしくいられる場があれば、そこを訪れた者の視野が広がり、既存の価値観と違うものも肯定的に受け入れやすくなる。新しいことや異なることに対して寛容な雰囲気があれば、他では言えなかった意見も口にでき、自己表現がしやすくなる。一人の人間として受け入れられ、自分が大切にされているという感覚をもつことができれば、自分の意見や考え方にも自信がもてる。変化を許容する雰囲気があれば、新しいアイデアは肯定され、それはビジネスや文化を発展させるイノベーションの種となる。

こうした変化を可能にする場がその街に多ければ多いほど、アイデアは具現

活気に満ちたニューヨークの「ブライアント・パーク」

化され、やがて新しい時代や価値観の芽として成長し、その街は外部からも注目されるようになる。その雰囲気に惹かれた若い世代やクリエイティブな人はあえてそこに移り住み、ますます新しいものが生まれてくる。彼らに選ばれ、愛された街は徐々に魅力を増し、その匂いを嗅ぎつけた人々がどんどん集まるようになる。

二十一世紀はパリやロンドンのような世界的大都市だけではなく、地方都市や郊外の拠点も一つのエリアとして自立した力をもち、そこで誰もが生き生きと暮らせる時代になるべきだ。そのためにはまず、人を惹きつけてやまない街がなぜ成功したのか、その理由と方法論を探る必要がある。

人を惹きつける街は、初めからそうだったわけではなく、反省と改善の積み重ねがあって現在の姿となっている。言い換えると、普遍的な方法論をしっかり身につけて応用すれば、どんな街でも人を惹きつけ、活気づく可能性をもっているのだ。

では、それらの街の反省とは何なのか。改善のポイントはどこにあるのか、何を大事にすれば街を再び活気づけることができ、人がそこに留まり、住みたいと思えるのか、これから探っていくことにしよう。

より良い暮らしを求めて

クリエイティブシティ研究の第一人者である社会学者のリチャード・フロリダは、「私は世界中を旅するなかで『ここなら、マンハッタンのワンルームマンションよりも安値で大邸宅が買える』と人々が誇らしげに話すのを耳にした。しかし、そうした大邸宅がマンハッタンのワンルームよりも安い理由を突き詰めて考える人は、だれ一人いない」と語る。〔012〕

なぜ地方で大邸宅が買える値段を払ってまで、ニューヨークの狭苦しいワンルームに住むことを選ぶ人がいるのだろう。なぜ賃料が安く、食材も豊富にあり、自然の恵みも豊かである地方から、狭く、ゴミゴミして空気もよくない大都市に人が流入し続けるのだろう。

フロリダは、インターネットの出現によって仕事をする場所の制約がなくなった結果、世界はフラット化しているという言説に対し、徹底的に反論してきた。彼は次のように述べている。

グローバル化と情報化時代の到来により、勤務地およびコミュニティは重要ではなくなるという論議が長く続いてきたが、それは間違っている。そ

012. リチャード・フロリダ著、井口典夫訳
クリエイティブ都市論 創造性は居心地のよい場所を求める
（ダイヤモンド社 2009）

> のような考えの限界を示し、場所やコミュニティ、そして立地が私たちの経済や生活の中で引き続き重要な役割を果たしていることを明確にすることが、過去数十年間にわたる私の研究の主眼であった。（中略）私が聞き取り調査をした人々は、刺激的で創造的な環境を提供してくれる所に住みたいし、住む必要があると主張し続けた。〔013〕

実際には、都市への人口集中は世界中でますます激しくなっており、パリやロンドン、ニューヨークでは、コロナ禍以前までは前代未聞の人口増加が続いていた。

コロナ禍により世界中で在宅勤務が進んだ二〇二〇年、どこでも仕事ができるようになったといわれ、居住地の重要性は一見低下したかに見えた。人口増加を続けたニューヨーク市でも、オフィスへ通勤する人が大幅に減少したことにより、通勤客に支えられてきたマンハッタンの小売業は大きな打撃を受け、郊外へ引っ越す人も相次いだ。

日本でも二〇二〇年はオンライン化が進み、地方移住や多拠点居住が脚光を浴びた。コロナ禍によって、ついに世界はフラット化し、場所の重要性はなくなったのだろうか。私にはそうは思えない。なぜなら、人が実際に顔をつき合

013．リチャード・フロリダ著、井口典夫訳
新　クリエイティブ資本論　才能が経済と都市の主役となる
（ダイヤモンド社　2014）

わせることで生まれるものは、オンラインでの出会いや経験をはるかに上回る刺激やスピード、創造性や実現力を備えているからである。

人が引っ越しをするのは、そこに行けばより良い暮らしができると期待しているからである。その希望のためなら、人は愛着のある土地を離れることを厭わない。たどり着くかわからない船に乗り、ジャングルを通り抜け、自国を出て目的地へ向かう文字通り命がけの大移動の理由を移民たちに尋ねてみると、大抵の場合、答えは拍子抜けするほどシンプルである。彼らは往々にして、「あそこに行けばより良い暮らしができるだろうから」と語る。

BBCのインタビューに答えた、英仏海峡をトラックの荷台の荷物に紛れて渡ろうとした男性の「どうせ自分の国にいたって死んでいるようなものだから、ここで死ぬことは怖くない」という言葉は非常に示唆的である。彼らにあるのはただひとつ、より良い人生、もっと自分らしく生きることへの希求である。

人は誰しも、人間らしく生きたい、自分らしく生きたいという想いを抱いて生きている。それが自分の属する世界では果たせぬ望みだと絶望したとき、彼らは真に生きるために、その地を去ることを決意するのである。

ウォーカブルでさえあればよいのか

では、一体どうすれば若い世代の人口流出を少しでも食い止め、魅力ある街として認識され、彼らが暮らし続け、他の人も住みたいと思うような街になるのだろうか。ここで私が実際に住み、この研究を始めるきっかけとなった洛西ニュータウンについて少し考察してみたい。

洛西ニュータウンは京都市西京区にある京都市初の大規模計画住宅団地であり、一九七六年に入居が開始された。当時を知る人たちからすると、ここはまさに夢の郊外だったという。

京都市内の息苦しさを嫌った人たちが、自由で開放的、自然が豊かな空気を求めて移り住み、小学校も満杯だった。「ラクセーヌ」というショッピングセンターを中心点として構成された、賃貸や分譲の団地が連なる広大なニュータウン。引っ越し後の二年間で私が精神的に病み、出て行くことを夢見た洛西ニュータウンは、実は綿密に計画されたウォーカブルな街だった。

私はこの街に住むと決める前、直感的に「何かがまずい」と感じていたものの、この街のどこが嫌なのかと問われて反論することができなかった。中心点となるショッピングセンターまでは駅からバスで十五分程度で、基本的にはそこを起点に様々な用事が徒歩圏で済ませられるようになっていた。

ショッピングセンターの隣には小さな髙島屋すらあった。私が住んだ団地からは徒歩五分程度でショッピングセンター、図書館や区役所、郵便局、大きな公園に行くことができ、ごく普通の書店、カフェ、スーパーマーケット、洋服屋や雑貨屋、百円ショップ、パン屋があった。生活必需品は全て揃い、便利だったし、ショッピングセンターの真ん中には子ども用の積み木広場まであり、まさに徒歩圏で様々な用が足せる、ウォーカブルな街だった。

通りは完全な歩車分離で交通事故の心配もなく、街路樹はよく手入れされており、四季折々に見事な色合いを見せていた。扉さえ叩けば児童館やママサークルも充実しており、子どもに優しいおばさんも多かった。知り合いが一人もいない状態でここに越した私は、この街になじむための努力をし、できるだけ楽しもうと様々なところに出かけた。児童館にも何度も通い、イベントの企画すらした。

ニュータウンから少し離れた山の麓へ向かうと美しい田園風景があり、その先にあるお寺や神社の庭は本当に美しく、心洗われる風景だった。にもかかわらず、ベビーカーに乗せた息子とこの街でなんとかやっていこうとする私の気持ちは沈んでいく一方で、なぜ自分が苦しみを抱えているのか、当時の私にはわからなかった。

ル・コルビュジエの「輝く都市」を想起させるこの街は、居住区や商業地区がゾーンごとに配置されていたため、中心点となるショッピングセンターを除いて人々が偶然に出会う機会はほとんどなかった。そびえ立つ団地には多くの人が住んでいるはずなのに、それが嘘かのように街路にはほとんど人が歩いていなかった。

団地に面した広大な公園にもほとんど人がおらず、まるでそこで遊ぶことが悪いことかのようだった。今になってわかるのは、この街に設定されていたのは子連れの主婦としての画一的な経験であり、自分自身でありたいと願ったときに、それを促してくれる場もそれを許容する場もほとんど存在しなかったということだ。

それに加え、ベビーカーを押して徒歩二十分程度の行動範囲では、日本では「余計なもの、余裕がある人の贅沢品」に過ぎないと思われている知的刺激や美しいもの、センスのいいものはほとんど存在しなかった。街の中心部にあった唯一のカフェはいつも満席で入れなかったし、入れたところで何の出会いも生まれなかった。

私が通ったコミュニティカフェは、かけがえのない存在だったが、そこでの会話はあくまでも子連れの母親としての私に向けられたものであり、子育ての悩みや今晩のおかずのアドバイスをもらうことはできても、私自身の深い人生の悩みを相談できるような場ではなかった。

振り返ると、この街では専業主婦で母親という、まさに都市計画家が描いたような対象にとってのセッティングは充実していたものの、そうした役割から数時間でも抜け出し、本来の自分自身でいられるような場が一つも存在しなかった。子どもを預けて二時間だけ息抜きをしたいと思っても、夜にふらりと行けるような場所は温泉か小さな居酒屋のみで、サードプレイスなど論外だった。

同じような建物が立ち並ぶこの街は、街全体が同質性を追求しているようであり、目の前に立ちはだかる巨大な団地は、私の人生に立ちはだかる大きな壁を象徴しているようだった。諦めて二人目を産み、団地の一室を購入し、毎日布団を干してベランダに干し柿を吊るすこと。私にはそんな未来しか見えなくなった。

私は、自分がつい数年前まで京都の街を自転車で駆け抜けていたことも忘れていった。そしてベビーカーを押しながら、フランスの哲学者であるシモーヌ・ド・ボーヴォワールの文章を思い出していた。

私はこの地上でひどく楽しげなおとなをひとりも知らない。人生は楽しくない。人生は小説のようではない、とみんな声を揃えて言うのだった。おとなたちの単調な生活を私はいつも気の毒に思っていた。それが近いうちに自分の宿命になるのだということに気がつくと、私は不安に駆られた。あるとき、私は母の台所のあと片づけを手伝っていた。母が皿を洗い、私がそれを拭くのだった。窓から、消防署の壁が見えた。それから、他の家の台所で、女たちが鍋をみがいたり、野菜をむいたりしているのが見えた。毎日、昼食と夕食、毎日皿洗い。これらの時間は無限にくりかえされ、何処にも到達しない。私もこのように生きてゆくのだろうか？（中略）私は、生まれて以来、毎晩、前の日よりも少しずつ豊かになって寝に就いた。私は自分を少しずつ高い段階に引き上げて来た。しかし、あの上の彼方につまらない単調な草原しか見出せないのだとしたら、目的もなしに何に向かって歩むのだろうか？　そんなことをしてもしようがないではないか？　積み重ねられた皿の山を戸棚の中にしまいながら、いや、ちがう、と私は自分に言った。自分の人生は何処かに到達するのだ。〔014〕

私にとっての希望は最後の句だけだったが、現実的な希望は何ひとつ存在し

014．シモーヌ・ド・ボーヴォワール著、朝吹登水子訳
娘時代—ある女の回想（紀伊國屋書店 1961）

なかった。出産直前まで必死で勉強し、産後の病室ですら学んでいたフランス語も、この街で役立つ機会は一度もなかった。まだ翻訳されていなかったオルデンバーグの本を片手にインフォーマル・パブリック・ライフの研究をしようと心に決めたところで、そんな話を理解してくれる人は一人もいない。二冊目の本をなんとかして書きたいという心の叫びは、ママサークルやコミュニティカフェで話せる内容ではなかった。

自分の人生を妨げる壁のようにそびえ立つ団地を前にして身震いしたところで、私には八方塞《ふさ》がりだった。私の唯一の希望といえば、時折子どもを一時保育に預けた帰りに立ち寄るパン屋のイートインで、壁に描かれたワイン産地の絵をぼーっと眺めては、いつの日かあそこに行きたいと願い、児童館の階段の上に飾られたパリの絵を見ては、私もあそこにいたはずなのだ……思うことだけだった。

私は、この街では自分だけが異質なのだろうとずっと思っていた。しかし、私がニュータウンを出ると決め、どういうわけかまちづくりのフォーラムに登壇者として招かれた際、意を決して「この街にないのは知的刺激やセンスのいいものだ」と発言したところ、参加者の多く、特に私より年配の女性たちが一様に深く頷いたことに驚いた。

「私」＝「子育てをして買い物をしに来る主婦」であれば何の問題もなかったかもしれないが、ここには個性をもち、センスのいいもの、美しいものを望む二十代、三十代女性という視点は完全に欠けていた。

私はこの街を出るときになってようやく気がついた。それを求めていたのは私だけではなく、実は目の前にいる五十代、六十代の女性も、恐らく男性たちですら、知的刺激、文化的刺激との日常的な出会いを求めていたのだと。

実際にはこの街を出て行く人は私だけではないようで、住民によるまちづくりが行われているものの、人口減少は止まらず、息子が通うはずだった小学校は各学年一クラスしかないという。

郊外は定義上、都心から離れている。毎日都心に出られるのはそれだけのエネルギーや若さがあり、毎日の交通費を会社から出してもらえる者だけで、残された者は、徒歩やバスで行ける生活圏内でほとんどの時間を過ごすことになる。

そんな人にとって、生活圏内で自分らしくいられる場、それを許容し、促してくれる場がどこにもない場合、アイデンティティ・クライシスを引き起こす可能性がある。その人生の危機に気づいた者は、全てを捨てて、その街を離れるという最後の賭けに出るのである。

若い女性を惹きつける「キラキラ感」

若い世代を街に惹きつけたい場合、単に学生や独身者が数年留まればよいのではなく、結婚し、家庭を築き、次世代を担う人を定着させることが重要だ。そして彼らに定着してもらうための鍵となるのが、母親となる女性である。日々通勤して都心に通う男性よりも女性のほうが地域で買い物をし、子どもを連れて散歩し、地域に根づいた暮らしをする可能性が高いため、住環境は女性にとって重要である。引っ越し先に関して妻に選択権がある場合、この街はよくてもあの街は嫌だと言われるだろう。

では実際に子育てをし、その街に住み続けることになる若い女性が求めているものは何だろう。それはニュータウンや団地特有の単調さや閉塞感ではなく、自分の未来に希望がもてる「キラキラ感」とでもいえる雰囲気ではないだろうか。キラキラ感のある街やエリアでは、人が生き生きとし、特に女性は文字通り目をキラキラさせて嬉しそうにすることがある。キラキラ感は「文化・知的側面」「街のイメージのよさ」「世界とつながり最先端に触れていられる」という三つを合わせた結果として育まれる独特の空気感である。この三つについて、少し解説していこう。

「文化・知的側面」というのは、その場がもつ歴史に包まれているかのように、人が長く育んできた知や美しさに触れていられることである。たとえば、京都市左京区というエリアには知的な雰囲気があるが、それは京都大学の存在が大きいだろう。

左京区では、喫茶店でも哲学書など難しそうな本を読んでいる人に出会うし、古書店も多く存在するため、本でも読もうかなという気持ちになってくる。そこにいると知に触れられて、自分が少し背伸びできる感じがするというのがポイントである。

また、「文化・知的側面」に優れたエリアでは、展覧会やコンサート、映画など、文化的なイベントが安価で一般に開かれている。パリでは多くの美術館で幼稚園児や小学生の団体向けの研修を行っており、普通に生活しているだけで芸術に詳しくなり、かつ美的感覚が研ぎ澄まされてくる。

フランス人にとって、芸術や文化を子どもたちに伝えることは重要であり、美術館は子どもの教養やセンスを育む教育の場として機能している。日本では展覧会などで少しでも話していると学芸員から注意されるが、フランスでは親が子に説明文を読み上げている光景もよく目にするし、ガイドは大声で人々に解説している。そうした経験を積み重ねて大人になったパリっ子の知識は、学

子連れでも行きやすいルーヴル美術館

芸員さながらである。

幼い頃からいいものにごく当たり前に触れるからこそ、大人になったときにその価値を理解し、大切にしようと思い、美しいものや街並みを次世代にも残そうとするのではないだろうか。

続いて、キラキラ感の要因の二つ目「街のイメージのよさ」に触れていこう。ある街にこぞって人が住みたがるのは、自分が住む場所を選ぶにあたり、マンションの内部環境が充実していればよいのでも、コンビニやスーパー、小学校が徒歩圏という利便性さえあればよいわけでもないことを示している。

青山、表参道、代官山、二子玉川、代々木上原などは若い世代が移り住みたい街の代表格であり、もはや宣伝をしなくても人がやって来る。これらの街にはお洒落でセンスがいいというイメージがあり、それが街のブランド力として機能している。

私が育った「たまプラーザ」という郊外も都心から距離はあるものの、駅前の好立地に分譲マンションが建設されたとき、まだ建設中にもかかわらず瞬く間に完売した。一度も足を踏み入れたことのない状態で三十年以上のローンを払う人がこれだけいるというのは、マンションの内装や機能以上に、たまプラーザという街のイメージが功を奏したからだろう。

この街は少子化という言葉が信じられなくなるほどに子育て世代で賑わい、子どもを遊ばせる場所に事欠かず、駅前には女性向けのお洒落な洋服屋が並び、駅周辺には十五軒ほどカフェがある。

街並みの美しさや街全体のセンスのよさは、そこで美しいもの、センスのいいものに触れていられるだけでなく、そこにいる自分が大切にされているという感覚をもて、自分に対してプラスのイメージをもち、自己肯定感も上がるだろう。

郊外の開発はなかなか成功しないが、たまプラーザは四十年たっても子連れで溢れている。東急百貨店は開店当初は特にセンスがよく、かつ無料で使える芝生広場や、屋外での映画上映会、週末の安価なイベントなど、様々な場を提供してくれた。小学生の私にとって、そんなセンスのいい場所に行けるというのはとても誇らしいことだった。

犯罪都市として有名だった南米コロンビアのボゴタ市を変えた元市長、エンリック・ペノロサは、非常に示唆に富んだ言葉を残している。

人々の幸福にとって必要な要素の一つは平等である。(中略)収入の平等ではなく、クオリティ・オブ・ライフの平等性、またそれ以上に人々が自分は他の人より劣っていると感じることのない環境、人々が疎外されていると感じない環境である。我々は平等と、人間の尊厳を同時につくっているのだ。我々は人々にこう語る。『あなたが重要なのはあなたがお金持ちだからではなく、あなたが人間だからなのだ』と。人間は特別で尊厳をもった存在として扱われると、そのように振る舞うものであり、そうすると社会の姿も変わっていくのである。だからこそ、街なかの全てのディテールが、人間は神聖なものであるということを反映するべきなのだ。全てのディテールが！（筆者訳）〔015〕

ボゴタはペノロサ市長のもとで大きく変わり、住民たちの幸福度も向上した。作家のデール・カーネギーは著書『How to Win Friends and Influence People』全体を通じて、ビジネスで成功するための最も重要なルールは人を大切な人物として扱うことだと説いているが、そのルールはまちづくりにも当てはまる。〔016〕

そして、キラキラ感の要因の三つ目が「世界とつながっている、最先端に触れていられる」という感覚である。私はかつて静岡県の浜名湖付近に住んだことがあるのだが、当時、近所に地域最大級のショッピングモールができた。

015. Charles Montgomery
Happy City: Transforming Our Lives Through Urban Design (Penguin Books 2015)
016. Dale Carnegie
How to Win Friends and Influence People (Vermilion 2004)

当時、とても嬉しかったのは、京都にもまだなかったような輸入食品店「カルディ」が入っていたことである。こんなところにまで来てくれるのかと、開店当初、非常に感謝したのを覚えている。

輸入食品店の存在をこんなにも喜んだのは私だけかと思っていたが、実は地方のモールを観察してみると、多くの人が行き交う一階の出入り口付近など、好立地に輸入食品店が配置されている。それがたとえば東京の広尾などであれば、たしかに外国人が多く住んでいるため、需要があると理解できる。

地方のモールの場合は、実際の需要よりも象徴的な意味合いが強いのかもしれないが、こうした店が目立つところにあることで、そのモールに行けば世界とつながっているという感覚になれる。

日常に子ども向けの空間と、延々と続く住宅街や田園風景しかなかったら、活気がある世界とのつながりを感じることは難しい。カフェ自体ほとんどない田舎に暮らしていると、「スターバックス」がとてもキラキラしたオーラを放つことがある。その街唯一のスタバは、都会や外国とつながっている気になれる特別な場所である。

かつて東京で暮らしていた人、若い頃にスタバに通っていた人は、ようやくたどり着いたその店でかつての自分を思い出す。子育てと家事に追われ、ほとんどまともに外出できず、かつて夢見たキラキラしていた世界からすっかり遠のいてしまったとしても、私たちは少しでもいいから世界とのつながりを感じていたいのだ。私は完全に取り残されてしまったわけではない、若い頃の自分は消え去ったわけではない。少なくとも自分には、かつてそんな一面があったのだ。そこに行くと本来の自分に少しでも戻れる気がする、そんな場所はアイデンティティを保つために非常に重要なのである。

希望を感じられる場所

なぜ身近な生活圏にキラキラ感を感じられる場があることが大切なのかといえば、ようやく自分の時間を確保できたときくらい、人はいい気分になりたいからである。希望がないのは日常だけで十分なのだ。日常の中で右肩上がりの成長をしている人はごくひと握りであり、多くの人は単調な仕事に耐え、変わらない日常をなんとか生きている。

二〇一九年二月の日本経済新聞に掲載された米ギャラップの調査によれば、企業の従業員の中で「熱意ある社員」の割合は、アメリカが三十二％だったのに対し、日本はたった六％で、調査した百三十九ヶ国中百三十二位であり、

「やる気のない社員」の割合は七十％だったたという。

やりがいを感じない仕事を、朝から晩までやり続けることが現実だとしたら、休日くらいはいい気分になりたいと思うのが人間ではないだろうか。誰だって、自分の貴重な時間があるときくらい、嘘でもいいから希望を感じていたいのだ。

ディズニーランドのにぎわいが、その希求を表していると思う。大人はそこを一歩出れば、夢の国が消え去ることを知っている。それでも、高い入園料を払ってでもわざわざ訪れるのは、それほどまでに人間にとって、自分が尊厳ある人間として扱われ、気持ちを上向きにさせてくれる場を求めているからではないだろうか。

嘘でもいいから希望が欲しい、ほんの少しでも夢が見たい。つらい生活をしている人ほど、希望がなければ生きられない。そんな人たちに本当に必要なのが、そこに行けば気持ちが前向きになり、また頑張ろうという気持ちになれ、家や仕事がつらくても息抜きができ、張り詰めていた気持ちから解放される。そんな場所ではないだろうか。

才能ある人やクリエイティブな人を惹きつけるには

それでは、どうすれば若い世代の人口流出を少しでも食い止め、魅力ある街として人を惹きつけ、経済的に発展できるのだろうか。その鍵は、才能ある人やクリエイティブな人を惹きつけることだとリチャード・フロリダは言う。〔017〕

才能のある人が集まり、日常的に顔を合わすことができればできるほど、ビジネスのアイデアが生まれ、実行に移される可能性が高くなる。アイデアはより研ぎ澄まされ、多くの人が関わって加速する。人や物がある一点に集まることで、集積による相乗効果が生まれ、イノベーションが起こり、経済発展が加速する。

また、すでに優秀でクリエイティブな人を惹きつけるだけでなく、その芽をもった若者を快く受け入れ、彼らの才能を活かせる環境づくりも重要である。優秀な人やクリエイティブな人は、同じような能力をもつ人に惹かれるだけでなく、彼らに憧れる若い世代をも惹きつける。インフォーマル・パブリック・ライフやストリート・ライフの充実した街は、若者の能力を引き出し、刺激し合い、切磋琢磨する機会を与え、彼らの可能性を引き出していく。そして、その刺激的で活気ある雰囲気に憧れ、好感を抱いた人々が次第に集うようになる。

017,019. リチャード・フロリダ著、井口典夫訳
新 クリエイティブ資本論 才能が経済と都市の主役となる
(ダイヤモンド社 2014)

では、才能ある人やクリエイティブな人を惹きつける街とは一体どんな街であり、どうすれば彼らに長年住んでもらうことができるのだろう。『WALKABLE CITY』の著者であるジェフ・スペックはこう語る。

明らかな答えというのは、これらの人々が欲している環境を都市が提供する必要があるということだ。（中略）いかにクリエイティブ・クラスの人々、特に若い世代がストリート・ライフのあるコミュニティ、つまり歩いて用の足せることから成り立つ歩行者文化に好感を示しているかがよくわかる。（筆者訳）〔018〕

「クリエイティブ・クラス」とは、フロリダが今後の経済発展の指標として注目している、知的および社会的スキルを駆使して頭脳労働で報酬を得る、富や所得面においても支配層といえる人々のことであり、彼らはアメリカで郊外から都心に戻る動きの先陣を切っていた。〔019〕

スペックにとっては、クリエイティブ・クラスと若い世代がストリート・ライフを望んでいることが明らかなのだが、この本にはその明確な理由が書かれていない。またフロリダも、クリエイティブな人々は開放的で多様で、自分自

018. Jeff Speck
WALKABLE CITY: How Downtown Can Save America, One Step at a Time
(North Point Press 2013)

身でいられる場所を探しており、彼らが住み着いた場所が経済的にも繁栄すると論じているが〔020〕、なぜ彼らがそういった場所に深い愛着を覚え、そこに住もうとするのかは明確に書かれていないので、ここで熟考してみよう。

フロリダがクリエイティブ・クラスに注目しているように、経済的に繁栄する都市は、同時にクリエイティブで文化的な刺激が多い街としても有名である。ワールド・シティズ・カルチャー・フォーラムが発行した『World Cities Culture Report 2015』によれば、世界中の都市間競争が激化している中で生き残るには、技術のイノベーションと貿易の最先端に位置することが条件となり、そのためには社会的・経済的・文化的交流を促す中心地である必要があるという。つまり、経済的に栄えるためには、オフィスビルが連なるだけでは不十分であり、文化的・社会的刺激に満ちた街であることが重要なのだ。レポートにはこのように書かれている。

グローバル市場においては、よい仕事があるだけでは十分とは言えない。才能ある人々が求めるのは活気ある都市での経験であり、フェスティバル、クラブ、アートギャラリーを求め、素晴らしい食事を楽しみ、面白い人々に会いたいと望んでいるのだ。その都市のエネルギーや特徴は、

活気溢れるボルドー市中心部

020．リチャード・フロリダ著、井口典夫訳
新 クリエイティブ資本論 才能が経済と都市の主役となる
（ダイヤモンド社 2014）

演劇好きを惹きつけるのと同じくらい、投資を惹きつけるためにも重要であり、高い技術をもった労働力を保ち、発展させるためにも重要なのである。これは特にクリエイティブ産業において非常に重要なことである。（筆者訳）〔021〕

ロンドンの金融の中心地であるシティは、ストリート・ライフの活発なロンドン中心部の目と鼻の先にある。ウォール街もニューヨークの活気あるダウンタウンから自転車で五分程度の距離にある。高給取りが集まる六本木ヒルズのお膝元には様々な飲食店が連なっており、夜になるほど活気を増していく。経済を活性化し、社会を引っ張っていく街が単なる高層ビル群だけでないこと、それは決して偶然ではないはずだ。結局のところ、経済活動を生み出しているのはオフィス街そのものではなく、そこで働く高い能力をもった人々なのである。だからこそ、彼らが何を望んでいるのかを探ることが鍵となる。

気分転換ができる場の必要性

では、なぜ彼らにとってストリート・ライフやインフォーマル・パブリッ

021. BOP Consulting Editorial Team World Cities Culture Report 2015 (2015)

ク・ライフが重要なのか、ここからはその理由を見ていきたい。

一つ目の理由として、日常的に気分転換ができる機会の豊富さが挙げられる。つらくても頑張ること、頑張り続けることが美徳とされる日本では、頻繁に休憩をとる者は好意的には見られない。そんな日本社会に生きる私たちにとって、クリエイティブな人や優秀な人たちが充実したストリート・ライフのある場所を求めるというのは、奇妙に感じられるかもしれない。

私自身、彼らが求めるのは高層ビルの連なりや眠気覚ましのコーヒー、仕事をしながら食べられるサンドイッチ、高級レストランやバーといった印象をもっており、優秀な人は本当にストリート・ライフなど必要なのかと思っていた。

しかし、研究を進め、また通訳ガイドとして富裕層の方々との会話を重ねていくなかで、優秀な人が優秀であり続けるためには、大いにリラックスして気分転換ができる場や機会の存在が非常に重要であることがわかってきた。

あるとき、私がガイドをしたフランス人医師に、どうやって医者という仕事のストレスに耐えるのかと尋ねたところ、彼は「こうして旅行に行くように、頭の中を空っぽにすることだ」と教えてくれた。恐らくこれがポイントなのである。選ばれる人材になり、それに伴う給料を手にすることは多くの人々の夢ではあるが、そこには大きなストレスが待っている。

選ばれる人材、稀少な人材になるというのは、代えがきかないことを意味する。どんなに仕事のストレスが重くても、その人が体調不良で休んでしまうと他人では対応できず、こうしたことが続くと上司や取引先からの信頼を失い、そのポストを失う可能性がある。だからこそ、代えのきかない彼らにとって、体調管理はまさに死活問題なのである。

膨大なストレスに耐えながら全力で戦うために必要なのは、ひたすら無理を続けることではなく、休めるときに思いっ切り休んで、気力と体力を回復させることなのだ。

カーネギーは「悩みや不安に対処する方法を知らない者は若死にする（筆者訳）」と断言する。〔022〕頭の中が仕事の問題でいっぱいになり、悩めば悩むほど、人の生産性は落ちていく。ストレスの多い仕事のなか、ひたすら几帳面に、自らに精神的なプレッシャーをかけ続けている場合、超人的な体力と精神力をもつ人物でもない限り、たどり着くのは体調不良や集中力の低下、不眠やイライラなどである。それが悪化すると精神的にも身体的にも病み、通常のパフォーマンスを出せなくなる。

こうした準備期間が続いたままで本番を迎えてしまうと、大事な仕事に致命

022. Dale Carnegie
How to Stop Worrying and Start Living
(Vermillion 2004)

傷を与える可能性もある。だからこそ、よい結果を出し続ける必要がある者にとって、仕事のストレスを翌日以降にもち越さないことが大事になる。そのために必要なのが、日常的に気分転換をし、ストレスから解放されることなのだ。

では、具体的にどうすればよいのだろうか。そのためには仕事でフル回転をしている脳がオーバーヒートしないように休ませる、または全く異なる使い方をするという方法が挙げられる。『Mindfulness for busy people』では、脳の「問題解決モード」を「自動操縦モード」とも呼んでいるが、一旦自動操縦モードになってしまうと、自分の意思と関係なく、勝手にそのことで脳がフル回転し続けてしまうという。〔023〕これは脳だけでなく自分の精神も疲弊させるため、放っておくのは望ましくない。そんな状態から効率よく気分転換をしたい場合、仕事と全く関係のない場所に行き、一度仕事から完全に離れることが有効だ。

気分転換をしようとエレベーターに乗ってビルの階下に下りても、目の前に車道とビルしかなければ、できることはせいぜい深呼吸かストレッチをするくらいである。そこにベンチや街路樹があり、コーヒーが飲めたら少しは気分転換になるだろう。緑の多い公園が近くにあればさらによい。近くにエスプレッソを立ち飲みできるカフェがあれば、オフィスとは別の空間に身を置いて、仕

023. Michael Sinclair, Josie Seydel, and Emily Shaw Mindfulness for Busy People: Turning Frantic and Frazzled into Calm and Composed, 2nd edition (Pearson 2017)

気分転換をしやすいカフェのカウンター

事に関係ない人々の姿を眺め、たった五分でもリフレッシュできるかもしれない。少しでも店の連なりがあれば、そこを少し散歩するだけで気持ちは随分晴れるだろう。

仕事後に食事をしに行く場合も、同僚ではない友人と会い、仕事に関係のない話をするほうが気分が変えられる。高級レストランやバーよりも、気取らずにスーツを脱ぎ、リラックスできる場所がよい。

気分転換が必要なのはなにもエリートに限ったことではない。フロリダは「クリエイティブな仕事には集中力が重要であり、仕事中は大いに集中し、その他の時にはリラックスして自分をゆるめるという緩急のリズムを大切にする人たちがクリエイティブクラスには多い」と述べている。〔024〕

使える時間が限られており、効率的に気分転換をする必要がある彼らにとって、充実したストリート・ライフは重要な意味をもっている。フロリダはストリート文化の重要性と、それがさっと手に入ることの重要性についても次のように述べている。

> 高価で高尚な芸術のイベントは厳格に日時が決められており、やっている日数も少ない。それに引き換え、ストリート文化は流動的であり、いつで

024．リチャード・フロリダ著、井口典夫訳
新 クリエイティブ資本論 才能が経済と都市の主役となる
（ダイヤモンド社 2014）

もやっている。調査で何人もの人が教えてくれたように、このことは夜の九時や一〇時といった遅い時間まで働いたり、あるいは週末も働き続けて月曜の夜に遊びに行こうと思っているクリエイティブな人々にとっては、大変助かることである。さらに、ハードスケジュールのクリエイティブ労働者は、彼らの文化的時間を「効率的に」使いたいと思っている。オーケストラを聴きに行くことや、プロ・バスケットボールの試合を見に行くというような大きな会場でのイベントに参加するのは、単純でありきたりの経験でありながら、費用や時間といった余暇に充てられる多くの資源を消費してしまう。ストリート文化に参加することは、多様な料理が並べられたバイキング・テーブルの前にいるのと同じである。一度に簡単にさまざまなものを取ることができる。あるいは経験のレベルや深さを調節することもできる。〔025〕

二十一世紀型の街を考えるとき、一つの場所で一度に様々な経験ができるというのは非常に重要である。彼らは忙しくて時間がなく、限られた時間を最大限有効に使い、時間の無駄をできる限り避けたいと思っている。

片道一時間かかる場所でも、三時間上演される観劇やコンサートでもなく、

025,026．リチャード・フロリダ著、井口典夫訳
新 クリエイティブ資本論 才能が経済と都市の主役となる
（ダイヤモンド社 2014）

自分の行動範囲から近い場所で、短い時間で効率よく気分転換をし、また気分よく仕事に戻って行けること、それが重要なのである。

「経験に対する開放性」とその重要性

クリエイティブ・クラスや若い世代がインフォーマル・パブリック・ライフの充実した街を求める理由の二つ目は、そこが「経験に対する開放性」を促す場だからである。

フロリダは、「芸術家や科学者、起業家に見られる高度なクリエイティビティと、新しい経験に対する好奇心旺盛で開放的な性格との間に強い相関関係があることは、多くの文献も明らかにしている」と語る。そして経験への開放性の高い人々は、彼らを歓迎し、ワクワクするような体験や刺激を豊富に与えてくれる特定の地域に移り住み、そこに集積するという。〔026〕

経験への開放性とは、自分の属してきた世界の価値観とは異なる新しい経験をしたときに、「そんなんありか!」と肯定的に捉える、または少なくとも否定的に捉えないということである。経験への開放性が高い場所は、人々の視野を大きく広げ、より自由な発想を認めてくれる。

ポートランドのカフェ

基本的に大都市になればなるほど多様な人が存在し、予想外のことがあちこちで起こるため、経験に対する開放性が高くなる。これが国際色の豊かな都市になると、違いには慣れっこであり、ちょっとしたことにいちいち驚いていては身がもたない。

私が二〇一八年に訪れたニューヨークでは世界最大のLGBTQパレードが行われていて、ホテルですれ違う人の多くはゲイのカップルで、店のショーウィンドウはレインボーカラーをモチーフに飾られており、公園での音楽イベントでは皆がレインボーの旗を持っていた。ホテルに戻ってみるとロビーで半裸の男性たちがモダンダンスを踊っていて、度肝を抜かれてしまった。

その後に訪れたポートランドのカフェでは、大型犬がテラスで音を立てて水を飲み、男性店員の髪は三つ編みで、スカートをはいて指先には緑のネイル。隣には大きな双子を乗せたベビーカー、向かいのテーブルの上には赤ん坊が立っており、店員もお客も腕にタトゥは当たり前。そんな光景の中に身を置いていると、日本では自分らしく生きることに苦しみを抱えていても、ごく普通の格好をして、他人の目を気にしている自分が平凡でつまらない存在に思え、些細なことで悩んでいるのが本当にバカバカしく思えたものだ。

自分が属してきたものとは異なる世界で、のびのびと生きている人たちを見て衝撃を受けるのは、一般人に限らず、実は名だたる芸術家たちも同様だった。アメリカ人の写真家、マン・レイも一九二〇年代にパリにやって来たとき、大人であるシュールレアリストたちがブランコなどで奇抜な遊びをしているのを目の当たりにし、目の前がくらくらしたと言っている。生真面目に生きてきた哲学者のシモーヌ・ド・ボーヴォワールも、若い頃にパリのバーの世界に出会い、その自由奔放な世界に魅了され、彼らの真似をして自分の殻を破っていった。

経験への開放性がある場で、それを当然のこととして受け止めている人の振る舞いに出会った新参者は、文字通り目の玉が飛び出そうなほど驚くものの、次第にその姿に魅了され、自分の殻を破り始める。

こうした予期せぬ出来事を誘発する場の多くは公共空間である。そこは誰にでも開かれているがゆえに、変わった行為をする者もいれば、意図せず通りがかった人もいる。そこではリラックスした状態で何かに出会うため、受け入れやすく、それが結果的に自分自身の幅を広げることになるのである。

「経験に対する開放性」の重要性を理解するため、相反する例として、開放性が低い状況をイメージしてみよう。経験への開放性が高い場合は、価値観の異なる行為を「そんなんありか！」と唖然としながら受け入れるのに対し、経験への開放性が低い場合は、価値観の異なる行為を「ありえへん」と拒絶し、シャットアウトしてしまう。

一つの価値観の中で育ち、それが当たり前だと思い、疑いをもたなかった者ほど、経験に対する開放性は低く、自分の属してきた価値観を絶対視し、子どもや配偶者にもそれを強要しがちである。それは、彼らにとっては体験してきた世界がその一つしかなく、それ以外の世界や価値観が具体的なものとして想像できないからである。

テレビやインターネット、雑誌、映画などを通じて異なる価値観に出会ったときも、私たちは「それは想像上の世界」「特殊な成功例」としてシャットアウトする傾向がある。一方で、自分の意思にかかわらずシャットアウトできないものが、肌感覚での経験だ。

目の前で自分の想像を超える出来事が起こったとき、それを五感を通じて全身で知ってしまったとき、それを否定することは体験した自分自身を否定することになってしまう。

私も留学中、先述のパリ・プラージュというイベントに立ち寄った際、セーヌ川沿いにヤシの木が立ち並び、砂が敷かれ、そこで水着姿の男性が寝そべって日光浴をしているのを目にして、度肝を抜かれたことがある。

セーヌ川沿いのパリ・プラージュ

とはいえ、彼らの姿に惹かれて試しにバカンス用の長椅子に寝そべってみると、たしかに気持ちがよいものだった。都会にいながら足元の砂や風を感じられるなんて、なんて贅沢なことだろう。そこで美味しいコーヒーまで飲めたら最高だ。靴を脱いで裸足になったら、もっと気分がよいだろう。

このように、実際にそのよさを味わってしまうと、「ありえへん」は「いいね！」に変わり、「また来たい」「自分の街でもやってみたらどうかな？」という気持ちにもなっていく。自分の想像を超える経験をすることは、結果として自分の殻を破り、自分自身の幅を広げてくれるのだ。

自分の属してきた世界の経験と全く異なる世界があると理解したとき、「ありえへん」「許せない」と思う人もいれば、「面白い」「どうしたら私にもできるだろう」と思う人もいる。フロリダの言葉を借りれば、後者がクリエイティブな人間であり、クリエイティブな人は経験に対する開放性を強く求めているのである。

フロリダはクリエイティブ・クラスという言葉を頻繁に使うが、そもそもクリエイティブとはどういう意味なのだろう。クリエイティブというのは知性と同義語でもなければ、高学歴を指しているわけでもない。クリエイティビティには統合する能力やリスクを冒す能力が必要である。〔027〕

027．リチャード・フロリダ著、井口典夫訳
新 クリエイティブ資本論 才能が経済と都市の主役となる
（ダイヤモンド社 2014）

ピカソもアフリカ芸術などを作品のヒントにしていたように、誰も無から作品をつくることはできない。既存の考え、方法論を熟知し、習得した上で、自分で気づいたヒントを加え、それを粘土細工のように混ぜ合わせて新たな形をつくる応用力があってこそ、自分自身の作品が生み出せる。その意味でも、充実したストリート・ライフのように、新しい発見、刺激が自分の生活圏にあることが非常に重要なのである。

クリエイティブな人が経験に対する開放性を強く求めるのは、インスピレーションのためだけではない。彼らが自己表現をしようとしたとき、発想のヒントや材料だけがあればよいのではなく、彼らを包み込んでくれる土壌が必要なのである。

「経験に対する開放性」の高い場所を求めて

また、作品を制作する環境を提供しようとする際に、日本では物理的環境さえ整っていればそれで人が来ると思いがちである。ある地方には制作に役立つかなりの資材があり、それを自由に使える場所があり、海が近くて穏やかかもしれない。広いアトリエもあるというのに、なぜ芸術家が引っ越してこないのだろう。来たとしても数ヶ月で去ってしまうのはなぜだろう。

インターネットによって世界が完全にフラット化しているのであれば、文化的に優れた地域とその他の地域との差はとっくに消滅しているはずである。そうであれば、バレエや音楽留学のために多額の費用をかける必要もないし、東京の大学に地方からの受験生が集まるはずもない。

ところが、実際には魅力的な都市に才能ある人々が今も集中し続けている。それは、自分の夢を実現したいという者たちが、それを育み、刺激してくれそうな場所だけでなく、異なる考え方を許容し、新しいことを促す人々が集まっている場の重要性を直感的に理解し、それを希求しているからではないだろうか。

クリエイティブな人が自分のことを理解し、伸ばしてくれそうな人が集まっている場を希求するのは、彼ら自身が他人と少し違うことを感じて生きてきたからだとフロリダは言う。


彼らが求めるのは、性別、性的指向、人種、性癖などの多様性に対して寛容な環境である。民族や性的指向を問わず、クリエイティブな人の中には、同級生の大半とはどこか異なっていると疎外感を感じながら成長した人が多い。〔028〕

028. リチャード・フロリダ著、井口典夫訳
新 クリエイティブ資本論 才能が経済と都市の主役となる
(ダイヤモンド社 2014)

経験に対する開放性が低い場所というのは、同質性を求められ、同調圧力が強く、閉鎖的になる。まさに「出る杭は打たれる」わけで、少しでも違っていたら「ありえへん」という扱いをされてしまう。否定される彼らが法律違反を繰り返したとか、明らかに多数の人に迷惑となる行為を重ねてきたのならまだわかる。しかし、ただ彼らが自分らしく生きようと少しもがいてみただけで、理解不能な人間と見なされ、後に断罪されることになるとしたら、客観的に見てどちらが間違っているのだろう。

優秀な人たちが都会や国外に流れているのだとしたら、それはまさに「経験に対する開放性」の低さによるのではないだろうか。ある場所で断罪されていた彼らは、若くて経験が浅い時分には自分を責めるだろう。まだ分別がうまくつかない頃は、あからさまに権威がありそうに振る舞う周りの大人たちの言っていることが正しそうに感じ、自分に非があるように思えるからだ。

しかし、あるとき自分の考えや望んでいることが別に間違っていないとわかり、それをよしとして認めてくれる場所があると気づいたらどうだろう。彼らにとってその考えや望みが大事なものであればあるほど、それを諦めることは精神的な死を意味する。

多くの者は摩擦や断罪を恐れて同調し、自分が抱いていた感覚を表現することを諦め、周りの人と変わらぬ人生を歩むことにする。しかし、そこで諦めることが自分の死を意味するほど重要なのであれば、彼らは必死になってそれを守ろうとし、周囲と摩擦を起こしてでも違う道に進もうとするだろう。

二十世紀前半のパリに集まり、後に成功した多くの芸術家がたどってきたのは、まさにこの道だった。彼らの多くは母国で自分が属すべき集団の価値観になじめなかった。彼らは自分の属すべき場所では断罪され、初めのうちは自らを責めるが、やがて別の世界が存在することに気づき、パリのカフェを中心とする自由な世界に強い希望を見出していく。

そこでは、自分を活かして生きることが可能かもしれない。少なくとも自分のことをまるで理解せず、非難を繰り返すような人たちと過ごし、精神的苦痛を抱え続けたまま、ただ生き長らえるよりも、苦しくても自分にかけてみるほうが幸せなのではないだろうかと思い、より経験に対する開放性の高い当時のパリの路上やカフェへと飛び出していく。このようにして、一九二〇〜三〇年代のパリは磁石のように、世界中から芸術家志望の若者を惹きつけたのである。

経験に対する開放性は、同調圧力を圧力と感じない者にとっては必要ないかもしれないが、同調圧力の中で死にかけている者にとっては生死を分けるほど重要である。

クリエイティブな人間や天才的才能の芽をもった者には、豊富な材料や広いアトリエさえあればよいのではなく、自分のことを理解し、共感し、支え、応援し、切磋琢磨できる人たちと日常的に出会えることが非常に大切である。こうした場所があれば、彼らの才能は伸びていき、単なる夢見がちな若者ではなく、現実に何かを生み出す人となっていくだろう。

こうした場での出会いやカフェでの会話は五感を通じて肌感覚で行うため、情報の伝達スピードや理解の速度がオンラインに比べて大幅に速くなる。また、何気ない会話や出会いがヒントとなり、そこから予期せぬ会話やアイデアが生まれていく。これこそが、人が実際に集まり、出会うことの醍醐味である。一＋一は五にもなり、凝縮した出会いが継続的に行われるほど、爆発的なスピードで物事が生まれ、現実になっていく。

こうした人々がそこにいそうだと嗅ぎ分けた者は、自分の夢の実現のためなら移り住むことを厭わない。それは彼らにとって、真の意味で生きることなのだ。どんなに才能の芽があっても、一人でそれを伸ばすのは難しい。その才能を認め、共に上に伸びていく仲間と出会い、切磋琢磨することで、人は急速に成長し、何者かになっていくのである。

こうした夢と希望を抱き、ある都市にある才能をもった者たちが集まり始めたとき、その都市は急速な成長を遂げていく。フロリダは言う。

才能ある人々がより集まると、イノベーションや経済成長に大きな効果をもたらす。起業家、投資家、エンジニア、デザイナー、その他の優秀でクリエイティブな人々が大勢、常に顔を突き合わせれば、ビジネスのアイデアは絶え間なく生まれ、研ぎ澄まされ、実行に移される。そして成功すれば、そのアイデアはさらに拡大されるのだ。人々が優秀であればあるほど、そして彼らのつながりが緊密であればあるほど、あらゆる面でスピードが加速する。集積の相乗効果が働くのだ。こうして多様な才能の集まる場所では経済の進化が加速する。〔029〕

才能の集積による相乗効果は、経済成長の一次決定因子であるという研究結果もある。フロリダはこうも言う。

才能にあふれたクリエイティブな人々が集まると、アイデアは無限に湧き出し、個人および集団の才能が飛躍的に増大する。最終的には一足す一が三にも四にもなる。このような集積によって各自がより創造的になり、そ

029. リチャード・フロリダ著、井口典夫訳
クリエイティブ都市論 創造性は居心地のよい場所を求める
(ダイヤモンド社 2009)

の場所さえもクリエイティビティに満ちあふれる。それに伴い、全体のクリエイティビティと経済的な繁栄も増大するのである。〔030〕

このようにして、他では受け入れられなかった人たちを優しく包み込み、歓迎していった街は次第に注目されて優秀な人々が移り住み、経済的に発展していくのである。だからこそ、将来的な街の発展を考えたとき、「経験に対する開放性」を大いに促すインフォーマル・パブリック・ライフを充実させることが鍵となるのだ。

030. リチャード・フロリダ著、井口典夫訳
クリエイティブ都市論 創造性は居心地のよい場所を求める
(ダイヤモンド社 2009)

第二部　理想の郊外の厳しい現実

2

第三章　人が大事にされない街

二十世紀の代表的なライフスタイル、アメリカ型郊外

ここまで、人が集まり、経済的にも成長していく街の特徴とインフォーマル・パブリック・ライフの重要性について述べてきた。人が自由に生きるためには、自分らしくあることを許容してくれる場と、そこで過ごす時間のかけ算の積が重要である。

二十一世紀の街の理想の姿は、ウォーカブルで様々な用途が凝縮し、かつインフォーマル・パブリック・ライフが生活圏にある街である。第二部では、その理想の対局に位置し、インフォーマル・パブリック・ライフが欠けている二十世紀の代表的なライフスタイル、アメリカ型郊外について考察していく。二十一世紀に入って二十年以上が過ぎた今でも、世界中の多くの人がアメリカ型郊外の残り香の中で暮らし、得体の知れない孤独や生きづらさを抱えて生きている。こうした住環境の何が問題なのかを一度客観的に見つめることでこそ、目指すべき街のあり方が見えてくるはずである。

アメリカ型郊外の厳しい現実

二十世紀、世界の覇権を握ったアメリカでは、郊外の一軒家を手にすることがアメリカンドリームの中核をなしていた。アメリカの自由で豊かなライフスタイルは、雑誌やテレビ、映画や広告を通して世界中で憧れを育み、再生産されていく。

緑に囲まれた美しい郊外には専業主婦という理想像、しっかりと教育された利発な子ども、自家用車、美しい庭がセットになっている。もともとイギリスで理想の楽園として誕生した郊外は、その後も高所得者たちの「自然に囲まれた豊かな生活」というイメージを保ち続けた。

一方で、アメリカンドリームを実現し、憧れの郊外に住んでみた結果、負の側面を背負うことになったのは、そこに残された妻や子どもなど、郊外こそが生活の中心地となった者たちである。妻や子どもの人間としての欲求は、まちづくりの観点からほとんど考慮されてこなかった。

妻には素晴らしいキッチンが、子どもたちには美しい庭があてがわれたかもしれないが、問題は家庭外の環境である。家から一歩外に出ると、郊外にはほとんど何も存在しない。素晴らしい街のデザインは人々を外に連れ出し、そこに引き寄せる働きをする一方で、悪い街のデザインは人々を家の中に閉じ込め、徐々に孤立させていく。

ジェフ・スペックらがアメリカの郊外のあり方を問題視し、警鐘を鳴らした『Suburban Nation: The Rise of Sprawl and the Decline of the American Dream』には、郊外在住の母親が建築家たちに向けて書いた悲痛な手紙が掲載されている。

私は街のデザインのせいで家の外に出られない、四人の子どもの母親です。ここに引っ越してきて以来、私は車に乗って外出するとき以外、檻に入った動物のように感じていました。ここでは二ブロック先にある食料品店に歩いて行くことすら不可能なのです。（中略）私は三百ドル払う必要のあるジムまでドライブしないと運動することもできません。家の周りの道にはコミュニティという感覚はまるでありません。（中略）私はどこかに歩いて行きたいという思いが募って泣きそうなくらいです。歩くことが本当に恋しい。私は自分の子どもにも学校まで歩いて欲しいと思っています。バターをちょっと買うために近所の店まで歩いたり、子どもたちを近所の散歩に連れて行ったり自転車に乗ったりしたいのです。（中略）けれどこれらの思いの何もかもが実現不可能なのです。そしてあなたがこの地区を

ご覧になったら、この状況が全てあの偉大なるアメリカンドリームのせいだとご理解いただけるでしょう。(筆者訳)〔031〕

彼女には、やりたいことも人生で叶えたいこともある。しかし、何もかもが遠すぎて、摑もうとしても掌からすり抜けてしまう。

「理想の家を手にすれば幸せになれる」という幻想はアメリカで一世紀以上にわたって再生産されてきた。しかし、この手紙を書いた母親が訴えるように、典型的な郊外には、ひたすら似通った一軒家が連なるだけで、徒歩圏でちょっとした買い物のできる場所すら存在しない。

人工的に開発された郊外には、歴史の重みを感じられる街のように、自分が帰属していると感じられる安心感がない。街路には誰も歩いておらず、気軽に立ち寄れる店もなく、自分を受け入れてくれる場所はどこにも存在しない。

気分転換をしようと家の外に出てみても、そこにあるのは似たような住宅と道路と車、運がよければささやかな緑と鳥の鳴き声くらいである。アメリカ型郊外を特徴づけるキーワードは「分離」「分断」「画一性」、そして「孤独」である。

誰も歩いていない郊外を一人で歩き、行けども行けども、面白い店にも人に

031. Andres Duany, Elizabeth Plater-Zyberk, and Jeff Speck Suburban Nation: The Rise of Sprawl and the Decline of the American Dream (North Point Press 2010)

も出会わなければ、孤独でつまらないと感じるのも自然なことではないだろうか。

家に帰ったからといって、目の前の赤ん坊や小さい子どもは母親のまともな話し相手にはなってくれない。まともな話し相手の夫が帰って来るのは、日が暮れて随分たった後である。

どん詰まりの孤独

郊外を徐々に蝕んでいったもの、それは残された者たちの単調な日常である。仕事をするのは男性で、平和で愛に満ちた家庭を担い、子どもたちを誘惑から守り、きちんと教育するのが女性という役割分担は、郊外の家のつくりや郊外のDNAに初めから組み込まれていた。

しかし、そうした理想像は必ずしも全ての女性に当てはまるものではなく、この環境がひいては個人のアイデンティティ・クライシスを起こしうるということは、もっと認識されるべきである。

職場に通勤していれば、刺激や新しい物事との出会いも家庭内より多いだろう。しかし、専業主婦や子どもは郊外という環境に半ば閉じ込められ、そこでの日常はほとんど変わり映えのしないもの。一九五〇年に出版されたデイヴィッド・リースマンの『孤独な群集』には、すでに郊外の主婦の孤独についてこう書かれている。

「今晩、出掛けましょう」という小説の主人公である主婦は、男女を問わず、いっさいの友情の市場から隔離されて一人郊外の住宅にとじこめられている。彼女がつきあう相手というのは夫を通じての社交的な相手だけなのだ。農家の主婦はいうに及ばず、多くの郊外生活者たちの場合には事態はさらに深刻である。夫はたった一台きりの自動車に乗って仕事に出かけてしまう。後に残った主婦はいわば家庭の囚人のごときものである。かの女の身の周囲にあるのは小さな子供たちと、電話と、ラジオとテレビだけなのだ。このような女性は仮りに物理的、経済的条件が向上したとしても、依然として心理的に囚人である。そして、物事にあまり興味を持たないようになってしまうのだ。〔032〕

郊外は「通勤用のベッドタウン」と言われるが、実際にはそこで生活する者がいる。子どもが小さい、車の運転ができない、最寄り駅までのバス代が高い

032. デイヴィッド・リースマン著、加藤秀俊訳
孤独な群衆（みすず書房 1983）

などの理由により、主な移動が徒歩の場合、日々の行動範囲は自宅から半径五百メートルほどに限られる。すると、その人の世界はいつも同じ、単調な住宅群とスーパーマーケット、コンビニ、近所の公園があるという程度のものになる。

子育てはよく「出口の見えないトンネル」といわれるが、まさにそこでは出口が見えない。いつも同じ、何もかもが変わらない、たとえあと百メートル頑張って足を延ばしたところで、カフェもなければお洒落な店にも出会えない。目の前の世界はいつまでも変わることなく、変わるのは子どもの学年と街路樹の色だけだ。来年は今年の繰り返しになるだろう。今後三十年以上この生活が続くと思うと、ぞっとする。

どこかへ行こうと思っても、道には恐ろしいほど人が歩いていない。見渡す限り住宅が続いているが、どうして誰もいないのだろう。この道を通ろうとする自分が間違っているのだろうか。

画一的につくられた郊外には、主婦や母親という役割を離れて自分らしく振る舞える場所がほとんど存在しない。児童館や公園でよき母を演じることはできても、家の外で自分らしくいられる場が圧倒的に足りないのだ。

家庭内でも外でも、よき母として他人の目ばかり気にしていると、本来の自分自身は疎外される一方であり、それはやがてアイデンティティ・クライシスを引き起こす。

郊外は住宅地であり、都心へと向かうベクトルはあっても、都心から誰かが来ることも、そこに新しい風が吹き抜けて変化することもあまりない。すると郊外に残された者にとっては、自分の目の前の世界だけが世界の全てになってしまう。

郊外という人工的な街では大抵の場合、女性は母親または妻として、子どもは子どもとして、高齢者は高齢者としての単純な認識でしか街がデザインされていない。あなたは主婦だから、子どもだから、高齢者だから、これくらいでよいだろうという考えが露呈したデザインは人の尊厳を傷つける。

初めはそれに反感を覚え、抵抗しようとしていた者も、現実的にそこから抜け出す手段がない限り、次第に諦め、その空気に適応することが一番賢い選択なのだと自分に言い聞かせるようになっていく。

それがどんなに自分の価値観と違っていても、周りのほとんどが同じことをしているのに自分だけがそうでないという状況は耐え難い。だからこそ、人は周りと異なる自分の感覚や価値観を諦め、譲るようになる。そしていつの間にか、少し変わった人や自分らしさを貫こうともがいている人に対して、諦めが肝心だと説くようになっていく。

典型的な郊外のようにインフォーマル・パブリック・ライフがない場合、彼らは望むと望まざるとにかかわらず、そこでよしとされている一つの正しい生き方に順応することを迫られる。その小さな世界の中で暮らしていくには、他に選択肢などないからだ。

そこでなんとかやっていくために必要なのは、その価値観を受け入れ、順応し、疑問をもたないことである。そこで少しでも疑問を抱いた者は周囲から理解されず、結果として孤独を抱え、精神的に病むことになるだろう。適応できない者は負けであり、苦し紛れに遠吠えをするか、人知れずため息をつくことしか許されない。

専業主婦の自己疎外

日本では、産後鬱《うつ》について語られるとき、その理由は個々人のホルモンバランスの変化で語られることが多く、母親の人付き合いや環境の急激な変化が問題視されることはあまりない。しかし、子どもが生まれ、今までの家が手狭になったからという理由で郊外に引っ越し、専業主婦になった場合、実際には数々の困難が待ち受けている。

買い物のとき以外は自分の居住地区からほとんど出ず、都心からそう遠くない場所に住んでいても滅多に都心に行くことがないという母親を私は何人も知っている。学生時代、片道一時間ほどかけて都心の大学に毎日通っていたような女性が、なぜ母親になると、郊外のごく小さな範囲から出なくなってしまうのだろうか。それは、子連れで都心に行くことが、想像以上に大変だからである。そして、一度大きく変わってしまった生活スタイルは、コロナ禍による変化同様、問題が収束したからといって元に戻るわけではない。

子どもの誕生は母親の人生を大きく変え、人を別人のようにすることがある。特に専業主婦になった場合は、そうなる可能性が高いだろう。子どもの誕生を機に郊外に引っ越しをした場合、具体的にどんな変化があるのだろう。以下は私自身が子どもを産んでから話をしてきた、数多くの母親たちとの会話をまとめたものである。

まずは自分の「名前」が変わる。未だに夫婦別姓が認められていない日本では、結婚すると女性が姓を改める例が圧倒的多数である。これは、子どもがいない場合は大した問題ではないかもしれない。職場では旧姓で呼ばれ、新しい姓で呼ばれる機会は少ないだろう。

しかし、子どもが生まれ、子ども向けの場所に行き始めると話は別だ。そこでは旧姓や名前で呼ばれることはなく、「~ちゃんママ」または新しい姓で呼ばれ、母として、妻としての自分を強く意識するようになり、アイデンティティも変化していく。

また、子どもが生まれて数年は、会話や生活の中心が子どもになる。すでに自分の信念や子育て観を確立している強い女性ではなく、新米で右も左もわからないような状況の場合、子どもに振り回され、自分のことは後回しになるだろう。日本では相当裕福で理解のある家庭でない限り、乳幼児の子どもをもつ母親が自分の時間を大切にしたいからとベビーシッターを雇い、子どもを預けてエステや美容院、温泉などに行くことはない。ましてや専業主婦は子どもを保育園に預けることもできないため、自分のことに集中する時間がほとんどない。

こうして、物理的にも心理的にも生活の主体が子どもになるだけでなく、会話の中で大きな比重を占めるのも子どもになり、気づけば主語が「私」ではなく子どもの名前になっていく。いい母親を演じ、常に子どもを中心にし続けることで、実は自分自身が徐々に疎外されていくのだが、それに気づくことは難しい。

では、自分を取り戻すために、以前の友人たちに会ってみたらどうだろう。友人が「次の集まりに子連れで来なよ」と誘ってくれたとする。しかし、専業主婦にとって余裕がある平日の日中に社会人の集まりが開催されるはずはなく、集合時間は夕方以降である。行きの電車はよいとしても、帰りはベビーカーに乗った子どもを帰宅ラッシュに巻き込むことになる。

週末に夫に子どもを預けて遊びに行きたくても、子どもが小さいうちは数時間外出するだけで精一杯だ。子連れで街なかまで行ってみても、実際には大人の集まりが小さい子どもに楽しいわけがなく、母親にかまってもらいたい子どもはぐずり、友人ともほとんどまともな会話ができず、早く子どもが寝てくれないかなと思う。

子連れで頑張って外出したことで、心身共にクタクタになり、友人との会話も中途半端に終わり、そんな大変な思いをしてまで行く必要があったようにも思えない。こんなことになるくらいだったら行かなければよかったのに、と次第に街なかでの集まりに行くことを避けるようになっていく。

友人と会うのが難しいのなら、ベビーカーを押して一人で街へ行けばよいではないか。そう思いつき、子どもが生まれる前に好きだった繁華街での気分転換を試してみても、都心は物理的距離が遠く、ベビーカーで行き来するのは至難の業だ。

都心への電車移動は、日々通勤するサラリーマンの男性のように、満員電車に耐えうる者のために設定されており、女性に特別優しい国を除いて、妊婦や子連れの女性、体の弱い者には非常にストレスフルである。

自宅から最寄り駅までの移動でバスに乗る必要がある場合、まずバスの乗車口に階段がある。ベビーカーをたたんで片手に抱え、もう片方の手で子どもを抱っこして階段を上がり、お金を払う。この作業は曲芸並みに難しいのだが、誰ひとり助けてはくれない。

バスが駅に着いたらまた階段を下りてベビーカーを広げ、子どもを乗せ、エレベーターでホームへと向かう。電車に乗り、目的地の駅に着いたが、地上に出るエレベーターが見つからない。

仕方がないので子どもを乗せたベビーカーを抱えて階段を上るが、出口に着いた頃にはすでにヘトヘト。街に着いても、子どもの機嫌を損ねないよう短時間で何かを選ぶのは至難の業だ。行きと同じ大変さを味わいながら帰宅し、自分も子どもも疲れ果てているが、夕飯の準備時間が迫っている。

自分のために子どもを人混みに連れ出し、それで子どもが風邪でも引こうものなら後悔の念にかられ、二度とこんなことはすまいと思う。そうして、次第に彼女も多くの母親同様、街なかに行かない生活になっていく。

そうだ、先輩ママが口を揃えて言うように、諦めるのが道なのだ。仕方がない。ここで暮らして適応するのが道なのだ。

良妻賢母を目指して

かつての自分を取り返そうとして大変な思いを繰り返した母親は、身近な生活圏でなんとかやっていこうと、ママ友をつくろうとする。境遇が似ているだけに、初めの数ヶ月は遠くへ行くストレスからも解放され、天国のように思われる。

近年では子育て支援グループが各地にあり、ママサークルを探すのも簡単だ。独身女性の多くが嫌悪感を抱きがちな「ママ友」や「ママサークル」にももちろんいい面はあり、皆感じもよく、児童館に行けば同じ年齢の子どもがいる母親同士で会話も弾むではないか。

ただ、そこでの主題はあくまでも子どものことだ。どうしたらストローが使えるか、オムツをとるには、幼稚園はどこにすべきかといった内容であり、自分の人生の悩みを打ち明けられるような場ではない。

また、児童館やサークルは通うメンバーが徐々に固定され、次第に人間関係が限定されてくる。これが多くの独身女性がママ友やママサークルに嫌悪感を抱く原因だろう。家族構成も所得も子どもの年齢もほぼ同じだと、初めは話が合ってありがたい。しかし時が経過すると、似た者同士であるだけに、どうでもよい些細なことで勝った負けたという女同士の探り合い、ライバル心が湧いてくる。

あの子は幼稚園児なのに漢字が読める、あの子はもうオムツがとれた、あの人は家を買った、あの人は二人目を妊娠中、あの人は保育園に受かって社会復帰するらしい……。そういった些細なことに一喜一憂し、自分だけ置いてけぼりのように感じてしまうが、夫はそんな悩みに耳を貸してはくれないだろう。独身の友人に話してみても鼻で笑われ、「何言ってんの、あなたは結婚して子どももいて幸せじゃない」と諭《さと》される。

これらは、たしかに些細でどうでもよいことに思えるが、問題は子どもが産まれ、新天地に引っ越し、それまでのアイデンティティを失った彼女たちが、もはや「母親」というアイデンティティでしか自分が保てないということなのだ。

新しいアイデンティティの中で評価されるのは、子どもの教育に長《た》けている、お弁当づくりがうまい、子どもを何人も育てているのに文句を言わない、いつも本の読み聞かせをしてあげている、優しい、いつ訪れても家が綺麗で裁縫上手な、つまり良妻賢母なのである。

その結果として、優秀で周りからも褒められる子どもが育つ。専業主婦の間ではこうしたプレッシャーは強く、母親にとっての喜びは、自分が一生懸命育てた我が子が周りの人から「いい子ね、すごいね」と褒められることなのだ。素晴らしい教育の結果として、子どもが有名私立校に合格し、国内トップの大学に合格すれば、母親としての自分は成功したことになる。日本社会の激しい受験競争と、母親としての成功は決して無関係ではないだろう。

自宅での社交の限界

こうして母親として新天地でなんとかやっていこうとした場合、人と出会う場は主に自宅が中心となる。郊外には知人と気軽に集える場がほとんどなく、小さい子どもがいる場合、自宅が一番使い勝手がいいからだ。

オルデンバーグは、アメリカ郊外に移り住んだ主婦の孤独を事細かに語っている。彼女たちの気を紛らわせるものといえば「テニスクラブ」と「家でのお茶会」だが、それらはあまりうまくいかない。〔033〕お茶会を開くにはセッティングに細心の注意を払い、インテリアにも掃除にも気を使い、参加者の予定を合わせて来てもらう必要がある。郊外には「友人宅に呼ばれた」などの相当な理由がない限り、足を踏み入れる理由がない。ホームパーティに招待されれば、一度は来てくれるかもしれない。だが参加者は、それ以外に用もなく、多少面倒くさいと思いながらも郊外を訪れることになる。

そしてホームパーティを開催した母親はクタクタに疲れ、しばらくはやめようと思うだろう。ただ人に会って話をしたいだけなのに、どうしてここまで頑張らないといけないのだろう。しかも、自分が誰かと話をしたくて人を招いても、主催者として気を遣ってばかりで主体的な参加者になれないというジレンマも生じてしまう。近所のママ友を招待したところで気苦労は変わらない。世界中の郊外で、どれほどの主婦が人知れずため息をついてきたことだろう。家もあり、夫も子どももいて幸せなはずなのに、なぜか満たされないという悩みは、周りからしたら贅沢にしか映らないため、そんな悩みを漏らそうものなら咎《とが》められること間違いなしだ。

こうしたアイデンティティ・クライシスの中では鬱になってもおかしくない

033. Ray Oldenburg
The Great Good Place: Cafés, Coffee Shops, Bookstores, Bars, Hair Salons and Other Hangouts at the Heart of a Community
(Da Capo Press 1999)

ように思うが、周囲の人たちは優しい言葉をかける代わりに、「感謝が足りない」と言うだろう。彼女たちが、母親になっても少しでいいから自分らしく生きたいと希求していることを理解し、それを促してくれる場は圧倒的に不足している。

母親たちが本当に望んでいるのは、必ずしも保育園に子どもを預けて職場復帰をすることだけでなく、良妻賢母という役割やプレッシャーから解放され、一人の人間として心地よい時間をを過ごせる、まさにインフォーマル・パブリック・ライフのような場ではないだろうか。

退屈する子どもたち

人が郊外に引っ越す大抵の理由は、子どもが産まれて街なかの家が手狭になったからである。自然と調和した美しい家庭生活。郊外のマイホームを購入するとき、その美しいイメージがあってこそ、一生分の投資ができるといえる。私たちは便利な都会生活を犠牲にした。でも、よいではないか、子どもたちが幸せならば……。

ところが、実際には子どもにとっても郊外はあまり理想的ではない。たしかに、郊外には自然があるだろう。最寄り駅を出た途端に見える山の景色。空気は澄み、街路樹はきちんと手入れされ、大きな公園もいくつかある。都会ほど車の往来もなく、子どもが事故に遭う危険性も低そうだ。それなのに子どもにとって郊外がよくない理由とは何だろう。

それは何より、郊外の生活が単調で面白みがないということである。「単調さ」は郊外を考えるにあたってのキーワードであり、一般に想像される以上に、精神衛生上の負の側面をもっている。

人は誰しも、刺激や面白いもの、発見を求めて生きており、子どもは大人以上にその経験を求めている。しかし、子どもは大人よりも行動範囲が限られているため、典型的な住宅街では刺激や面白さへの欲求が満たされにくい。

住宅地しかない郊外の街路には、ほとんど人が歩いておらず、あそこに行けば何か面白いことが起こっているという場がほとんど存在していない。

子どもをバカにした公園

「いやいや、郊外には公園や緑があるではないか」という人もいるだろう。しかし、実際には郊外につくられた公園の大半は失敗し、閑散とした場所となっている。

オルデンバーグは、郊外における人々の余暇活動の五十四%が街路や路地、庭、歩道、階段などでなされ、公園や運動場で余暇を過ごす人は三%しかいないと述べている。[034]

もちろん、成功して人の集まる公園も存在するが、日本ではそちらのほうが例外である。では、なぜ多くの公園は失敗したのだろう。それはひとえに、それらの公園のデザインが誰も歓迎していないことをアピールしているからである。

時々、街を歩いているとぽっかりとした空き地のような公園に出会う。そこにあるのは数本の樹と、ブランコと滑り台程度。一番立派なのは公衆便所で、もちろんそこには誰もいない。

こうした空き地や自然の公園は、日本に限ったことではない。アメリカ型のまちづくりに異を唱えた先駆者、ジェイン・ジェイコブズは公園の酷《ひど》さについてこう語る。


何のために空地を増やすのでしょう? 強盗のため? 建物の間の寒々とした空隙《くうげき》? それとも一般人が利用して楽しむため? でも人々はそれが

034. レイ・オルデンバーグ著、忠平美幸訳
サードプレイス—コミュニティの核になる
「とびきり居心地よい場所」(みすず書房 2013)

そこにあるというだけでは都市の空地を使ったりはしないし、都市計画者やデザイナーが使ってほしいと思ったからといってそこを使ったりはしません。〔035〕

私は息子が小学三年生のときに、公園の酷《ひど》さについて語り合ったことがあるが、彼はそれ以来こうした遊具がただ置かれただけの空間を見ては「子どもをなめている」と言って憤慨していた。そして、彼同様に感じている子どもたちがそんな公園風の空き地に寄りつくことはない。実は子どもこそ、インフォーマル・パブリック・ライフを測る優れたバロメーターなのである。

私がピンと来た場所では、子どもたちはその存在に気づいた時点で駆け出して遊び回っている。イタリアの広場でも、生演奏をしている奏者の近くに寄って行き、真っ先に踊り始めるのは子どもたちである。

また、公園を設計する人たちは、小さい子どもを公園に連れて来るのは主に女性であるということを忘れてはいないだろうか。公園で子どもと遊ぶ母親は、ラファエロの聖母像のように神格化されたイメージなのかもしれない。しかし、そんな理想的な母親が実際どれほど存在するのか、私には常々疑問であった。つい最近まで都会でキラキラした生活を楽しみ、ファッションに気を配り、休

035．ジェイン・ジェイコブズ著、山形浩生訳
アメリカ大都市の死と生（鹿島出版会 2010）

日にはホテルでアフターヌーンティーをしていたような女性が、母親になった瞬間に急に聖母になれるだろうか。

私の子育て時代の観察結果によれば、公園にいる母親たちが一番多く使っている言葉は、「ねぇ、まだ？　早く帰ろうよ」である。人をバカにしたような公園が嫌いなのは、誰よりも母親たちなのだ。家であればテレビを見る、スマホを見る、料理をするなど自分のしたいことをしながら子どもにかまっていられるが、公園では子どもたちが主役となる。

公園ではよき母を演じて子どもと共に遊ばないといけないが、砂遊びを心から楽しんでいる母親は一体どれくらいいるだろう。多くの母親はベンチに座り、スマホをいじりながら「ねえ、まだ？　早く帰ろうよ」を繰り返す。要するに、母親にとって大抵の公園は、自分のしたいことができず、長居したくない場所なのだ。

一方、パリ市内にはまさにインフォーマル・パブリック・ライフを体現する優れた公園が数多くある。中心には連続性ある大型遊具が設置され、子どもたちが隠れたり、綱渡りをしたりしながらはしゃいでいる。

子どもたちの様子を近くで見守れるように、遊具の周囲にベンチが置かれているため、大人は子どもに付き切りになる必要がなく、新聞を読んだり、スマホをいじったり、本を読んだりと、大人も子どもも好きなように過ごしていられる。

心地よい風に吹かれ、同じ空間で別のことをしていられるため、早く帰ろうという気にならず、お互いにのんびりした時間を楽しめる。足元に砂や木のチップが一面に敷き詰められた場所では、大人ですら裸足になりたくなる。

砂は単に心地よいだけでなく、子どもたちが遊具から落ちたとき、コンクリートに比べて衝撃を十二倍も吸収し、重大な事故になる可能性を減らす効果がある。〔036〕ベンチに座って裸足になり、新聞でも読もうものなら、ちょっとしたバカンス気分が味わえる。

人気のある公園になると、ロープ付きのバケツで砂を引き上げたり、子ども用の手動ショベルカーがあったりと、工事現場気分を楽しめる遊具も設置されている。もちろんこうした公園では子どもたちがキャッキャと集って皆楽しそうに走り回っており、夕方には驚くほど混み合っている。

子どもたちは滑り台を下から駆け上がったり、ブランコを危険な高さまで漕いでみたりと、スリルのあることや限界に挑戦することが大好きだ。

日本であれ、ヨーロッパであれ、人気のある公園にはちょっとしたスリルがあり、力試しができ、自分のアイデアや想像力で何かを動かすことができ、隠

036. Clare Cooper Marcus, and Carolyn Francis People Places: Design Guidelines for Urban Open Space, 2nd Edition (Wiley 1997)

れた場所から覗いてみることができるといった場が存在する。

社会からまだ矯正されていない子どもたちにとって、のびのびと自分を表現できる場は非常に重要であり、成功している公園はこうした要素を上手に盛り込み、子どもたちを歓迎しているというメッセージを発している。

彼らはそんな場所を見つけたら、すぐさま荷物を放って走りだし、気づくとアスレチックのてっぺんから自慢げに大人を見下ろしている。

「第一の場」である家庭では社会規範をしっかり植えつけられ、「第二の場」である学校ではいい成績を取ることが重視される。子どもにとって、こうした大人の社会規範の押しつけや監視から自由になり、子どもたちだけでのびのびできる「第三の場」が存在することは、彼らの精神的バランスをとるためにも重要なのである。

通勤という地獄

ここまで、主に郊外に残された妻や子どもたちについて見てきたが、では日々都心に通いながら郊外に帰る夫は、一人だけ美味しい果実を手にした特権的な人物なのだろうか。都心からあまり離れていない郊外では理想的な暮らしができるかもしれないが、それができるのはごく一部の富裕層だけであり、多くの人は都心から離れた、より地価の低い場所に住むことになる。ここで問題となるのが通勤である。

コロナ禍以前まで、世界中で多くの人が自宅から職場まで行くのに、バスや待ち時間を含めて、片道一時間から一時間半程度を費やしていた。通勤中はストレスが多く、その時間を活かしてできる有益なことは限られている。

車通勤の場合は運転に集中しなければならないし、電車通勤の場合は満員電車でもみくちゃにされながら、目指す駅に着くのを待つしかない。座席の空きを求めてわざわざ遠くの駅まで行って折り返したり、各駅停車に乗車したりすれば余計に時間がかかってしまう。

また、朝のラッシュ時は通常の倍近く時間がかかることもあり、その間は身動きもできず、窓は人々の息で曇っていく。コロナ禍に推奨された在宅勤務が世界中でありがたがられたのは、何よりもこの往復の通勤に耐える必要がなくなり、その分の時間を自分や家族のために使えるようになったからだろう。

実際数々の研究で、通勤の長さに比例して人が不幸を感じるということが明らかにされている。スウェーデンのウメオ大学が行った研究によると、通勤に四十五分以上かかる人はそうでない人に比べて、離婚する確率が四十％以上も上がるという。また、ドイツの通勤者を対象に行った研究では、車での通勤時間が長ければ長いほど、人生全体の幸福度が下がるという。〔037〕

通勤が苦痛になる理由は、移動中にできることが限られるだけでなく、移動手段を選択する自由がないからである。郊外からの電車や主要な街道はどれも都心に向かうベクトルであり、その道が渋滞または事故で通れなくなってしまった場合、代替手段がほとんど存在しない。

人身事故で電車が動かなくなった場合、重要な会議があっても、どんなに体調が悪くても、目的地へと向かえる手段がそれしかなければ、ひたすら待つか、郊外の駅にほんの数台来るかもしれないタクシーに望みをかけるしかない。

それに対して、自転車で行き来できるような都心部の網目状の道の場合、どれか一つが塞がっていても代替手段があり、自主的な選択が可能である。このように、自分が主体的に選択していると思える状況があるだけでも、心理的な作用が大きく異なってくる。

ニューヨークの街や暮らしのあり方を画期的に変えたブルームバーグ元市長による「ニューヨーク市長期計画」の交通政策の冒頭には、二十年間マンハッタンに通勤してきた五十歳男性のつらさがありありと綴られている。〔038〕

彼は自宅からバス停に行き、マンハッタンへと向かう地下鉄に乗るが、通勤

037. Charles Montgomery
Happy City: Transforming Our Lives Through Urban Design (Penguin Books, 2015)
038. The City of New York
PlaNYC A GREENER, GREATER NEW YORK (2007)

には一時間半かかるという。彼にはその時間が長すぎる。

私が仕事を始める時間にはもうすでに私はヘトヘトです。家にたどり着くまでに疲れ果てています。(筆者訳)

マンハッタンに住む同僚たちはその苦痛を理解してくれない。特に冬のバス停はつらい。

外は寒くて自分は濡れて凍えています。イライラしてフラストレーションも溜まってくるけど、そこでも我慢して待たなきゃいけない。他に何も頼みの綱がないんだから。他に選択肢なんて存在しないから。(筆者訳)

その後、ニューヨーク市は公共交通改善のために様々な手を打った。

都心で働くのは男性に限ったことではない。建築家のル・コルビュジエが一九三五年に出版した『輝ける都市』には、郊外から通う彼の女性秘書の状態を救いたいという気持ちで載せた文章がある。そこには彼女の悲壮さが表れており、百年たった今でも郊外在住者の声を代弁しているかのようである。

——ねぇ、きみは定時、つまり8時半にここに来られないのかね?

彼女は困ったように、

——私、郊外に住んでいるんです。ですから、駅には人混み、そして列車を一台逃したらもう……

——ああ、きみが郊外に住んでいるとは知らなかった……(中略)

——聞いてください。あなたには想像できませんよ。朝の、昼間の、夕方の列車の、地獄のような混雑を。そして、行儀の悪い若い男たち。私たちは地下鉄に乗っているみたいに詰め込まれて、そんなろくでもない連中に耐えなくてはならないんです! 7時45分のいつもの列車に乗るには、25分以上も歩かねばなりません。ぬかるみになっている道もあるし、雨が降ったり、特に風の吹く日は、それは大変なんです。(中略)

7時の列車に乗ろうだなんて考えても無駄です。駅まで走ります。ホームは人でごった返し、車両は満員です。私は次の7時半や7時45分の列車を待ちます。自宅に帰り着くのは、8時半過ぎ。9時になることだってあります。そして夕食をとります。何をしろと? 私は疲れ切っていらいらしています。朝の5時からずっと起きているんですもの、何かを始めようなんて気は起きませんわ。

苦悩に満ちた彼女の日常生活に、私は並々ならぬ興味を抱き始めた。

――少なくとも、日曜日の郊外は快適なのだろう?

彼女曰く、

――日曜日！　なんて恐ろしい！　退屈なだけです！　だって私、誰にも会わないいんですよ、誰にも、誰ひとりとして。(中略) 私たちには、別の郊外に親戚がいくらかいます。日曜日の満員列車に乗ってそこに行けと?　そんな気力はありません。それに、誰に会って何をしろと?　そこにいるのは、同じような切り詰めた生活に閉じ込められている人々です。散歩?　ええ、でも郊外なんて面白くありません。郊外は田舎ではないんです。私は同年代の人たちと近づきになりたいんです。若者?　でも、どこで、いつ、いったいあなたはどうやって私が若い人たちと知り合ったらいいというんですの?　どんな機会に?　列車の中で?　そんなことをすれば、どんな結末が待ち受けるかあなたはご存知ないのでしょう……私の青春は列車の中で過ぎました。10年！　17歳のときから！　(中略) 人生はそんなに面白いものではありません。ああ、私がどんなに憂鬱かわかっていただけたら！〔039〕

039. ル・コルビュジエ著、白石哲雄訳
輝ける都市（河出書房新社 2016）

これは一九一九年の会話だそうだが、郊外通勤のつらさは百年たっても変わっていないどころか、彼女の郊外に対する嘆きは世界中の郊外在住者に訴える力をもっている。彼女はこう言う。

そこにいるのは、同じような切り詰めた生活に閉じ込められている人々です。散歩？　ええ、でも郊外なんて面白くありません。郊外は田舎ではないんです。〔040〕

郊外は都会でもなければ、田園風景が広がり自然を感じていられる田舎でもない。その中間にあるだけで、どちらのよさからも離れた場所なのだ。残念なことに彼女が言い放った「あなたには想像できませんよ」という言葉の響きは強く、結局コルビュジエの「輝く都市」の理想は郊外住宅の廉価版、ニュータウンのモデルとなって、世界中で画一的な郊外開発が進んでいった。

アメリカでは十時間労働をやめ、八時間労働にすることで、人々の家庭での時間や趣味の時間を増やし、人生を充実させてワーク・ライフ・バランスをよくしようという政策がとられたものの、結局は往復二時間かかる通勤によって、それらの貴重な時間が帳消しになったという。

040. ル・コルビュジエ著、白石哲雄訳
輝ける都市（河出書房新社 2016）

通勤に片道一時間をかけている場合、年間の通勤時間を合計すると、約十二週間分の仕事時間と同じになるという。もしそれだけの時間を自分や家族のために有意義に使うことができたなら、人生はもっと明るく希望があり、それこそ郊外の家族の幸せなイメージそのものの生活を送ることができただろう。

だが現実には、通勤でストレスにさらされ、会社に着くとすでに疲れた状態で仕事を開始することになる。そこでは生産性が求められ、ライバルと戦う必要があり、ようやく仕事が終わっても、また地獄のような帰宅ラッシュが待っている。やっとの思いで帰宅しても、妻や子どもは優しく自分を癒やしてくれるどころか、一人だけ華やかな都会で働き、夕飯の時間に遅れて帰ってきた夫に対して冷たいまなざしを向けるかもしれない。

しかし、父は何のために必死に働いているのだろう。それはこの郊外の家と、愛する家族を守るためではなかったのか。

アメリカンドリームの代償

彼が必死に働かなくてはならないのは、その家を買ったからである。一生分のローンで買ったからには、その借金を返済するために働くことが義務となる。

たとえ今の仕事にやりがいを感じていないとしても、疑問をもつことは危険である。

借金を返すため、彼は今の会社に順応し、うまく適応することを迫られる。分割払いやローンというのは、突然起こる体調不良や人生の変化にかかわらず、とにかく毎月返済しなければならない借金を背負い続けることである。

郊外の庭付き一軒家を手に入れることは、アメリカンドリームの中核をなしていた。とはいえ、庶民でも手に入る手頃な郊外の家は都心からかなり距離があり、特にアメリカの場合、車がないと最低限の買い物すらできないという状況に陥った。

車がないとどこへも行けない場合、一家に一台では足りず、夫は通勤に、妻は買い物に、運転できる年齢になった子どもも自由を手にするために一台ずつ所有したいと言うだろう。すると、今度は家のローンの支払いにプラスして、車のローンとガソリン代が家計を圧迫する。

アメリカでは、こうして車を五台ももっているがゆえに保険代すら払えない家庭もあるという。複数の車を駐車するために、その分の土地も必要になり家は狭くなる。また、それだけの広い土地を確保しようとすれば必然的にアクセスの悪い場所になり、車以外の公共交通が使える可能性はさらに減る。

アメリカ政府は住宅ローンでのマイホーム購入を勧めていたが、二〇〇八年の金融危機の発端となったのは廉価版の郊外だった。車がないと生活できず、高額な維持費に加えてガソリン代が値上がりし、多くの郊外生活者が車代のために住宅ローンを返済できなくなったのだ。アメリカの安易な持ち家奨励と住宅バブルの崩壊は世界的な金融危機を招き、世界がそこから回復するには十年以上の年月が必要だった。

二〇一八年に起こったフランスの「黄色いベスト運動」も、事の発端はガソリン税の値上げにあった。地方で完全な車社会に暮らす人たちは、運転できなければ仕事の面接にすら行けない。日々の支払いと車関連の支払いだけでギリギリの生活を送っている人たちにとって、ガソリン税を増やすことは、彼らの首を絞めることに直結したのである。

堪忍袋の緒が切れた人々は長期にわたるデモを行い、首都まで出向いて自分たちの状況を直訴し、シャンゼリゼ通りに連なる高級店は特権階級の象徴として攻撃された。

パリの人々は、ガソリン代が上がれば公共交通を使えばよいではないかと思うだろう。しかし、地方の車社会の人々にとっては、車がなくなったら生活自体が成り立たない。

たとえ公共交通があったとしても、通勤のための交通費は会社が払ってくれるが、休日に都会に出かけたり、妻や子どもが都会に出るときに支払う交通費は全て自腹である。都心から遠ければ遠いほど往復の費用はかさみ、最寄り駅から自宅までバスに乗る必要があれば負担はさらに大きくなる。そして、切り詰めた生活をする者がたどり着く合理的な選択は、外出を諦めることなのだ。

近年「パブリック・ライフ活性化」というと、ニューヨークのタイムズ・スクエア周辺の改革や丸の内仲通りの改革など、大都市中心部の変化が注目されがちである。しかし、実際にパブリック領域の充実が真に必要なのは、都心部に住む一部の富裕層やエリアの地価を上げたい企業ではなく、貧弱な住環境のせいでストレスを抱え続けている社会的弱者のほうである。

戦後、社会的弱者の多くはアクセスが悪く地価の低い郊外に追いやられてきたが、アメリカではこうした人たちがスーパーからも公園からも遠く、どこに行くにも車が必要となるために、肥満や糖尿病になる傾向が高いという。

それは単に彼らの運動不足や生活習慣が原因というよりも、実は街のデザインの悪さやアクセスの悪さに起因しているといわれている。分散し切った街に住んでいれば、病院に行くために一時間かかることもあり、生活に困っている人は病気になっても、病院に通い続けることもできない。

本書で強調したいのは、街のデザインや政策が悪いことによる被害は、天災でも自己責任でもないということである。これは大地震のような突発的な自然災害とは違い、変化を促す市民と行政の努力の積み重ねによって改善可能なものである。

こうした状況が個人のわがまま、または他人事として放置された郊外では、非行や虐待、体調不良を訴える者などが増加し、やがて社会的問題の巣窟となるだろう。まちづくりとは結局のところ、反省と改善の積み重ねの結果である。一九七〇年代に犯罪の巣窟として恐れられたニューヨークが二十一世紀になってにぎわいを取り戻したように、今ある街の姿は努力の産物であり、初めからその姿であったわけではない。

アメリカンドリームと共に世界中で開発された郊外は、今でも問題を抱えている。だからこそ、郊外のあり方を一度客観的に見つめ、より多くの人の身近な生活圏にインフォーマル・パブリック・ライフをつくり出すことが重要なのである。

第四章　理想の楽園としての初期郊外

イギリス郊外の誕生

二十世紀のアメリカンドリームの中核をなした郊外での理想の生活。その美しい理想とは裏腹の厳しい現実と、そこに残された者の孤独。二十一世紀に入ってから若い世代の都心部への移住がますます進み、世界中で見捨てられつつあった郊外は、コロナ禍の在宅勤務を機に急に見直されるようになってきた。郊外は今後、より暮らしやすい場へと変化していけるのだろうか？

二十世紀、世界中で再生産された郊外には、初期郊外のイデオロギーがパターン化されて無意識に流れている。病気のときに薬で対処するのではなく、ライフスタイルから根本的に変えたほうが長い目で見れば効果があるように、多くの問題を抱えたままの郊外を改善しようとしたときにも、一度全体像を見直し、一体何が問題なのか、深く探ったほうがより的確な解決策が見つかるはずだ。だからこそ、ここではその原点であるイギリスの初期郊外について考察したい。

初期郊外はもともと地上の楽園という理想と共に誕生した。その楽園に住めるのは神に選ばれた成功者であり、自分たちが望まないものとは縁を切るという考えが通底していた。

自分たちが望まないものからの分離、分断、そして逃避。それはまず、労働者階級からの分離であり、猥雑な都市からの逃避であった。

十九世紀の産業革命が進むにつれ、分離、役割分担は拍車をかけて進んでいった。それはたとえば、住宅専用区域・工業区域などのエリアごとのゾーニング、都会で仕事をするのは男、家庭を守るのは女という性別による役割分担といった具合である。

分離したのは大抵の場合、力があり、そこから離れることにした側が嫌悪感をもっていたからである。その嫌悪感が宗教に支えられたモラル的な嫌悪感である場合、そこには宗教的にいい・悪いという考えが流れ始める。

力をもつ側は、自分たちの望まないもの、見たくないものと縁を切り、そこに関心をもたなくなる。初期郊外の思想には、現代の格差社会に続く、圧倒的に豊かな者とそうでない者との二項対立という構図がすでに現れていた。そしてその二項対立は、特にプロテスタント色の強い国において、成功者のための郊外と、残された者が住む猥雑な都市というかたちで続いていった。

アメリカ型の郊外は、単なるベッドタウンではなく、十九世紀から第二次世界大戦後にかけて、郊外移住というのは成功のシンボルだった。こうしたポジティブなイメージに人々が共感していったからこそ、郊外は世界中で発展していったのだ。

ロバート・フィッシュマンは郊外についての名著『Bourgeois Utopias』の中で、「近代文明の精神と性格を最も表している建築を挙げるとすれば、それは高層ビルではなく郊外住宅である」と述べている。[041] 中産階級の社会の中心となったのは彼らの家庭であり、ブルジョワの遺産を探るには郊外へ行くのが最適だという。

というのも、郊外の住宅こそが近代を形作ったブルジョワの価値観を示しているからである。フィッシュマンはこう述べる。


郊外は、それそのものを条件にしただけでは絶対に理解できない。郊外はどんな時でも、郊外が拒否した対極的存在、つまり大都市との関係で定義されるべきである。十八世紀に郊外をつくった者たちは、自然と調和した家庭生活というポジティブな理想を次の世代に残していったが、一方で、彼らは非人間的で不道徳な大都市の生活に対する計り知れない恐れも伝えていった。全ての郊外の夢の足元には、十八世紀のロンドンに対する悪夢のようなイメージが封印されているのである。(筆者訳)[042]

041,042. Robert Fishman
Bourgeois Utopias: The Rise And Fall Of Suburbia (Basic Books 1987)

では、郊外が拒否した対極的な存在である、ロンドンの十七～十八世紀はどのような様子だったのだろうか。十七世紀後半のロンドンの様子を、小説家のジェームズ・リーサーは次のように描いている。

過剰人口といっても無茶苦茶であった。三部屋しかない一軒家に、二十人、三十人、四十人という人数がすし詰めになって、眠るも食うも輪番というありさまだった。（中略）無蓋の下水が街路のド真中をチョロチョロと流れ、夏ともなれば真黒な蝿の群れが唸り声をたてるし、雨のあとには、すさまじい水勢の危険な汚物の濁流と化してしまう。（中略）上方の家の窓から家の者が、通行人のことなどおかまいなしに、「どいて！」ともいわずに浴びせかける前夜の糞尿桶のものを、ひっかけられないように気をつけていかねばならないのだ。〔043〕

カオスのような状態とはいえ、当時のロンドンはウォーカブルで、用途の多様性に満ち、ストリート・ライフも活発だった。また、男性だけでなく、女性も当然のように働いていた。商人は自宅の一階で商売を行い、妻は夫を助けるパートナーだった。子どもたちは路地で遊び、そこには老若男女、新興ブル

043．小林章夫著
コーヒー・ハウス 都市の生活史―18世紀ロンドン
（駸々堂 1984）

ジョワもいれば、使用人も交ざっていた。住み込みの労働者も多く、職住は一緒で通勤もなければ、家族のプライバシーもほとんど存在しなかった。

当時のロンドンの急激な発展を支えた産業は貿易業だった。貿易業にはリスクが付きものであり、少しでもリスクを回避するには、最新の情報に常に触れている必要があった。商業の中心地は、現在でも金融の中心地として知られるシティである。シティにはコーヒーハウスが数多く存在し、ロンドンの男性たちの多くがそこに通っていた。

彼らはコーヒーハウスで貿易の最新情報にキャッチアップし、リスク回避のための保険や、スムーズな情報伝達のための新聞を発明した。オルデンバーグもコーヒーハウスの重要性を次のように描いている。

その全盛期には、コーヒーハウスは政治の舞台だっただけでなく、商売と文化生活の中心でもあった。イギリス最大手の貿易会社の多くはコーヒーハウス内に本拠を置き、ロンドンの株式仲買人は百年以上もそれらの店内で活動した。コーヒーハウスが衰退して初めて、仲買人は自分たちの居所を手に入れて取引所を設立した。長年、ロンドンのロイズはコーヒーハウスを根拠地として活動し、組織をもたない同市の海上保険業者に、知識豊

富な海の男と交流でき、彼らの噂話から有益な情報を得られるような場を提供した。〔044〕

そんなロンドンも、産業革命が進むにつれて田舎や外国から都市へと流れて来る人の数は日増しに多くなり、人口増加に伴う問題も手がつけられなくなっていく。賭博、強盗、売春も日常茶飯事で、一七九三年のロンドンには約五万人の売春婦がおり、その平均年齢は十六歳だったという。〔045〕

十八世紀後半、そんな混沌とした都市の様子に嫌気が差したロンドンのブルジョワたちは、郊外の住宅に理想のイメージを抱くようになっていく。

ブルジョワにはブルジョワらしい住まいがあってもよいのではないか？　郊外から馬車で都心まで通えばいい。郊外の空気は澄んでいて、妻や子どもたちが住むには最適だ。週末は自分もそこでゆっくり休めばいい。ブルジョワたちは、そう思ったに違いない。

こうして、過剰人口で崩壊寸前のロンドンとは対照的な郊外の一軒家は、絵に描いた理想になった。そこには、私たちが横浜の山手や神戸の異人館で目にするような美しい大きな館が建設されていく。広い食堂、美しい庭に面したサンルーム。ロンドンの狭い家とは違い、光と新鮮な空気に満ちた生活がそこに

044. レイ・オルデンバーグ著、忠平美幸訳
サードプレイス―コミュニティの核になる「とびきり居心地よい場所」（みすず書房 2013）

045. Robert Fishman
Bourgeois Utopias: The Rise And Fall Of Suburbia（Basic Books 1987）

はあった。

郊外の一軒家で利発な子どもたちに囲まれて、優雅にお茶を楽しみ、精神的に豊かな暮らしを送る。それが、イギリスのブルジョワたちが描いた夢だった。

郊外とキリスト教福音主義の関係性

彼らが求めた郊外の理想には、自然に囲まれた大邸宅、核家族、良妻賢母の女性がセットになっている。郊外に関する名著『Crabgrass Frontier』の著者であるケネス・T・ジャクソンは、「郊外が守ろうとしたものは、都市生活の対極にある、プライバシーが守られた家庭生活だ」と述べている。〔046〕
現在の私たちにとってごく当たり前の「核家族」という形態は、実は二百年ほど前に誕生したばかりの新しい概念であり、それまでは家族の単位よりも、商業の単位のほうが重要だった。働く母親はごく当然の存在であり、住み込みの奉公人や召し使いも含め、家業のために皆が一丸となって働いていた。
仕事第一で、家族全員で家業を支える生き方から、家庭での安らぎを求めた生き方へ。専業主婦が夫と家族を支える姿は、実はこの頃に新たに生み出されたかたちであり、それゆえ、郊外と専業主婦は切っても切れない関係である。

046. Kenneth T.Jackson Crabgrass Frontier: The Suburbanization of The United States (Oxford University Press 1987)

郊外でも女性の役割が重視されたが、それは仕事を支えるパートナーとしてではなく、精神的に家庭を支える女神のような母としての役割だった。

「当時の郊外移住を支えたのは、十八世紀後半に大きな広がりをみせていく福音主義（Evangelicalism）というキリスト教の運動だ」とロバート・フィッシュマンは強調する。〔047〕

「福音主義」は日本人にはなじみが薄いが、郊外の発展、そしてなぜ郊外にインフォーマル・パブリック・ライフが欠如しているのかを考える上で避けては通れない言葉である。意識するとしないとにかかわらず、郊外には福音主義の思想が通底しているからだ。

フランスでも郊外は開発されたが、カトリック色の強いフランスにおいて、ブルジョワたちは都市の楽しみを諦めることができなかった。十九世紀後半、パリに集った印象派は、都市での娯楽を楽しむ人々の姿を山のように描いている。

同じ十九世紀、都市の娯楽とは縁を切った郊外の一軒家での暮らしが人々に憧れられるようになったのは、主にイギリスとアメリカであり、それにはプロテスタント、特に福音主義のモラルが関係している。では、福音主義とはどのようなものなのだろうか。

047. Robert Fishman
Bourgeois Utopias: The Rise And Fall Of Suburbia (Basic Books 1987)

プロテスタンティズムの倫理と資本主義の精神

ここからは、プロテスタント、特にカルヴィニズムとそれが社会に与えた影響について、マックス・ヴェーバーの『プロテスタンティズムの倫理と資本主義の精神』と、エーリッヒ・フロムの『自由からの逃走』を主に参照しながら考察していきたい。

ヴェーバーやフロムが示唆するように、プロテスタントが時代精神に与えた影響はあまりに大きく、実は二十一世紀の日本に生きる私たちですら、その影響を受けている。

そこで、まずはプロテスタントの概略を摑むために、中世のカトリックがどのようなものだったかを見てみよう。フロムは、当時教会に属していた信者について次のように綴っている。

多くの苦悩や煩悶はあったが、一方に教会があって、その苦悩はアダムの罪の結果であり、各人の罪の結果であると教え、この苦悩をやわらげていた。教会は罪の意識を助長したが、同時に神の絶対的な平等愛を保証し、神に許され愛されているという確信をうるための道もあたえていた。神にたいする関係は、疑いや恐れであるよりも、むしろ信頼と愛情とであった。宗教改革以前には、長いあいだ次のような考えがカトリック神学の特徴となっていた。すなわち、人間の性質はアダムの罪によって堕落したが、もともとは善を求めており、また人間の意志は善を求める自由をもっている。人間の努力は、かれの救済のために役にたち、キリストの死の功業にもとづいた教会の秘蹟によって、罪びとは救われるというのである。（中略）要約すれば、中世の教会は人間の尊厳や、人間の意志の自由や、また人間の努力の有効であることを強調した。また神と人間との類似や神の愛を確信する人間の権利を強調した。人間はすべて神にているという点で、平等であり兄弟であると考えられた。〔048〕

つまり、カトリックにおける神は、イエス・キリストのように分け隔てなく人々を愛し赦《ゆる》してくれる、あたたかい存在だったといえる。罪を犯しても赦してもらえるからこそ、告解《こっかい》という仕組みや、ルターが非難した免罪符が誕生したともいえるだろう。

また、カトリックにおいては聖書だけでなく、教会とそこで執り行われる伝

048. エーリッヒ・フロム著、日高六郎訳
自由からの逃走（東京創元社 1951）

統的儀式もかなりの重要性をもっていた。〔049〕

ゴシック様式の高い天井や美しく光るステンドグラスで装飾された教会は、信者に神の栄光を感じさせ、神と結びつけてくれる場所だった。ただ、カトリックでは十九世紀ごろまで公式言語はラテン語であり、聖書もラテン語で書かれていたため、普通の信者は聖書を読むことすらできなかった。〔050〕

宗教改革以前の聖書は一般信徒ではなく聖職者が解釈するものであり、解釈した内容が教会で信者に伝えられていた。聖職者は神学やラテン語を学ぶ必要があり、相当な教養が必要とされていたため、一度聖職者になれば人々から尊敬され、生活も保証されていた。

一方で、腐敗したカトリックに対抗して生まれたプロテスタントは、聖書に記載されていない教会の儀式や伝統などは根拠がないとして否定した。プロテスタントでは、神の言葉が書かれた聖書に直接向き合う信徒という、神と人との一対一の直接的な構図が重要だった。

もともと印刷技術の発展と共に、聖書は各国の言語に翻訳され、世界中に普及した。プロテスタントには聖職者である神父や司教はおらず、聖書さえ読めれば誰もが牧師になれる「万人祭司」という考えだった。結果として、プロテスタントでは教会の重要性が低下していった。〔051〕

049. Sung Wook Chung John Calvin and Evangelical Theology: Legacy and Prospect (Westminster John Knox Press 2009)

050. 橋爪大三郎、大澤真幸著 ふしぎなキリスト教（講談社 2011）

051. エルンスト・トレルチ著、深井智朗訳 近代世界の成立にとってのプロテスタンティズムの意義（新教出版社 2015）

ここで重要なのは、これまでの「神と人間の間に教会というクッションがある構図」から、「絶対的な権力をもつ神と小さな個人」というダイレクトな構図に変わったことである。マルティン・ルターやジャン・カルヴァンが語る神の姿は、同じキリスト教かと疑いたくなるほどに厳しい、専制君主的な恐ろしさをもっている。

カトリックの腐敗に対して、聖書に立ち返ろうとしたプロテスタントにおいて重要なのは教会や聖職者ではなく、神の言葉が記されている聖書と、それに向き合い、神を信じる自分である。フロムは言う。

ルッターの神にたいする関係は、完全な服従であった。心理学的には、かれの信仰についての考えは次のようなことを意味する。すなわちもし汝が完全に服従し、みずからの個人的な無意味さを認めるならば、そのとき、全能の神は喜んで汝を愛し、汝を救おうとするであろうと。(中略)こうして、ルッターはひとびとを教会の権威から解放したが、一方では、ひとびとをさらに専制的な権威に服従させた。すなわち神にである。神はその救済のための本質的条件として、人間の完全な服従と、自我の滅亡とを要求した。ルッターの「信仰」は、自己を放棄することによって愛されるこ

とを確信することであった。〔052〕

ヴェーバーやフロムの語るプロテスタントの神があまりにも畏《おそ》れ多い存在に見えるのは、プロテスタントでは教会や聖職者という地上における神の権威、神と人間との媒介となる場や人々を取り払って、全てを司る神と、そこに祈るたった一人の自分というように、「絶対的な権力をもつ神と圧倒的に無力な個人」という構図を明確にしてしまったからだろう。

そして、「神のように絶対的な理想と無力な個人」という構図こそが、近代の資本主義社会の発展や二十世紀の郊外に残された人々の無力感を理解するための鍵となる。

神に選ばれた証し：社会的成功

プロテスタントと資本主義の関係性を探るために、もう少しだけ考察を深めてみたい。ルターの教義をより一層深めたのがカルヴァンであり、「カルヴィニズム」なくしてはプロテスタントはここまで広がらなかったといわれている。カルヴィニズムは、プロテスタントのあり方を最も徹底したヴァージョンだと

052．エーリッヒ・フロム著、日高六郎訳
自由からの逃走（東京創元社 1951）

いえる。〔053〕
カルヴィニズムの最も特徴的な教義は「予定説」である。〔054〕では、予定説とはどのようなものだろうか。
偉大なる神は、ある選ばれた人だけを永遠の生命に予定した。他の人々は永遠の死滅に予定されている。これは人の信仰によるものではなく、変えることのできない運命として神が事前に決定したものである。
とはいえ、はたして自分が選ばれた人間かどうかわからないのが問題である。いつか選ばれるようにという善行や努力は、何の意味もなさない。神はあまりに畏れ多く偉大な存在であり、人間の小さな意図や善行など、神が定めた運命の前には何の影響も及ぼさないからだ。ヴェーバーはこう語る。

人間のために神があるのではなく、神のために人間が存在するのであって、あらゆる出来事は（中略）ひたすらいと高き神の自己栄化の手段として意味をもつに過ぎない。（中略）神がわれわれに知らしめることを善しとしたまわないかぎり、われわれは彼の決意を理解することも、知ることさえもできないのだ。（中略）われわれが知りうるのは、人間の一部が救われ、残余のものは永遠に滅亡の状態に止まるということだけだ。（中略）神の

053．橋爪大三郎、大澤真幸著
ふしぎなキリスト教（講談社 2011）
054,055．マックス・ヴェーバー著、大塚久雄訳
プロテスタンティズムの倫理と資本主義の精神
（岩波書店 1989）

決断は絶対不変であるがゆえに、その恩恵はこれを神からうけた者には喪失不可能であるとともに、これを拒絶された者にもまた獲得不可能なのだ。

〔055〕

カルヴァンの予定説は、それを知る人々を決定的な不安の状態に陥れた。このことについて、「予定説は個人の無力と無意味の感情を表現し、強めている。人間の意志と努力とが価値がないということを、これほど強く表現したものはない。人間の運命についての決定権は、人間みずからの手からは完全にうばわれ、この決定を変化させるために、人間のなしうることはなに一つとして存在していない」とフロムは述べている。

また、ヴェーバーは当時の人々がいかに不安になったかを、次のように語る。

> この悲壮な非人間性をおびる教説が、その壮大な帰結に身をゆだねた世代の心に与えずにはおかなかった結果は、何よりもまず、個々人のかつてみない内面的孤独化の感情だった。（中略）誰も彼を助けることはできない。牧師も助けえない（中略）また教会も助けえない（中略）最後に、神さえも助けえない、――キリストが死に給うたのもただ選ばれた者だけの

> ためであり、彼らのために神は永遠の昔からキリストの贖罪の死を定めてい給うたのだからだ。このこと、すなわち教会や聖礼典による救済を完全に廃棄したということ（ルッタートゥムではこれはまだ十分に徹底されていない）こそが、カトリシズムと比較して、無条件に異なる決定的な点だ。（中略）神が拒否しようと定め給うた者に神の恩恵を与えうるような呪術的は方法など存在しないばかりか、およそどんな方法も存在しない。〔056〕

生まれたときから運命が定められている予定説では、何の努力もする必要がないように思えてしまう。カルヴァンも、人間があがいたところで何も変わらないと述べていたのではなかったか。このパラドックスを、フロムは次のように解釈する。

> しかし心理学的に考えれば、そうではないことがわかる。不安の状態、無力と無意味の感情、とくに死後の世界についての懐疑は、だれにもほとんどたえられないような精神状態を示している。このような恐怖に打たれた人間は、だれでも、努力を怠ったり、生活を楽しんだり、また未来におこることに無関心であったりすることはできないであろう。このたえがたい

056. マックス・ヴェーバー著、大塚久雄訳
プロテスタンティズムの倫理と資本主義の精神
（岩波書店 1989）

不安の状態や、自己の無意味さについての萎縮した感情から、逃れることのできるただ一つの道は、カルヴィニズムできわめて優勢となったまさにその特性だけである。すなわち熱狂的な活動となにかをしようという衝動の発達である。このような意味の活動は強制的な性質をおびてくる。個人は疑いと無力さの感情を克服するために、活動しなければならない。このような努力や活動は、内面的な強さや自信から生まれてくるものではない。それは不安からの死にものぐるいの逃避である。〔057〕

そんな激しい不安と孤独の中で、それでも自分は救われているという確信をどうしたらもつことができるのだろうか。ヴェーバーの答えはこうだ。

自分を神の力の容器と感じるか、あるいはその道具と感じるか、その何れかである。前者のばあいには彼の宗教生活は神秘的な感情の培養に傾き、後者のばあいには禁欲的な行為に傾く。（中略）改革派の信徒に、それではどのような成果によって真の信仰を確実に識別できるのかと問うなら、その答えはこうだろう。それは、神の栄光を増すために役立つようなキリスト者の生きざまだ、と。〔058〕

057．エーリッヒ・フロム著、日高六郎訳
自由からの逃走（東京創元社 1951）
058．マックス・ヴェーバー著、大塚久雄訳
プロテスタンティズムの倫理と資本主義の精神
（岩波書店 1989）

カトリックとプロテスタントのもう一つの大きな違いは、天職という考え方の有無である。プロテスタントでは、自分に与えられた職や役割を天職とみなし、神から与えられた仕事に感謝し、天職に対する努力を怠らず、勤勉であることが、救済のために重要だった。カルヴァンの教えは、モラルの改善とモラルによって支えられた生活の重要性を強調した。フロムはこう述べる。

個人がみずからの行為で、その運命を変えることができるというのではなく、努力することができるということそれ自体が、救われた人間に属する一つの証拠なのである。（中略）さらにカルヴィニズムが発展すると、道徳的生活とたえまない努力の意味とを強調することが重要になり、とくにそのような努力の結果として、世俗的な成功が救済の一つのしるしであるという考えが重要になってくる。〔059〕

この世界で神の栄光を増すということは、世界をよりよくするために貢献しているということである。自分の事業が多くの人に喜ばれることで対価を手にし、社会的に成功しているとすれば、それは神の意思が自分という道具を通してそうさせたからであり、それゆえ、社会的成功は、自分は特別であり救われ

059,060. エーリッヒ・フロム著、日高六郎訳
自由からの逃走（東京創元社 1951）

る人間である、つまり「神に選ばれた人間である」という確信につながっていく。

そして、それは急速な産業革命によって成功した資本家や中産階級の者たちが、自分たちの立場を正当化できる安心材料として機能した。フロムは言う。

カルヴィニズムにおける努力には、なおもう一つの心理的意味があった。あのたえまない努力に疲れないという事実、また世俗的な仕事だけでなく、道徳的な行為においても成功するという事実は、多かれ少なかれ、選ばれた人間の一人であるという、はっきりした証拠であった。（中略）それは最初は本質的に道徳的努力と関係していたが、のちには職業上の努力や、この努力の結果である仕事の上での成功や失敗に、いっそう重点がおかれるようになった。成功は神の恩寵のしるしとなり、失敗は罰のしるしとなった。〔060〕

成功した者は神から愛されており、失敗した者は努力が足りない、信仰不足の印であるといった二元論的考え方は、アメリカで発達する福音主義の一つの特徴となっていく。

成功するブルジョワの拠り所となった福音主義

ここからは、「成功者=神に選ばれた者」という価値観を後押ししたプロテスタントの一派、福音主義について考察していきたい。世界中で再生産されている郊外には福音主義の思想が通底しており、初期郊外のDNAは、宗教という中核をなくした後も郊外住宅のパターンとなって、無意識に再生産されているからである。

ルターが宗教改革を起こした二世紀後の十八世紀後半、イギリスではプロテスタントも寛容で形式的なものになっていた。キリスト教徒といっても日曜日に教会に行く程度で、教会での務めを終えるとそのことは忘れ、上流階級はオペラやパーティ、ダンスホールなどに行き、男性は狩猟やカードゲームを楽しんでいた。

当時のロンドンでは公共空間での社交も盛んで、それは十九世紀後半にフランスの印象派の画家たちが描いた光景に近かった。

それに対して福音主義は、元来厳格だったプロテスタントの復興運動として誕生した。聖書を言葉通りに受け取り、それに則った生活をするべきだと主張する福音主義は、次第に強い影響力をもつようになる。

一七三〇～四〇年代にイギリス人のジョージ・ホイットフィールドや、メソジスト派のジョン・ウェスレーを中心に宣教され、イギリスやアメリカ、スコットランドなど英語圏の国で急速に広まり、一七七〇年代にはイギリスが福音主義の中心地となっていく。

その後、福音主義はかたちを変えながら、現在もプロテスタントの中で大きな位置を占めている。二〇一五年のアメリカでは、プロテスタント主流派の信者数を超える一億人以上の信者をもち、福音主義の有権者は大統領選でも重要視されている。〔061〕

福音主義が説くのは、罪深い人間が救われる道はただ一つ、神を信じることであり、生まれ変わって生活を一新することである。信者には神聖さと真面目さが要求され、神に仕えようとしない者は地獄に墜《お》ちる運命だった。福音主義者はこの世の腐敗を正し、世界を神の国に近づけていこうと、慈善事業や伝道活動に身を捧げ、日曜学校の設立や孤児院の設立などにも積極的だった。〔062〕

では、なぜ福音主義は十八世紀後半のイギリス社会で受け入れられるようになったのだろうか？　当時のイギリスでは、産業革命によって成功者と労働者の格差が急激に広がりつつあった。成功者の中には、強欲さによって富を得た者だけでなく、信仰心が強く、プロテスタントの禁欲の精神に沿い、熱心に働

061. 松本佐保著
熱狂する「神の国」アメリカ　大統領とキリスト教
（文藝春秋 2016）
062. Stephen Tomkins The Clapham Sect: How Wilberforce's Circle Transformed Britain
(Lion Hudson 2010)

いて富を得た者もいた。

しかし、キリスト教の宗教観では「金持ちは天国に行けない」とされていたため、信仰心の強い者の中には、富を築いたことを重荷と感じ、自分を罪深く感じてアイデンティティ・クライシスに陥る者もいた。

とはいえ、一生懸命働いてお金が貯まることの何が問題なのだろう？　自身の快楽のためにお金を使うことがいけないならば、事業によって獲得した資金を、自分や家族の快楽のためではなく、事業の発展のために再投資するのであれば問題は解決する。それは天職の遂行であり、世界をよりよくすることに一層貢献するため、良心の呵責《かしゃく》は生じない。

このように、福音主義は「金持ちは天国に行けない」という昔からよく知られた教えと「事業を成功させて裕福になること」が相容れない矛盾ではなく、事業の成功を収めることは神に選ばれた証しであるという発想の大転換により、当時の支配階級や多くのブルジョワたちの支持を得ていったのである。

ロンドン郊外のクラッパム派

では次に、初期郊外がどのようにして誕生したのか見ていきたい。ここまで長々と宗教の話をしたのは、それが初期郊外の誕生や思想に密接に結びついているからである。

初期郊外の原型は十八世紀後半、ロンドン南西部のクラッパムで誕生した。そこに集った者は「クラッパム派」と呼ばれた福音主義者で、地上に神の国を創ろうと様々な慈善事業やキャンペーンを手がけていた。

日曜学校を設立し、売春婦になりかけた少女たちに教育と衣服を施す団体をつくり、植民地には宣教師も派遣した。彼らは時代の先端を行く存在として、同世代の人々に感銘を与え、福音主義の思想を広めることに貢献した。彼らの生き方は人々の目に理想像として映り、十九世紀ヴィクトリア朝時代のイギリス社会に大きな影響をもたらした。〔063〕

クラッパム派の活動の中で最も有名なのが、イギリスの奴隷貿易を廃止させたことである。その中心人物となったのがウィリアム・ウィルバーフォースで、必要悪だと思われていた奴隷貿易を、約二十年かけて廃止させることに成功した。

彼は裕福な家庭に生まれ、ケンブリッジで学生生活を送っていた頃には、すでに相続した家をウィンブルドンにもっており、才気に富み歌もうまく、学校でも人気者だった。一七七九年に大学を卒業後、政治の道へと進み、ロンドン

063. Stephen Tomkins The Clapham Sect: How Wilberforce's Circle Transformed Britain (Lion Hudson 2010)

に移住。二十一歳にして国会議員にまで上り詰める。

議員になってからの数年間はこれといった業績は上げていないが、全ての紳士向けクラブに入会し、公爵と共にギャンブルや酒を楽しみ、ロンドンでの生活を謳歌した。休暇のたびにウィンブルドンの邸宅には議員の友人たちが集まり、釣りや散歩、食事を楽しんでいたというから、まさに絵に描いたようなイギリス富裕層の生活である。〔064〕

ところがある日、そんな何ひとつ不自由のない生活に転機が訪れる。彼は少年時代の数年間、叔母の家で過ごしたときに、厳格なプロテスタントに回心し熱心に信仰していたのだが、それを知った母親が激怒し、その信仰を捨てさせられたことがある。

だが、議員になって数年後、厳格なプロテスタントの人々に出会うことを通じて、これまでの穏健なキリスト教に疑問を感じ、少年の頃に回心したキリスト教こそが真のキリスト教だと確信する。次第に彼は自分のことを、人生を謳歌する成功した若者ではなく罪人だと感じるようになり、生き方そのものを改めなければならないと考えるようになっていく。〔065〕

彼の回心を知った周囲の福音主義者たちはそれを歓迎し、彼の叔父である厳格なカルヴィニスト、ジョン・トーントンは、彼にクラッパムの家の一部屋を

064,065,066. Stephen Tomkins The Clapham Sect: How Wilberforce's Circle Transformed Britain (Lion Hudson 2010)

提供する。クラッパムで、自分と考えを共にする人たちに囲まれて、ウィルバーフォースはこの「生きたキリスト教」の力を確信し、一度は全てのクラブも、国会議員すらも辞そうとする。

しかし、福音主義においては教会に行く日だけでなく、日々の生活、仕事を通じて自分を神に捧げることが重要であると認識し、社会を改善していくために、政治家としての役割を活かそうと決意した。

クラッパム派の理想の住宅「バタシー・ライズ」

ウィルバーフォースと共にクラッパム派の中心人物となったのが、ウィルバーフォースのいとこで銀行家・慈善事業家のヘンリー・トーントンである。ヘンリーの父であるジョン・トーントンは、ロシアとの貿易で財を成したブルジョワで、祖父のロバートはイギリス銀行の頭取だった。ヘンリーは非常に裕福で、かつ慈善事業に熱心な家庭で育った。〔066〕

ヘンリーが一七九二年にクラッパムに建てた家「バタシー・ライズ」は、まさに世界に広まった郊外住宅のイデア的存在である。三十四もの寝室があり、友人たちは皆そこに泊まることができた。この家の中心は本棚に囲まれ、一面が庭に面したサンルームのようなライブラリー空間があった。

一家は朝から晩まで、男性も女性も子どもたちも、皆ライブラリーに集って時を過ごし、ウィルバーフォースや友人たちは、この部屋で奴隷制廃止の草案を練った。子どもたちは大人の議論に参加することが許されており、子どもたちが飽きたら庭で一緒にボールを蹴った。

ヘンリーには九人の子どもがいたが、彼の妻は子どもを乳母には預けず、自らの母乳で育て上げた良妻賢母の先駆け的存在である。彼女は子どもの教育に熱心で、早期教育がなされ、神童のような子も多かった。とはいえトップクラスに裕福な家庭なので、必要なときは乳母や多くの使用人がおり、料理や掃除などの家事に煩わされることもなければ、乳母に助けを求めることもできた。

次第に、クラッパムには彼らの友人たちが続々と移住するようになる。すぐそばには、聖書協会の会長でインドの総督も務めたジョン・ショアや、東インド会社のトップであったシャルル・グラントも住んでいた。つまり、クラッパムに集まった人々は、当時のイギリスでトップクラスに裕福で影響力をもち、かつ信心深いブルジョワだったのだ。だからこそ、彼らの生き方は他の人々に大きな影響を与えたのである。

分離の思想と郊外移住という選択

クラッパム派以前にも、ロンドンのブルジョワたちは、週末に訪れて貴族気分が味わえる、ヴィラと呼ばれる別荘を郊外にもっていた。とはいえ、彼らはそのヴィラに移り住むことはなく、情報収集と職住一体の生活形態を維持するため、ロンドン市内に住み続けた。

その状況を変えたのは、「ここから離れなければならない」という階級分離の強い願望だったとロバート・フィッシュマンは強調する。〔067〕一歩家の外に出れば老若男女、富める者と貧しい者、善悪がごた混ぜになっている都市に住みながら、自分の生活だけを神聖化していくのはどうしても無理があったのだ。

福音主義の家庭にとって、最大の敵は都市での玉石混淆の娯楽だった。産業革命が進むと共に、都市には移民労働者や地方から移住する者が急増した。ロンドンはスラムや売春がはびこり、急増する人々で溢れ、もはや崩壊寸前だった。

真のキリスト教徒として目覚めた両親が、神が非難した世界から手を切ったとしても、世界は誘惑に満ちており、子どもたちがその誘惑を避けるのは難しい。

067. Robert Fishman Bourgeois Utopias: The Rise And Fall Of Suburbia (Basic Books 1987)

親は誰しも子どもの成長を願うものだが、子どもたちは周りの世界にいとも簡単に染まってしまう。親がよしとする価値観とかけ離れた者が多数を占める場所で生活しながら、我が子を親の価値観に染めることは困難である。

キリスト教を広めていくために日曜学校や女学校などを設立していったクラッパム派の人々は、劣悪な環境のもとで適切な教育すらない場合に子どもがどうなっていくかを目の当たりにしていたのだろう。

誘惑に勝ち、悪い影響を受けないようにする手っ取り早い方法は、誘惑がありそうな場所に行かないことである。誘惑が目の前にあり、かつ他の人々がそれを楽しんでおり、おまけに「いいじゃない、一回くらい」と言われると、人は簡単に誘惑に負けてしまう。

だからこそ、その誘惑を断ち切るためには、物理的に遠く離れた場所に居続けるというのが一番効果的な方法なのだ。郊外に引っ越せば、都市の娯楽とは全く別の穏やかな家庭生活と、自然と調和のとれた美しい生活が手に入る。

ウィルバーフォースは、家族の宗教心を育むには女性の存在が欠かせないと説いた。しかし、女性も男性同様クタクタになるまで働いたら、日々の生活に精一杯で宗教心を育む余裕もなくなってしまう。当時の福音主義と都市の関係について、ロバート・フィッシュマンはこう語る。

都市と福音主義的家庭の理想とのこの矛盾が、郊外の理念にとって核となる、都市と市民の住宅の前例のない分離に対する最終的な原動力となった。都市はただゴミゴミし、汚く、不健康なだけではない。都市はモラル違反だったのだ。救済の成功は、家庭という女性の神聖な世界と子どもたちを、大都会という神を冒瀆したような場所から切り離すことにかかっていた。とはいえ、この分離によって、男性が自分のビジネスに邁進できなくなるわけにはいかなかった。というのも、仕事に励むことと成功はどちらも福音主義の美徳だったからである。また、ビジネス・ライフは、ロンドンのように情報が凝縮している場へ即座にアクセスできることを必要としていた。これが問題だった。そして、郊外こそが究極の解決策になろうとしていたのである。〔068〕

男性たちが仕事を続けるために都市に通い続けるのは仕方がないとはいえ、愛する妻や子どもたちを堕落した世界から守る必要がある。新しくできた郊外は、神の偉大さを感じさせる自然が溢れ、かつ都会にも通える程度の距離であったため、福音主義者にとって理想の解決策となったのだ。

068. Robert Fishman Bourgeois Utopias: The Rise And Fall Of Suburbia
(Basic Books 1987)

良妻賢母の理想と夢の住宅

専業主婦というのはごく新しい概念であり、当時のイギリスでは女性も働くのが当然だった。夫婦は都市に住み、妻は夫の仕事の有能なパートナーだったが、福音主義はそのイメージを大きく変えた。郊外に移り住むことで、都市に通って仕事をするのが男性、郊外で家庭と子どもを見守り、正しい道へ進めるよう教育するのが女性という、性別によるはっきりとした役割分担が生じていく。

福音主義者は女性に与えられた役割を、「放っておくと堕落してしまう弱き人間たちを宗教的に高めること」だと考えた。理想の女性は家庭に専念し、子どもの教育にも世帯運営にも長け、知識はあるが、それをひけらかすことはない。慎み深く、敬虔で、家族全体の道徳的、宗教的状態を向上させようとするエレガントな良妻賢母。妻はよき母として、子どもの知的教育や宗教教育に熱心になり、召し使いを監督することが仕事となった。

こうした福音主義的な良妻賢母は、郊外を考えるときに欠かせない。女性は美しい芝生と緑に囲まれた家に住み、料理や子育て、宗教教育に勤《いそ》しむ。そして家庭こそが女性の理想の居場所として神格化されていく。その理想像に共感した建築家たちは、美しい庭に囲まれ、理想的な家庭生活を営める絵画のような家をつくっていく。

こうしたイメージが世界中の雑誌やメディアに掲載され、理想の暮らしへの憧れは階級や国境を超えて脈々と再生産されていく。

しかし問題なのは、家庭内の住環境や庭は大いに考慮されたが、道や公共空間など、家の門を出た先の周辺環境については考慮されなかったことである。妻と子どもがいるのは家庭内で、父親は自宅の門から自家用馬車で職場まで直行するため、家庭外の住環境は問題にならなかったのだ。第一次世界大戦前ごろまでは裕福な家庭には使用人がおり、日常的な用事のために外に出る必要があるのは妻ではなかった。

こうして個人の敷地内だけが充実し、家を一歩出た先の環境は考慮されないという、インフォーマル・パブリック・ライフの欠如した郊外がつくられていったのだ。

郊外への憧れとマンチェスターの郊外開発

クラッパムのイメージに憧れを抱いたイギリス人は、各地に絵画的な郊外をつくり、ブルジョワたちの郊外移住が進んでいく。

イギリス初の工業都市として産業革命時に急成長したマンチェスターは、製綿工場で働くために地方や外国からの移民がなだれ込み、裕福になっていくブルジョワと貧しい工場労働者たちのコントラストが著しかった街だ。十九世紀のマンチェスターの様子を知ることは、郊外開発の原型を知るだけでなく、現代の二極化する社会の原型を知るためにも重要である。

ロバート・フィッシュマンの『Bourgeois Utopias』には、イギリスで初めて大規模な郊外開発が起こった例としてマンチェスターの事例が紹介されているので要約してみよう。

マンチェスターは、綿産業により工業化が一気に進んだ街である。マンチェスターの中心部はかつてのロンドン同様に職住一体で、工場を所有するブルジョワたちが労働者の家の近くに住んでいた。

とはいえ、ブルジョワは労働者階級に恐れを抱き、階級分離を望んでいた。変動する産業革命期のブルジョワたちは、情報戦に乗り遅れないようにと都心部での情報交換には常に参加する必要があったが、それを保ちつつも不穏な労働者階級から自分自身や家族が離れる方法を探していた。

ロンドンで始まっていた郊外化は、彼らにとっての格好の解決策となっていく。一八三五年から約十年でマンチェスターの郊外開発は急速に進んでいくが、それには一つの転機があった。

スコットランド出身で、都心部にそれほど愛着のなかったサミュエル・ブルックスという裕福な商人が、一八三四年に貴族所有の広い農地を購入し、そこを洒落た住宅地に変えて家族のための邸宅をつくり、残りの土地は他の商人に売却した。彼はマンチェスター都心の一番高級な住宅街に住んでいたが、そこも引き払って倉庫にしてしまう。すると多くの商人たちも立て続けに彼の例に倣《なら》い、都心の高級住宅街は倉庫街に変わってしまった。これが後の郊外開発の原型となる。

つまり、初めに都心の地価の高い住宅地から、地価の低い郊外へと引っ越しを決める。都心の物件は自分で維持し続け、貸して賃料を取ることもある。次に行うのが、住宅地の開発である。もともと農地だった土地は都心に比べると格段に安く、そこを絵画そのもののような美しい住宅地にすることで、その土地全体の付加価値を大幅に上げて地価を上げる。そして、豊かなイメージの住宅地の土地や家を売ることで利潤を得るという方法だ。階級分離を望む者にとって郊外移住は理想の解決策となり、都心にはオフィスと倉庫、貧しい者が住む過密なアパートが残されるようになっていく。

余談だが、明治維新後、急速に近代化を遂げた大阪は「東洋のマンチェスター」と呼ばれていた。産業の発展だけでなく、阪急の小林一三のおかげで東京に先駆けて阪急電鉄沿線の郊外開発に成功した大阪とマンチェスターには共通点があるように思う。

一八三七年には富裕層向けの新しい郊外、「ヴィクトリア・パーク」が開発された。ヴィクトリア・パークはマンチェスターにおける天国と称され、都心部のリトル・アイルランドという、現世における地獄のような貧民街と著しいコントラストをなしていた。

こうしたコントラスト、彼らが避けたいものがあればこそ、彼らはできる限り自分たちの心地よい世界にこもっていられるための空間をつくったのであり、それこそが初期郊外だったのだ。

ヴィクトリア・パークにおける自然は神の偉大さを感じられるだけでなく、産業革命真っ只中で工業化する都市の煤煙の中で貴重なものとなり、澄んだ空気や水にアクセスできるというブルジョワ階級の特権性を表していた。

ヴィクトリア・パークは世界で初めて誕生したゲーテッド・コミュニティでもあり、全体が塀で囲まれ、中に入るには居住者専用ゲートを通過しなければならなかった。

成功の象徴としての郊外一軒家

マンチェスターのヴィクトリア・パークに出現した城のような庭付き一軒家はわかりやすい成功のシンボルとなり、徐々に「郊外の一軒家に住める者」＝「社会的に成功し、神に選ばれた者」というイメージが生まれていく。

ジャン・ボードリヤールは、消費社会では、モノは使用する道具としての価値よりも、それを所有する者の社会的地位を表す記号、差異表示記号としてこそ機能すると述べている。〔069〕

ロンドンの初期郊外に住んだのは、イギリス銀行の頭取や東インド会社のトップに立つ人間だった。だからこそ彼らのような生活をすることは、自分も社会的に成功した人物だということを表す象徴的な意味をもつ。

ブルジョワは貴族にはなれないが、週末に貴族のような暮らしをすることは可能である。たとえトップクラスのブルジョワほど財力がなくても、彼らのように暮らし、わかりやすい差異表示記号である、美しく手の込んだ一軒家を手にすれば、自分もトップクラスに近い地位だと示すことができた。

郊外という夢が大成功を収めたのは、その発端となったクラッパム派が社会的に突出した地位をもち、信仰心が篤《あつ》く、様々な慈善事業を行い、結果として

069．ジャン・ボードリヤール著、今村仁司、塚原史訳 消費社会の神話と構造（紀伊國屋書店 1995）

聖人とまで呼ばれる、理想的なイメージをもった人々だったからだといえるだろう。当時の彼らはまさに「神に選ばれし成功した人々」のイデア的存在だったのだ。

こうしたＤＮＡがあればこそ、郊外がかたちを変え、多くの世界へと伝播しても、郊外の一軒家は社会的に成功した父親と、良妻賢母の母親と利発な子どもたちによる、幸せで満ち足りた家庭の象徴として機能し続けていったのだ。

アメリカでも、すでに十九世紀後半には核家族用の一軒家をもつことは、高い地位と富の象徴であり、自分は選ばれた者であるということを示す格好のシンボルだった。〔070〕

二十世紀前半、大恐慌以前には、ニューヨークはロンドンを抜いて世界一の都市となった。ビジネスや株で財を成した者たちは、ニューヨーク郊外のロングアイランドを中心に豪華な邸宅を建て、ヨーロッパの貴族のように美術品や鏡、シャンデリアなどで飾っていった。

スコット・フィッツジェラルドの小説『華麗なるギャツビー』の主人公であるニック・キャラウェイは、ニューヨークで仕事をすることにした際、ロングアイランドの一軒家に住むことにした。この小説には、近隣の富裕層たちの驚くほどゴージャスな生活が念入りに描かれており、ギャツビーは文字通りお城

070. Kenneth T.Jackson Crabgrass Frontier: The Suburbanization of The United States (Oxford University Press 1987)

に住んでいた。

こうした人々の贅沢な暮らしぶりが小説や雑誌で世界中に伝えられることで、また他の人々に強い憧れを抱かせ、スタイリッシュで豊かな郊外の一軒家というイメージがつくり上げられていく。

このようにして、社会的に成功した地位のある者は郊外に理想の一軒家を所有し、都会の喧騒から離れた落ち着いた環境で、物質的にも精神的にも豊かな暮らしをする、という絵に描いたイメージが世界中の人々の憧れになっていったのである。

第五章　幸せのプロパガンダ

憧れの民主化

世界中で郊外化が進むにつれて発展したもの、それが車社会である。二十一世紀の理想の街の姿を考えるとき、車社会を検討し直すことが欠かせない。ここからは、どのようにして車社会が世界に広まったのかを見ていきたい。

十八世紀のロンドンのように職住一体ではなく、職場と住居が離れると、必要となるのが通勤である。郊外は、もともと自家用馬車で都心へと通えた特権的エリート、または運賃の高い蒸気機関車での通勤が可能なお金持ちだけに許された場所だった。その後、市電が登場して郊外はより広範囲に開発され、通勤も手軽になっていく。

そして、一九〇八年に登場した大衆向けの車「T型フォード」によって、郊外が公共交通網に縛られることなく広範囲に広がった結果、一般人にも郊外の一軒家は遠い存在ではなくなった。

機会の平等を重視するアメリカでは、世襲的なエリートは嫌われたものの、人はいつの時代も貴族的な暮らしをする人々に羨望のまなざしを向けるものであり、反感よりも強くなってしまうのはむしろ憧れのほうである。エーリッヒ・フロムは次のように述べる。

どんな社会にあっても、その文化全体の精神は、その社会のもっとも強力な支配階級の精神によって決定される。その理由は、強力な支配階級が教育制度、学校、教会、新聞、劇場を支配する力をもち、それによって自分の思想を、すべての人間にあたえる力をもつからである。さらにまた、これらの支配階級は、非常に多くの特権をもっており、下層階級はたんにかれらの価値を受けいれたり、まねしたりしようとするだけでなく、かれらと心理的にも合一しようとする傾向をもっているからである。〔071〕

同様に、ジャン・ボードリヤールも、消費や流行は、社会で理想とされる集団やエリートがそれを使うようになってから大衆へと流れていく、上から下へと向かう現象だとしている。〔072〕つまり、社会で上の地位にある者たちは、その地位にいるだけで他の人々に大きな影響を与えることができるのだ。

アメリカのビジネスは、社会的上位者たちに憧れる一般層に向けて、「あなただってそうなれますよ」と、憧れを民主化することで多くの人を顧客として囲い込むことに成功し、ビジネスを飛躍させていった。アメリカ社会で郊外の開発や車移動が発展したのは、それが特権的な一部のエリートだけでなく、一般人でも手に入る夢の一部になったからである。

071．エーリッヒ・フロム著、日高六郎訳
自由からの逃走（東京創元社 1951）
072．ジャン・ボードリヤール著、今村仁司、塚原史訳
消費社会の神話と構造（紀伊國屋書店 1995）

「自分でもいつか手に入る」と消費者に夢を抱かせることは、郊外を開発するディベロッパーにとってまたとない利益の源泉だった。そしてその夢を支え続けたのが、「郊外の美しい一軒家に住めば社会的に成功し、幸せである」というイメージなのである。

初期郊外は社会的に大成功したごくひと握りの人のための場所だった。莫大な資産をもつ彼らの家は一軒ずつディテールも異なり、自然との調和を重んじ、家の周りは樹々で囲まれ、他の家から離れた場所にあった。

しかし、郊外生活が特権階級だけのものではなくなってくると、リーズナブルな家を大量に供給するために、一軒一軒のデザインを変えている場合ではなくなっていく。高度な技術をもった職人が何十人も必要であれば、それだけでコストが莫大になり、買い手が限られてしまうからである。コストをできるだけ抑えるために、同じ建材を同じ規格で生産し、デザインを簡略化し、誰にでも購入できるようにすれば、結果として何十倍もの人々を潜在的顧客にできる。

そして住宅同様、自動車もこの時代に進化を遂げていく。アメリカの自動車企業フォードの理念はまさに「自動車の民主化」であり、開発されたT型フォードは、それまでヨーロッパで利用されていた特権階級向けの高級車と異なり、ごく普通に働いている人の給料で買える金額に設定されていた。〔073〕

073. Robert T. Kiyosaki Rich Dad's Guide to investing: What the Rich Invest in, That the Poor and the Middle Class Do Not! (Plata Publishing 2012)

こうした夢の住宅や車など、かつてのステータス・シンボルを一般人でも手が届くようにすることは、人々の夢を実現可能にするという素晴らしい面がある一方で、その裏側には冷徹なビジネス戦略が存在する。

「私でも手が届くようになった」と喜ぶ者は、実際には上手な企業戦略に乗せられた消費者の一人でもある。企業はシンプルなデザインとマニュアル化された工程を用いて低価格で商品を提供し、圧倒的なパイを味方につけて売り上げを伸ばし、勝ち組となっていったのだ。

郊外開発という錬金術と車社会の始まり

このように、郊外開発と車社会は切っても切れない関係である。この関係が最も理想的なかたちで花開き、世界中に郊外生活への憧れを育んだ街がロサンゼルスである。なかでも高級住宅地「ビバリーヒルズ」は、まさに特権的な者が住む郊外を代表する記念碑といえるとロバート・フィッシュマンは述べている。〔074〕

アメリカの人気ドラマ『ビバリーヒルズ青春白書』で描かれる、新学期を迎えた高校生たちが車で高校に登校するシーンは、この街と車の関係をよく表し

074. Robert Fishman Bourgeois Utopias: The Rise And Fall Of Suburbia
(Basic Books 1987)

ている。

一九二〇年代のロサンゼルスは、すでに拡散型都市として世界の他都市を圧倒する規模があったという。現在、全米で一人当たりの駐車場の数が最も多いといわれるこの都市の原型を形作ったのは、実はきめ細かい市電のネットワークだった。

ロサンゼルスでは一九〇一年から市電が走り、繁盛期には一日四千台も走っていた。ここで再びロバート・フィッシュマンの『ブルジョワ・ユートピア』を要約しながら、ロサンゼルスがいかにして車社会の郊外となったかを見ていきたい。

もともとロサンゼルス市は「理想の郊外」という理念を追求しており、当時世界最大規模を誇った市電のシステムが郊外の拡張を可能にした。市電会社の「パシフィック・エレクトリック社」はヘンリー・ハンティントンという実業家がつくった私企業であり、不動産事業も行っていた。

彼は路線を延ばす前に、後に沿線となる土地をできる限り買い占めた。そこに市電が通ると、その場所は中心市街地にアクセス可能だと謳《うた》えるからである。彼は安上がりな農地の値段を、都心にアクセス可能な住宅街という付加価値をつけてつり上げ、不動産事業と市電事業によって売り上げを伸ばしていった。

この手法こそが、郊外開発の錬金術である。

市電はかなりのエリアをカバーしたため、人々はオレンジ畑の隣や静かな丘の上に住みながら、中心部に通うことが可能となった。多くの土地が開発されたおかげで、裕福なビジネスマンだけでなく、様々な階層の人が自然とつながり、余暇や家族との時間が約束された自分の家を購入できるようになり、それがロサンゼルスの誇りとなった。特に第一次大戦後からは不動産開発がロサンゼルスの経済を牽引していく。

ディベロッパーはまず数軒の家を建て、それを売った資金でまた他の土地に家を建て、将来入ってくる見込み資金でどんどん住宅を建設していった。

借金に借金を重ねて投資をしていくディベロッパーにとって、借金の回収先は個人で一軒家を買う者だったため、彼らを見つけ、捕らえて放さないことが命題だった。住宅の購入費という一生の重荷を個人に耐えさせるもの、それこそが「理想の郊外一軒家での美しく満ち足りた家庭生活」のイメージだったのだ。

さて、郊外住宅が増えれば増えるほど、中心部へ向かう人も増えていく。住宅建設がピークを迎えた一九二〇年代半ばになると、市電の利用者もピークを迎えていた。

さらにロサンゼルス市は一九二〇年代に、人口当たりの車の所有率が世界一の都市となった。〔075〕そのため、中心部の混雑は年々ひどくなり、車と市電を含めた絶え間ない交通渋滞が起こっていた。

この渋滞に対する解決策として提示されたのが、中心部にアクセスを集中させるのではなく、網目状の道路網を整備し、ビジネス区域を各地に分散させるという方法だった。中心部へ向いたベクトルを拡散させれば中心部だけが混雑し、渋滞するということもない。

この強引なアイデアは特に反対運動すら起こらずに可決され、ロサンゼルスは一九二〇年代に世界最大規模の道路整備を行った。

ところで、なぜ反対運動すら起きず、このような提案がスムーズに可決されたのだろう？　車によって人々の動線を拡散させると、中心部の空洞化は避けられないことは当時から認識されていたという。しかし、理想の郊外を追い求めていたロサンゼルス市は、あえてこの選択をしたのである。

当時、ロサンゼルスでは中心産業が不動産開発になっていたため、ロサンゼルス全体の広大な土地を分譲に使えることを考えれば、中心部と公共交通の犠牲はやむをえないことだった。というのも、人が市電を使って移動する場合、地価が上がるのは沿線付近に限定され、購入できる土地や家の数も限られるか

075. Robert Fishman Bourgeois Utopias: The Rise And Fall Of Suburbia (Basic Books 1987)

らである。

広大な農地が広がっているにもかかわらず、公共交通の沿線しか開発できないのであれば、不動産業者にとっては宝の山が埋もれているようなものである。しかし完全な車社会になれば、沿線のエリアだけでなく、広大なエリアを住宅地とすることができ、莫大な利益が生み出せる。

不動産業で大きく儲ける方法は、もともと安かった土地を開発し、付加価値を高めた理想の家を一人でも多くの人に購入してもらうことである。だからこそ「誰もが家から職場までアクセス可能」と謳えるほどに車のアクセスをよくし、どんな土地でも開発できるようにすることが重要だったのだ。〔076〕

彼らの予想通り、各地の不動産開発は活発になり、一九二四年にピークだった市電は一九三〇年にはほとんど姿を消した。多くの人の移動手段が車になるにつれ、中心部は空洞化し、次第に中心市街地が存在していたことすら忘れられていった。こうして、どこまでも広がりをもつ広大な郊外型都市、ロサンゼルスができあがる。ここまでが、名著『Bourgeois Utopias』の要約である。

同じ頃、ル・コルビュジエは高層建築の下を高速道路が走り、大きな道路の横には緑豊かな公園、という都市の理想を描いていた。これこそが新しい都市の理想だと、モダニズムの建築家たちはロサンゼルスの姿を誇りに思っていた

076. Robert Fishman Bourgeois Utopias: The Rise And Fall Of Suburbia (Basic Books 1987)

ことだろう。

車で移動できる自由な個人、郊外の美しい住宅地。そこには広々とした空、新鮮な空気と自然があり、ゴミゴミして猥雑な都心部とは対照的だった。

郊外に勝機を見出したビジネスは、顧客が郊外に移ったのであれば店も移動させればよいとばかりに、住宅が集まる地区の近くに大規模な駐車場付きショッピングセンターを建設する。住宅を少しでも低価格で購入したい消費者にとっては、車さえあればどこでも行ける郊外住宅はまさに夢のようだった。

しかし、これは不動産業者の戦略だったということを忘れてはならない。そして、お得な住宅を手に入れたと思った郊外移住者は、実際には牛乳を買うにも、どこに行くにも車が必要な、完全な車社会を生きることになったのである。

こうしたアメリカ型の高級住宅地には、インフォーマル・パブリック・ライフが欠けていた。オルデンバーグはヨーロッパ出身で、多くの国で暮らした経験がある社交的な女性のアメリカ生活に対する不満を伝えている。

この国の人たちは「良い」地域に住んでいることを自慢するけれど、わたしたちにしてみれば、そういう望ましい地域とやらは監獄みたいなものですよ。いろんな家庭との触れ合いはなく、ご近所の人を見かけることがめったにないし、彼らのことなんてぜんぜん知らない。けれどもルクセンブルクでは、わたしたちは夜な夜な、散歩がてら地元のカフェに出かけては地元の消防士や歯医者、銀行員、あるいは誰だろうとたまたまその時そこに居合わせた人と一緒にたいそう心地よい数時間を過ごしたものです。車を飛ばして行った先のすすけた暗いバーで、かたくなに自分の殻に閉じこもり、誰だか知らない酔っ払いが近寄ってきたら怖がるなんて、少しも楽しくありません。〔077〕

オルデンバーグはまた、ヨーロッパとアメリカで二拠点生活をしているオーストリアの都市計画家、ヴィクター・グルーエンの「ロサンゼルスでは、安全な我が家から出て友人宅を訪ねたり、文化行事や娯楽の催しに参加したりする気になれない。そのような外出はひどく時間を食い、長距離の運転で神経をすり減らすことになるからだ」という言葉を引用している。

しかし、ウィーンの場合は随分違うという。

ウィーンでは、背中を押されるようにして外出することもしばしばだ。なにしろ歩いてすぐのところにコンサートホールが2つあり、歌劇場、いくつも

077,078,079. レイ・オルデンバーグ著、忠平美幸訳
サードプレイス―コミュニティの核になる
「とびきり居心地よい場所」（みすず書房 2013）

の劇場、そして種類も数も豊富なレストランやカフェやお店があるのだから。ロサンゼルスにいるときとは違って、旧友たちと会うにも事前の段取りは不要で、たいてい路上かどこかのカフェでばったり出くわす。〔078〕

そして、オルデンバーグは「グルーエン夫妻は、アメリカに100倍以上の住空間をもっているのに、ウィーンのささやかな住まいの半分も楽しんでいない感がある」と結論づけている。〔079〕

庶民に向けて低価格になっていった郊外は徐々に広がり、都心周辺から離れていった。郊外住宅は多くの人が購入できるよう安価に売り出され、デザインも簡略化され、郊外はパターン化されて世界中で再生産されていく。特に第二次世界大戦以降、隣の家とほとんど差がない、金太郎飴のような郊外住宅が世界中につくられた。

都心から離れ、公共交通の便が悪い郊外に住む者には車が不可欠となり、徐々に、都心から通勤一時間程度の郊外と車社会というかたちができあがる。

戦後こぞってアメリカンドリームに憧れた日本人にとっても、郊外の一軒家は夢の存在だった。マイホームさえあれば幸せになれる。憧れの山手の西洋館での暮らしのように。いつか私にもそんな日が来る。それが二十世紀の人々が抱いた夢だった。

だが、郊外に住めば幸せになれるというのは幻想なのだ。かつてたしかに美しかったクラッパムのイメージを巧みに操り、再生産し続けなければならないのは、それが人々にとっての本当の幸せだからではなく、その幸せなイメージこそが不動産業界にとっての利益の源泉だったからである。

広告が育む幻想

十九世紀のアメリカで郊外が大規模に開発されていったとき、ディベロッパーが巨額の投資を回収するには、早々に家を売る必要があった。家がすでに売れていれば、そのお金で莫大な工費が支払える。ある程度のお金が貯まれば、それらが次の郊外開発の資金となる。だからこそ、消費者に一生分の投資をしてもらう必要があった。

そのために欠かせないのが、美しく満ち足りた郊外の家庭生活のイメージである。ビジネスに長けた人たちは、イメージ戦略、ブランド戦略の重要性をよく知っている。そして、こうしたビジネス戦略に最も長けた国がアメリカである。

それでは、イメージ戦略や広告の一体何が問題なのだろう。広告のつくり手はクライアントの要請に応えるため、全力を挙げてその製品の良さを訴える方法を模索し、できる限りの技術とセンスを用いて素晴らしい写真やイメージをつくり上げる。見た人の印象に残り、この商品を買おうと思わせることができれば、その広告は成功といえる。

私はカメラマンの仕事をしていたことがあるが、その頃、写真の下に小さく書かれている「写真はイメージです」という言葉は「この写真は嘘です」という意味に近いと気がついた。つまり、イメージである以上、この写真と違うものが出てきても文句は言わないでくれというのが、この言葉をあえて載せる理由なのだ。

つくり手は皆知っている。彼らはできる限りの技術を駆使して、クライアントの宣伝用に素晴らしいイメージ、つまり虚構をつくっているのだと。しかし、受け手にとっては話が違う。写真を用いたイメージはあまりにもリアルであり、実際にそれがありえそうだと錯覚し、私たちは広告を見ながら、キラキラしてまばゆい姿に自然と憧れを抱いてしまう。

広告の連なる世界は大いに幻想を育んだ。戦後世界中でばらまかれたコカ・コーラの爽やかな広告イメージは一企業の広告でしかなく、アメリカ政府がつくったプロパガンダでもなければ自由への道を訴えているわけでもない。

しかし、実際には世界中の若者がアメリカの自由な姿に憧れた。コーラを飲めば自分もカッコよくなり、素敵な恋人もできるかもしれない。海辺でデートをして、爽やかな気分になれるかもしれない。それは受け手が勝手に描いた幻想なのだが、実際にはそうしたイメージは憧れを育み、その商品を買うために大切なお金を使う勇気を与えてくれた。

私たちは日々広告の嵐にさらされているとは意識することもなく、身の回りにあるイメージは私たちの潜在意識に徐々に植えつけられていく。

私たちの脳裏に焼きついている、郊外の幸せな家庭生活。休日には庭でバーベキュー、友人たちがワイン片手に集い、暖炉を囲んだ大きなサロンには絵本を読む子どもたちとケーキを焼き上げる優しい母親がいて……。こんな家にいつか住めたら、こんな素敵な車があったら、幸せになれるに違いない。そして念願叶って憧れの郊外に住み、大きな冷蔵庫とオーブンを備え、憧れの車を手にした末に、「何かが違う」と思っても責任を取ってくれる人はいない。

それは様々な企業広告の連なりを勝手に解釈し、こうなればきっと幸せになれると思った受け手の自己責任になるからだ。企業の側はそっけなく言うだろう。「私は冷蔵庫を売っただけですよ」と。

私たちは理想の未来を手に入れるため、悲壮な努力を続け、現実の苦しみにも月々の支払いにも耐えてきた。しかし、その先にある理想の姿が現実的な幸福ではなく虚構であるなら、話は別ではないだろうか。どんなに努力を重ねたところで理想の幸せに至らないのは、個人の努力不足や感謝が足りないからではなく、その理想そのものが幻想に過ぎなかったからなのだ。

現実には、バーベキューセットは数回使用しただけでガレージに眠り、友人たちは引っ越し祝いのとき以来訪れてくれることもないだろう。美味しいワインを用意しても、大半の人は「車で来たから」と言って飲んでくれない。暖炉は危険で管理も大変という理由でほとんど使われず、サロンにはゲームに夢中で本など読まない子どもたちと、おもちゃを片づけないことを声高に注意している母親がいるかもしれない。

大きくなった子どもたちは、ヘッドホンをして部屋には鍵をかけている。夫は仕事に追われてほとんど家にいない。がらんどうの大きな家に残された妻は、絵に描いたような幸せが育めたはずの巨大な空間の中で、一体何がいけなかったのか……と人知れずため息をついていないだろうか。

到達すべき偉大な理想とたどり着けない小さな自分

アメリカ型の郊外では、ようやく手にした理想の一軒家の内側ですら、人は孤独を感じるようになっていった。二十世紀のライフスタイルから浮かび上がってくるのは、「神のように絶対的な理想と、そこに到達しようともがく小さな個人」という構図である。プロテスタンティズムによって強調されたこの構図は、現代の日本においても再生産されている。

絶対的な理想というのは、そこに到達すれば幸せになれるという、いわば幸せのプロパガンダである。有名大学に合格すれば、有名企業に入れば、結婚すれば、子どもがいれば、素敵な家を手に入れれば……。そのために私たちは果てしない努力をし、将来のために我慢を重ね、莫大な時間と金額を費やしてきた。

現在の生活に空虚感や満たされない感覚をもつ人は、幸せの理想像に自分がまだ到達していないからだと考えた。頑張って、なんとかしてそこに到達できれば、そのときは幸せになれるはず。

だが現実には、世界中に理想をばらまいた成功の象徴であるはずのアメリカ郊外ですら、結婚し、子どもが生まれて幸せなはずなのに、空虚感を抱える人たちがいた。

彼女たちは、その原因は相変わらず何かが足りないからだと考えた。電子レンジ、コーヒーメーカー、もう一台の素晴らしい車、それとも優雅にお茶をする時間？　マリー・アントワネットのように消費を繰り返したところで、その空虚感は満たされない。それはその幸せの理想像自体が押し売りされた、「あなたもこうなれば幸せなはず」という幸せのプロパガンダだからではないだろうか。

郊外の庭付き一軒家の立派で美しい外観の裏には、どう頑張っても聖母のようなイメージや、理想的な子どもの姿にたどり着けない生身の人間たちがいた。そこにたどり着くには、社会が要請する理想像に無理やり自分を当てはめようとする絶え間ない努力が必要であり、往々にしてそれは自己疎外、自己否定とセットになっていた。

こうした努力にはネバーエンディングという表現がぴったりだ。なぜなら、その理想像自体が現実離れしており、全ての人が努力すれば到達できるものではないからである。

郊外での理想的な暮らしのイメージには、社会的地位がある夫、その地位を表す立派な庭付き一軒家、福音主義的な良妻賢母、その結果として育つ利発な子どもたちがセットになっていた。そして子どもたちが目指すのは、父親のように立派な事業に邁進し、社会的に成功することだった。

社会学者のデイヴィッド・リースマンは、理想に向かって邁進し、過酷な環境の中でも働き続けることを厭わない者たちを「内部指向型人間」と呼び、いみじくも彼らをクラッパム派のようにピューリタン的、ヴィクトリア的と描写している。

十九世紀のイギリスでは、両親による厳しい家庭教育により、内的自発性をもった知性の高い子どもを育てることが重要視されていた。内部指向型の家庭教育は厳しく、子どもたちは可愛がられるというよりも、理想的な人物としてしっかり生きていけるように育てられた。

親は子どもたちに指針を与え、その指針は次第に子どもたちの中に内在化され、自分自身を監視し律する存在となる。その教育が成功すれば、もはや親が何も言わずとも、彼らは内在化した良心の規範によって自身の行動を判断し、それが彼らの人生を方向づけていく。〔080〕

彼らを永遠に突き動かすのは、「自分は何者かでなくてはならない」という強迫観念に近いプレッシャーである。その結果、猛烈に勉強し、働き続け、社会的には成功し、地位や高い所得を手に入れる。しかし、両親や社会の期待を

080. デイヴィッド・リースマン著、加藤秀俊訳
孤独な群衆（みすず書房 1983）

内在化し、自分を律するもう一人の自分によって突き動かされた結果というのは、本来の自分が心から望んでいたものではなく、実は本来の自分が疎外されている可能性もある。〔081〕

とはいえ、社会的に成功を収めた彼らは、彼ら自身の葛藤はどうあれ、周りの人から憧れられる存在となり、その社会の目指すべき理想像として認識される。

こうした成功のイメージは、子育て中の親に強く認識されていく。自分の人生はまだしも、我が子の人生をダメにしてはならないと思った親は、子どもを将来の成功への階段に少しでも近づけようと悲壮な努力を重ね、莫大な金額を支払っていく。

現実にはピラミッドの頂点にまでたどり着くのはごくひと握りの人だとしても、マスメディアや広告は「あなたのお子さんだってそうなれる」というイメージを植えつける。しかし、子どもの現実的な能力と、目標とする理想像がかけ離れていたとき、悲劇が起こるのである。

リースマンは、偉大な人物についての伝記を子どもが直接読めるようになったことは、家庭の息苦しさから子どもを解放してくれる一方で、彼らに大きな不安を与えることもあると述べている。

081. エーリッヒ・フロム著、日高六郎訳
自由からの逃走（東京創元社 1951）

エジソンであれ、フォードであれ、子供達がモデルにする人物たちは、いわばカルヴァン派の神のような厳かな存在として受けとられるようになってしまった。そこからは、次のような結果がうまれてくる。すなわち、多くの人びとははたしてこの崇高なモデルと共に自分が生きてゆけるかどうかというおそろしい不安に襲われるのだ。(中略)内部指向の理想と人間とその人間の現実の能力との間のギャップがあまりに大きくなりすぎると、その人間は破綻者になってしまう。〔082〕

これは子どもだけに限ったことではなく、大人であっても、理想的になろうとすればするほど、現実の自分とのギャップに悩まされるようになる。

これさえあれば幸せになれるビジネス

メディアや広告は人々に対して「あなたにだってできるはず!」と、日々鼓舞することを惜しまない。現実的にはほんのひと握りの人しかたどり着けない理想を多くの人が目指したときに、美味しい思いをするのは、それを支援するビジネスを営むほうである。なぜなら、誰かが理想に到達しようと願って商品

082. デイヴィッド・リースマン著、加藤秀俊訳
孤独な群衆(みすず書房 1983)

を購入してくれれば、顧客が一人増えるからだ。

素直な者は、なぜ他の人はできているのに、自分はできないのかと自らの至らなさを責めるだろう。広告はテレビやインターネットを通じ、もがき苦しみ、部屋の隅っこで涙をこらえている自分に向かって、誰よりもあなたのことを思っているかのようなあたたかい口調で語りかけてくる。ボードリヤールはこう語る。

「ギネスは貴方のためのビールです」というキャッチ・フレーズから案内嬢の笑顔やタバコの自動販売機の発する録音されたお礼の言葉、さらには国民に対する政治家の深い気づかいにいたるまで、われわれは驚くべきサーヴィス精神に取り巻かれ、献身と善意の連合軍に包囲されている。まったく取るに足らない化粧石鹸でさえ、あなたの肌をビロードのようになめらかにするために専門家グループが何ヶ月も研究を重ねた結果やっと完成した製品として、われわれの前に姿を現わす。（中略）あなたのまわりにあるモノは何かの役に立つというよりも、まずあなたに奉仕するのである。〔083〕

083．ジャン・ボードリヤール著、今村仁司、塚原史訳
消費社会の神話と構造（紀伊國屋書店 1995）

広告が直接語りかけるのは他でもないあなた自身にであって、そのあたたかい口調は本当にあなたを心配してくれているかのようである。

理想に向かって邁進してもうまくいかず、一人で孤独を抱えている者は「これこそが自分を救ってくれるかもしれない」とすがるような気持ちで広告を覗き込んでしまう。孤独を抱える者にとって、ささやかなあたたかさ、ささやかな心の交流がどれほど大きな慰めになるかは、孤独になってみなければわからない。

オルデンバーグは、暮らしている地域からほとんど出られず、他者との交流もない高齢者が、郵便局員とのささやかな会話をどれほど待ち望んでいたかを語っている。

同じように、乳幼児の子育てに追われ、大人と会話することのない母親たちが唯一会話できるのは、宅配便の配達員やスーパーの店員だけかもしれない。そんな人の抱える孤独は、毎日外に出て仕事をしている者には理解できないほど絶望的なものである。

家庭内に閉ざされ、インフォーマル・パブリック・ライフでの気楽な会話や気分転換の機会が極端に少ない人にとって、ネットやメディアから流れてくる、「そんなあなたのためにつくりました」という広告が訴える製品は、つらく厳しい状況から救い出してくれる救世主のように思えてしまう。

理想に向かって努力しているのに、周りに比べてうまくいかない自分にダイレクトに忍び寄る解決策としてのビジネスは、資本主義の成長を下支えしてきたといえるだろう。無力感や不安を感じている個人に対して訴えるビジネスは、ほとんどいつも同じかたちをとっている。それは「あなたが今幸せでないのはAが足りないからであり、Aを購入すればあなたは理想の幸福を手にできる」という構図である。

売り手は「その不安の原因はAが足りないせいであり、Aさえ買えば幸せになる」と言う。たしかにそうかもしれないと、すがるような思いでAを買った消費者は、少し良くなったような気もするが、広告ほどには良くなっていないように思う。

そこで、意を決して売り手にその疑問をぶつけると、売り手は「それはAの量が足りないからです。継続は力なり。もっと使い続けることで、あなたは確実に良くなるはず。騙されたと思って続けてみてください」と言う。

続けてみても広告ほどには効果を感じない消費者は、またその疑問をぶつけてみる。すると売り手は、今度は「AにBを組み合わせることでもっと効果が出る」と言う。実際にそうして効果が出た人の証言もある。納得した消費者は

AとBを購入することにする。

しかし、まだ何かが違う気がする。そんなとき、別の業者が訴えかけてくる。「原因は違うところにあるはずです。あなたにはCが足りていないんです」。そしてこのサイクルはほとんど永遠に繰り返される。

何気ない出会いや会話の機会をもたず孤独を抱えている者たちは、まさにその人のためという表情を装った広告の格好の標的だった。『第二の性』の著者として知られるフランスの女性哲学者、ボーヴォワールはいみじくも、こうした不満を抱えた知的な女性こそが格好の消費者になると指摘している。

アメリカの企業家たちは、消費者の数の増大、少なくとも各人によって消費される品物の量の拡大をねらっています。ところで、統計の示すところでは、理想的な女性消費者は、けっして働く女性ではないそうです。なぜならば、彼女たちは、真に必要なものだけを急いで買い、ぜいたくをしないからです。また、伝統的な家庭の主婦も、自分の母親が用いたものと同じ種類のものを買い、また、二年前に買ったもので満足しているからやはりだめなのです。そして理想の女性消費者とは、知的な生活や職業にたずさわれる、自由な人生をもちうるような教育を受けながら、家庭にとじこめられている女性だということを発見しました。こうした女性はいらだっており、不満をまぎらわすためにたくさんの買物をする。電気冷蔵庫やテレビを買い、自動車を三ヶ月ごとに、そして電気掃除機を一週間ごとに代えるなどして、商人にとって実にかっこうのお客となるのです。〔084〕

外に出て歩いてみても、誰とも出会えない郊外の画一的な環境は、理想的な姿と異なっている自分を浮き立たせる。そこに忍び寄る解決策としてのビジネスは、資本主義の発展を下支えしてきたといえるだろう。

彼らはあまりに絶望的な個人であり、あまりに孤独で、一人だけダメな存在だった。そんな彼らはすがるような思いで商品やサービスを購入していく。しかし、そこにインフォーマル・パブリック・ライフやサードプレイスがあり、実は他の人も同じような悩みを抱えているとわかり、不完全な自分でもよいと思えたならどうだろう。

インフォーマル・パブリック・ライフがあれば

オルデンバーグは、「広告はインフォーマル・パブリック・ライフの敵であ

084. シモーヌ・ド・ボーヴォワール著
女性と知的創造（人文書院 1978）

る、なぜなら広告は良い暮らしとは個々人が購入可能なものだと思わせるからだ」と述べ、また、「ストレスが社会的なものであれば、一旦その社会システムから離れてガス抜きすることが必要だ」とも述べている。[085]

カフェや広場などのインフォーマル・パブリック・ライフは、まさに社会のコードから解放された空間である。

ドイツではビアガーデンで、フランスでは小さなビストロやカフェでリラックスし、誰かと会話することが人々のストレス発散に貢献してきた。それに対して、アメリカの社会的なストレスの解消法は、ヨガや瞑想、ジョギングなど、あくまでも個人的な解決策だった。[086]

カフェなどのサードプレイスでリラックスして口を開くと、次第に自分を責めていた個人的問題が、実は自分以外の人たちも抱えている社会的問題であったと気づき、まるで白黒が反転するかのように視点が変化することがある。実はそれが自分一人の特殊な問題ではなかったのだと気づいたとき、その問題について共に議論し、状況を改善しようという勇気も湧いてくる。

パリのカフェが社会変革の発端の場として機能し、イギリスのコーヒーハウスから新聞や保険会社などが誕生したのは、彼らが自分たちの思いをまず吐き出し、自分たちが抱えている共通の問題を社会的課題と捉えて解決策を模索し

085,086. Ray Oldenburg The Great Good Place: Cafés, Coffee Shops, Bookstores, Bars, Hair Salons and Other Hangouts at the Heart of a Community (Da Capo Press 1999)

ていったからである。

それに対して、アメリカ型郊外のようにインフォーマル・パブリック・ライフが欠如しており、問題について気軽に話せる場がないとどうだろうか。

彼らは自分に問題があるのは自分のせいだと思い込み、その問題を外に出して恥ずかしい思いをしないよう、自分の中や家庭内に仕舞い込む。こうした場合、利益を得るのは、それを個人の問題のままにして、それを解決できると謳うビジネスをする側である。

そして、問題を全て自己責任、自助努力で解決するようにという社会の場合、問題を解決できるのは多くの手段と資金力があるお金持ちに限られる。

ところで、弱者側から見ると、社会的に成功した人々はお金もあり手段も豊富で羨ましい存在でしかないのだが、こうした理想像にたどり着いた人というのは、本当に幸せなのだろうか。実はそれすらも幸せのプロパガンダでしかないのなら、私たちは多くのものを犠牲にしてまで手に入れようとしてきた、その理想の姿自体を問い直す必要があるだろう。

理想と現実のギャップ

十九世紀のイギリスで理想とされた家庭の姿は、二十一世紀になっても多くの国で相変わらず再生産されている。

父親は有名会社の役員、母親は良妻賢母で子育てや料理がうまく、子どもたちは素晴らしい大学を卒業して有名企業に就職。日本でも、子どもを有名進学校に行かせるための本や塾は枚挙にいとまがない。

なぜ私たちが必死になってピラミッドの頂点を目指そうとするのかといえば、そこに至れば社会的成功や高収入、幸福が見込めると思っているからである。こうしたランクづけを好む社会では、ピラミッドの上層部にいる者は成功者と見なされる。

こうした社会において、重要なのは中身の差よりも、社会の中での差異表示記号としてのラベルである。A大学とB大学の講義内容はほとんど変わらないにせよ、A大学のほうが社会的評価が高ければ、行くべきなのはそこなのだ。

さて、こうした成功というのは、最終的に手にすることができれば本当に幸せで、多くのものを犠牲にするだけの価値があるのだろうか。ではなぜ、トップクラスのラベルを手にした人たちの中には、仕事を辞めてしまう者、心を病んでしまう者、はたまた自殺する者までいるのだろう。彼らはどんな人よりも上の地位におり、収入もトップクラスで、私たちの属する社会において、最も幸せなのではないのだろうか？

一般人からすると不可思議にしか思えないこうした現象が起こるのは、理想と現実のギャップ、人々が憧れていた差異表示記号と実際の中身の違いによるのではないだろうか。

ラベルが物を言う社会の中で大切なのは、あくまでも著名なラベルを手にすることである。注文したメニューに「シャンパーニュ」と書いてあれば、中身が明らかに異なるワインであっても関係はない。中身の実質的な差異を気にし、こんな味わいのはずがないと思うのは、飲んだ本人だけである。周りの人たちに中身が違ったのだと訴えても、「でもシャンパーニュと書いてあるじゃないか」と言われ、耳を傾けてもらえない。

周囲の人にとって重要なのはラベルであり、現実とのギャップがあった場合に苦しむのは、実際に中身を味わった人だけなのだ。

現代においても、周囲が驚くような努力をし続けられ、ヒエラルキーのトップクラスにいる人というのは、十九世紀のイギリス人のように、幼少期に自身の中に指針を内在化した内部指向型の人間が多いのではないだろうか。

内部指向型の人々は将来の理想や目標のために熱心に働き、努力し続けることを厭わない。しかし、彼らが憧れてきた理想がある日現実となったとき、それが想像とは随分違ったということもあるだろう。想像以上につまらないと思うこともあれば、想像以上に過酷で、自分よりもはるかに優秀な人が多く、そのヒエラルキーの中に入り込めないかもしれない。

ボードリヤールによれば、差異表示記号が力を発揮するのは、大きな差異ではなく、客観的にはあまり差がなくなったときだという。〔087〕外部の者からすると十分立派に見える記号を手にしたとしても、現実にはその小さな世界の中は非常に細かく、その分しっかりと差異が強調される。社会的にはトップレベルに見える枠組みの中でもピラミッドの下部に位置する者は、自分が日々属する世界の中では劣等感や屈折した感情を抱え続けて生きることになる。

自分より優秀な者ばかりが集うエリート集団内部に存在するヒエラルキーを超えてゆくのは、想像以上に果てしない努力が必要とされるだろう。また、優秀な者が常にしのぎを削る集団の中で、本音で語り、弱音を吐くことは、心を通わせる友人を見つけることを意味するのではなく、ヒエラルキーから蹴落とされることを意味するかもしれない。

087．ジャン・ボードリヤール著、今村仁司、塚原史訳
消費社会の神話と構造（紀伊國屋書店 1995）

とはいえ、社会的に成功したように見える人が、以前の友人たちにどんなに自分の現実のつらさをわかってもらおうとしたところで、「そうはいってもあなたは幸せじゃない」とまともに耳を傾けてはもらえない。彼らにとっても重要なのはイメージであり、成功者だと思われているがゆえに、彼らの愚痴がどんなに深刻であれ、真に受けてもらえないのである。

ラベルの力が強ければ強いほど、そこでの過酷な現実の姿は華々しいイメージの力によって打ち消される。それゆえ、ラベルの力が強力な場所は、内部の現状を変革しようという力が働きにくい。中身を変革しようがしまいが、社会的にはトップクラスという強力なブランド力が通用するからである。たとえその中で多くの人が病んでいても、幻想は社会の中で相変わらず再生産されていく。

私たちはいつか到達する理想の幸せのために、つらい現実にも日々の支払いにも耐えてきた。しかし、もしその到達点が本当の理想ではなく、幻想でしかないのなら、その理想像へと至る道や、私たちが無意識のうちに再生産している古い時代のパラダイムを、根本から問い直すべきではないだろうか。

第六章　郊外にインフォーマル・パブリック・ライフがないのはなぜか

クラッパム派のモラル改善運動

ここまで二十世紀のアメリカ型郊外の問題と、その原点であるイギリス郊外について考察を深めてきた。ここからは、本研究を始めるに至った疑問である、なぜ郊外にインフォーマル・パブリック・ライフが欠けているのかについて考察していこう。

十年近い研究を重ねて見えてきたのは、それは単なる偶然ではなく、むしろ郊外であるがゆえの必然だったということだ。その理由は主に二つある。

一つ目は、初期郊外にはそもそも公共空間での娯楽やパブリック・ライフから縁を切るという思想が含まれていたことである。カフェやパブのような場所で時間を浪費することは罪であり、モラル違反ですらあった。

二つ目は、家庭内にサロン的空間がつくられていき、社交が内部化したことである。彼らは公の場所での社交や娯楽は避けるようになったものの、邸宅内のサロン的空間で知人をもてなし続けた。つまり、社交自体が急になくなったわけではなく、その舞台が、誰にでも開かれた公共空間から私的空間へと移っていったのだ。

では、まずは一つ目の、パブリック・ライフや都市の娯楽から縁を切るという思想について詳しく見ていこう。

郊外にインフォーマル・パブリック・ライフがないのは、初期郊外の原型をつくった人々が、まさにそれを嫌悪しており、自分たちの生活からだけでなく、他の人々の生活からも追放しようとしたからである。彼らの思想と共に誕生した郊外には、その考えが無意識にパターン化されて再生産されている。

時代の先端を行くクラッパム派のイメージは聖人のように美しく、人がそうありたいと願うモデルとなった。ロンドンでトップクラスに裕福なブルジョワたちが住んでいた、自然に囲まれた庭付きの家。彼らは自分のビジネスに邁進するだけでなく、一日二回の祈りの時間を欠かさず、深い宗教心をもった慈善事業家だった。

彼らの家には志を共にする仲間が集い、大人も子どもも議論に自由に参加した。家庭と仕事において成功していただけでなく、彼らのおかげでイギリスの奴隷貿易は廃止された。同じ人間として、これ以上理想的な姿があるだろうか。ロバート・フィッシュマンはこう語る。

十八世紀の郊外を創った者たちが、後に続く者たちに自然と調和した家庭生活のポジティブな理想を残したとすれば、彼らはまた、大都市の非人間的でモラルに欠けた生活に対する深い怖れも伝えたのである。すべての郊外の夢の足元には、十八世紀のロンドンに対する悪夢のようなイメージが封印されている。（筆者訳）〔088〕

地上に楽園を創るためには、素晴らしい場所をつくるだけでは不十分であり、神に見捨てられた人々や場所を追放する必要すらあった。クラッパム派が真のキリスト教徒としての生き方を語るとき、彼らが非難する世界に対する言葉も同様に力が込められていた。

一七九〇年代になると、クラッパム派はその社会的地位と影響力を使い、上流階級の者に真のキリスト教への回帰とモラル改善を訴えていく。彼らは、上の地位の者が変わることで、自然と下の階級の者も倣《なら》っていくという考えをもっており、実際にそれは彼らの思惑通りになった。

トップクラスのエリートたちを巻き込んで社会改革と奴隷貿易廃止のキャンペーンを行うなかで、彼らは人々の生活様式を、特にモラル面で変えていった。クラッパム派は十九世紀のイギリス人を特徴づける、真面目で厳格、ピューリタニズム、節制、慈善活動、家庭生活の重視、義務の観念といった価値観を重視していた。

088. Robert Fishman Bourgeois Utopias: The Rise And Fall Of Suburbia
(Basic Books 1987)

また、クラッパム派は一般向けに教訓的な物語をちりばめた小冊子を発行し、福音主義的価値観をイギリス中の家庭に広めていった。

彼らは、一七九五年から三年間、月に三回という頻度でイラスト入りの小冊子を制作した。現代の安価な子ども向け絵本シリーズの原型ともいえるこの冊子では、美徳は報われ、信心深い貧しい者たちが賞賛された。これらは発売後二週間で三十万部も売れ、印刷屋の作業が追いつかないほどだったという。〔089〕

これらのシンプルな物語はイギリスのブルジョワ家庭の子どもたちのお気に入りとなり、福音主義的価値観は人々の心に刻まれていく。

彼らは都市全体の娯楽を全て追い出すことはできなかったが、新しい生活スタイルをつくり出し、ブルジョワに憧れを抱かせることで、ロンドンだけでなく世界中に遺産を残していった。それこそが都市のパブリック・ライフと対極にある、自然と調和した美しい郊外での家庭生活というイメージである。

時間の浪費という罪

しかし、当時郊外に居を構えることができたのは、クラッパム派のように、自家用馬車でロンドンに通える財力のある者だけだった。都市に住み続ける者

089,091. Stephen Tomkins The Clapham Sect: How Wilberforce's Circle Transformed Britain (Lion Hudson 2010)

が娯楽による誘惑に負けないようにするには、都市から娯楽自体を排除していくしかない。

モラル改善を強く訴えた彼らは縁日や居酒屋、パブ、ダンスホール、週末を楽しむ庭園からオペラ、演劇に至るまで都市の娯楽の全てをやめさせようとした。それができないのであれば、せめて安息日だけは営業を禁止するようにと強いキャンペーンを行った。〔090〕

一八〇〇年代初頭には「悪徳撲滅協会」というモラル改善団体が誕生し、初年度には四百軒の店が、安息日である日曜に営業したとして有罪宣告をされている。彼らがそうまでして都市の娯楽を攻撃した根底には、神を喜ばせるものと人を喜ばせるものは対極にあるという考えがある。〔091〕

真のキリスト教徒たるものは、人生のいかなる時間も神に仕えて生きるべきである。神に仕えるというのは、神から与えられた役割、つまり社会または家庭内での役割を、それこそが神の意志であり、天職だと考えて一生懸命まっとうすることなのだ。

与えられた役割を天職と見なす発想は、女性にとっても重要だった。女性は夫に従順であり、良妻賢母であるべきであり、それはまさに女流作家のハンナ・モアが訴えてきたことだった。

090. Robert Fishman Bourgeois Utopias: The Rise And Fall Of Suburbia
(Basic Books 1987)

ウィリアム・ウィルバーフォースは福音主義に回心した後、国会議員を辞めようとしたが、議員という職はそれを通じてこの世を神の国に近づけていくためのものだと捉え直し、議員としての力やネットワークを駆使し、国王にモラル改善について訴え、実際に議会で奴隷貿易廃止についての議論を進めていった。

人生のいかなる時間も神に仕えなければならない以上、最も罪深いことは時間の浪費である。働かないということは、神が自分に与えた使命、天職を通して、この世を神の国に近づけていく機会を無駄にしていることになるからである。マックス・ヴェーバーは、プロテスタントにとっての罪とは何かをこう説いている。

道徳的に真に排斥すべきであるのは、とりわけその所有のうえに休息することで、富の享楽によって怠惰や肉の欲、なかんずく「聖潔な」生活への努力から離れるような結果がもたらされることなのだ。（中略）神の意志によれば、神の栄光を増すために役立つのは、怠惰や享楽ではなくて、行為だけだ。したがって、時間の浪費が、なかでも第一の、原則的にもっとも重い罪となる。（中略）時間の損失は、交際や「無益なおしゃべり」や贅沢によるものだけでなく、健康に必要な――六時間かせいぜい八時間以上の――睡眠によるものでも、道徳上絶対に排斥しなければならない。（中略）時間がかぎりなく貴いというのは、その失われた時間だけ、神の栄光のために役立つ労働の機会が奪いとられたことになるからだ。［092］

だからこそ、プロテスタントの教えに則って努力する人間は、時間を決して無駄にしない。デイヴィッド・リースマンはこう述べる。

プロテスタンティズムに影響を受けた内部指向的な人間は、もちろん時間を浪費することができない。下層階級から身を起す若者たちは内部指向型になるにあたって、自分自身を酒や博打にうつつをぬかしている仲間たちから切り離す。そして浪費と怠惰という悪魔を自分の中から追い出して、一種の精神的な日記をつけることによって、内部指向的な性格を形成してゆくのだ。このような人間はそれが自分を高めるのに役立つという証拠がないかぎり、ほとんどレジャーというものを持たない。［093］

都市での娯楽を求める者は、パブで酒を飲み、賭博をし、観劇をするなど、

092. マックス・ヴェーバー著、大塚久雄訳
プロテスタンティズムの倫理と資本主義の精神
（岩波書店 1989）
093. デイヴィッド・リースマン著、加藤秀俊訳
孤独な群衆（みすず書房 1983）

自分で働いたお金を自分自身の儚《はかな》い享楽、一時的な気晴らしのために使っている。それは福音主義者のように厳格なプロテスタントの者からすると、重い罪だった。なぜなら、彼らは稼いだお金を自分自身の快楽のために使うという罪を犯しているだけでなく、娯楽に興じている間、天職に向かわずに時間を浪費するという二重の罪を犯しているからである。

一度きり、と思っていた娯楽の誘惑はいとも簡単に増していく。こうした人間像は、神の真意に沿うような勤勉で慎み深く、節制する、福音主義的理想像とは対極にある。そして、酒や賭博など、快楽に依存していく自堕落な人間像にぴったり当てはまるもの、それこそが産業革命真っ只中の工場労働者たちだった。

ロンドンのクラッパム派も、マンチェスターのヴィクトリア・パークに住んだ者たちも、飛び抜けたお金持ちだった。成功し、神に選ばれたブルジョワと彼らの新しい楽園としての郊外、その対極には、まともな食べ物すら手に入らない、地方や外国から来た工場労働者と猥雑な都市がある。成功する資本家と労働者という二項対立、格差社会の原型は、十九世紀半ばのイギリスですでに完成しつつあった。

産業革命の成功を支えた工場労働者たちは、人間性を無視したひどい環境の中で、早朝から夜遅くまで働いた。イギリスで最も栄えた工業都市である十九世紀前半のマンチェスターでは、人口の平均寿命が二十六歳だったこともある。

機械の性能が上がるごとに、必要とされなくなった多くの男性は失業し、道端で物乞いをしていたという。そんな彼らに施しをするのは、お金に余裕のあるブルジョワではなく、彼らの気持ちが痛いほどわかる貧しい労働者たちだった。

仕事が終わった後の人々の唯一の楽しみといえば、酒場でジンを飲み、つらい生活からほんのひと時解放され、全てを忘れることだった。カール・マルクスの盟友であり、マンチェスターの様子を観察していたフリードリヒ・エンゲルスは、そんな労働者たちの状況をこう語る。

ジンは彼らにとってほとんど唯一の楽しみのみなもとで、万事が結びあってこのみなもとを彼らのすぐそばにおくことになる。労働者はつかれきって仕事からわが家に帰ってくる。一片の住みやすさもなく、多湿・不快・不潔な住居に、である。どうしても気晴らしをしたくなる。仕事を骨おりがいのあるものとし、つらいあすへの思いを耐えうるものとしてくれるなにかをもたなければならない。不健康な状態、ことに消化不良だけからでも生じる、沈んだ、不愉快な、鬱屈した気分は、その他の生活状態のために、生活が不安定であるために、ありとあらゆる偶然に左右され、自分たちの状態を安定させるためにほんの少しのことさえ自分ではできないために、ついには耐えられないものとなる。悪い空気と粗悪な食物とによって衰弱した労働者の体は、どうしてでも外からの刺激を必要とする。社交的欲望はただ酒場でしか満たされない。友達と会えそうな場所はほかにはない。それにもかかわらず、労働者は酒におぼれたいというはげしい欲求癖をもってはならないし、飲酒の誘惑にうち勝たなければならないのであろうか？［094］

早朝から夜中まで機械を管理する単調な作業をし、綿のホコリが飛び、湿気と暑さで劣悪な環境の中、かつ住環境が最悪の彼らにとっての唯一の気晴らしは酒場に行くことだった。とはいえ、酒場の環境も劣悪であり、授乳中の女性や子どもまでジンを飲んでいたという。

労働者の置かれた環境をよく観察しているエンゲルスからすると、彼らの飲酒は劣悪な工場環境と非人道的な住環境によってもたらされた、避けようのない帰結であった。

094. エンゲルス著、一條和生、杉山忠平訳
イギリスにおける労働者階級の状態(上)—一九世紀のロンドンとマンチェスター（岩波文庫 1990）

しかし、成功した資本家の目には、労働者たちの生き方は自堕落にしか映らなかった。しかも、こうした酒場や労働者の住むスラム街はロンドンやマンチェスターの目抜き通りのすぐ裏に存在していただけに、ブルジョワにとってはできるだけ目を背けたい目の上のたんこぶだった。

このように、十九世紀イギリスで成功していったブルジョワにとって、公共の場での気晴らしはよいイメージがないどころか、嫌悪の対象だった。そうした場所は、まともな仕事をしている彼らや彼らの子どもたちが行くべき場ではなく、絶縁すべき場だったのだ。

内部化する社交

郊外にインフォーマル・パブリック・ライフが欠如している理由の二つ目は、社交が内部化したことである。コーヒーハウスが栄えたロンドンも、次第にそのにぎわいは廃《すた》れていき、紅茶文化の国として大きな変化を遂げていく。イギリスがコーヒーから紅茶の国へと変化を遂げた理由は明確になっていないが、イギリスの東インド会社が紅茶貿易に対して巨大な力をもっていた影響が大きいといわれている。

もう一つの理由としては、福音主義運動に影響された十九世紀のブルジョワたちが家庭生活を重視し、社交が内部化したことが考えられる。十九世紀、イギリス人のライフスタイルの先駆けとなったクラッパム派たちの中心点は、バタシー・ライズの庭に面した「ライブラリー」と呼ばれる空間だった。ロバート・フィッシュマンは次のように述べる。

ライブラリーとガーデンは福音主義者たちにとって、ロンドンの全ての演劇、舞踏会、訪問やコーヒーハウスの代替となった。(中略)ロンドンでの社交は急になくなってしまったわけではない。むしろ社交のあり方が内向きになり、相互の教育と家族自身のモラル向上に向けられるようになったのだ。(筆者訳)〔095〕

つまり、かつてはロンドンのクラブや社交生活を楽しみ、演劇やオペラを見ていた楽しみの方向性が、家庭の内部に向けられたのだ。社交の舞台は誰にでも開かれている公共空間から、知り合いの紹介がなければ足を踏み入れることができない家庭内という閉ざされた空間へと変わっていった。これが毎回約束を取りつけて、誰かの家でお茶をするという郊外型の社交生活の原型となる。

095. Robert Fishman Bourgeois Utopias: The Rise And Fall Of Suburbia
(Basic Books 1987)

オルデンバーグは、「アメリカの郊外型生活には、インフォーマル・パブリック・ライフが欠けている」と問題提起をしたが、郊外の歴史を丹念にひもとくと、実は「誰でも出入り可能だった公共空間やコーヒーハウスに溢れていた十八世紀ロンドンの都市生活と手を切った新しいスタイル＝郊外」という姿が浮かび上がってくる。郊外にインフォーマル・パブリック・ライフが欠けているのは偶然の結果ではなく、あえてそこから手を切って創った理想の楽園が郊外だったのだ。

クラッパム派の彼らこそ、まさにオルデンバーグが『The Great Good Place』の冒頭で嘆くような、都市でのビジネスに精を出し、あとは家庭でリラックスという、仕事と家庭という二つの場所だけでバランスをとろうと試みた人の先駆けだった。彼らは、社会的身分や世代を超えて人々が交じり合うインフォーマル・パブリック・ライフなど必要としてなかった。なぜなら、彼らは気心の知れた仲間と、より心地よい自宅で会うことができたのだから。

クラッパム派の中心となったバタシー・ライズは、仲間にはいつでも門戸が開かれていた。上質な調度品に囲まれて、心許せる友人だけがやって来る。愛する妻と子と仲間たち。一日に二度の祈りを捧げ、豊かな自然に囲まれた環境で過ごす時間は、どれほど充実していたことだろう。

都市で仕事が終わった後、自宅に戻った彼らにとって、家庭こそが心安らぐ楽園だった。実際バタシー・ライズの庭やライブラリーで過ごす時間は、そこで時を過ごした子どもたちにとっても素晴らしかったようで、年をとってからも幼少期の豊かな時間を思い出として書き残している者もいる。

このように、家庭内で気心の知れた友人たちと過ごす時間がクラッパム派の頃から重要視されていき、それはイギリスの家のつくりにも影響を与えていった。

十九世紀、ヴィクトリア朝時代のイギリス人家庭にとって最も重要な空間は私的空間ではなく、人をもてなすドローイング・ルーム（客間）だったという。ドローイング・ルームは応接間やリビング・ルームのような来客用のサロン的空間であり、何よりも手間とお金をかけてこだわるべき空間だった。

ヴィクトリア朝時代の家庭生活をひもといたジュディス・フランダースの『The Victorian House』では、この内部空間を成功させることがいかに当時重要視されていたかが力説されている。

ドローイング・ルームは文字通り、そして精神的にも家庭の中心だった。それは社会的地位を示す空間であり、上流階級の証であり、妻が家庭の仕

事をまっとうするのもこの部屋だった。妻、家族と家は、夫が世界で成功していることを示す指標だったのだ。〔096〕

華やかな家の外観はわかりやすい社会的成功の証しだったが、外観だけでなく、ごまかしのきかない家庭内に上質なドローイング・ルームがあることは、本当の成功の証しとなった。招かれた人々は置物やインテリアのセンスを見て、家主の審美眼を測り、所得を推測する。

成功者は上流階級が好む家具を使い、エレガントであるべきだった。人から厳しいジャッジを受ける空間だからこそ、たとえ経済的に余裕がなくとも、ドローイング・ルームはどこよりも念入りにつくられるべきだった。

どんな家庭でもドローイング・ルームをもつようになったことで、より一層社交は内部化されていく。誰もが家に人を招けるのであれば、わざわざカフェやレストランで話をする必要もない。

また、家庭内が洗練されているということは、自身の成功を表す指標でもあったから、社会的にうまくいっている人ほど、家に人を招こうとする。家での長時間にわたる打ち解けた会話や深いつながりは、その後の仕事につながっていく可能性も高ければ、カフェでの商談のように、隣の人に話が筒抜けにな

096. Judith Flanders The Victorian House: Domestic Life from Childbirth to Deathbed (Harper Perrenial 2004)

ることもない。
実際バタシー・ライズを訪れた多くの人々はトーントン家の財力に惹かれて来ており、そこで事業の資金繰りについて相談をするケースも多かった。

私的空間での社交の限界

ヘンリー・トーントンの孫のフォースターは、バタシー・ライズに長年住んだ叔母のマリアンヌ・トーントンについて記した自伝的小説『Marianne Thornton』の中で、意味深な言葉を残している。

クラッパム派については以下の二つの点が重要である。一つ目は、彼らの均質性である。（中略）全てのメンバーは裕福で、全ての人は例外なくよい仕事に身を捧げており、芸術的というより知的であった。（中略）二つ目は、彼らはクラッパム派と呼ばれているにもかかわらず、彼らのうちのほとんど誰も、長くはクラッパムに残らなかったということである。トーントン家はバタシー・ライズに住み続けたとはいえ、マリアンヌが挙げているほとんどの隣人たちは、彼女の両親が亡くなるときまでにロンドンま

たは他の地に引っ越した。（筆者訳）〔097〕

特に二点目は興味深く、これは私的空間での社交の限界を表しているといえるだろう。クラッパム派の多くが引っ越してきたのは、ヘンリー・トーントンやウィルバーフォースという求心力をもつ人物がいたからである。

私は前著『カフェから時代は創られる』でこうした人物のことを「アトラクター」と呼んだが、アトラクターがカフェに人を集めるか、自宅に人を集めるかで物事は大きく異なってくる。

カフェのような公共空間にアトラクターが人を集めた場合、もともとは彼に出会うことを目当てとしてやって来た客だとしても、客同士で会話をし、そのカフェの主人やスタッフとの仲を深め、アトラクターがそのカフェを離れた後でも客として通う可能性があり、結果としてその界隈が栄えていく。

しかし、アトラクターが自宅だけで人を受け入れている場合、そのアトラクターが求心力を失うと、人はそこを訪ねる理由を失い、足が遠のいていく。

往々にして大邸宅は都心部から離れているため、客たちは多少面倒な思いをしてやって来る。私はロンドンからクラッパムまでバスで訪れたが、クラッパムはロンドンの大きめの観光地図の枠外であり、今でもバスで二十〜三十分ほ

097. E.M.Forster Marianne Thornton
（Hodder & Stoughton Educational 1956）

どかかる。

公共交通網が整備された今でも訪れるのが面倒なのだから、道が悪く、馬車しかなかった頃は、より一層わざわざ感が強かったことだろう。そうしてまで彼らがアトラクターの家を訪れるのは、いみじくもヘンリーの客たちが裕福な彼に事業への投資や資金繰りのお願いをしに来たように、彼とつながることで金銭的援助、または社会的上昇への一歩が踏み出せるかもしれないという期待感があったからだろう。

では、その家からアトラクターがいなくなってしまったらどうだろう。ヘンリーと妻は子どもたちがまだ若い頃に亡くなり、子どもたちの面倒を見ることになった知人が様々な会を催していたが、ヘンリーがいた頃に比べると盛り上がりには欠けていたようだ。

それはやはり財力があり、自分の一存で大金を動かせた事業家であり慈善事業家として名が知られていたヘンリーと、子どもたちの面倒を見るためにバタシー・ライズに住んだ知人とでは、訪れる者たちからすると社会的価値が異なっていたからだろう。

私的空間での社交とブルジョワたちの盲目性

家庭がサロン的空間として機能し、そこで社交が行われる場合、訪れる人々は家の主人とつながりを強くすることで、社会的に成功したいなど、何らかの下心をもっている可能性がある。それゆえ、主人と客たちとの間には微妙な上下関係が生まれ、客は主人に対して率直な意見を述べることが難しくなる。というのも、主人の気持ちを害して招かれなくなってしまったら、もはや恩恵にあずかれないからである。すると、そこに集まるのは主人を賛美する者たちだけになり、次第に閉鎖的なサークルと化していく。

ヘンリーの娘、マリアンヌはバタシー・ライズによく来ていた才能溢れる若い女性の「私たちだけが正しく、他の世界は全て間違っている」という態度に疑問を感じていたという。

彼らはお互いと、彼らを高く評価していると思っていた友人たちの小さなサークルに強い愛着をもっていた。今になって私は彼らが間違っていたと確信できるし、彼らの多くも今ではそう思わざるをえないだろう。知人ばかり多くて友人が一人もいないというのはよくないが、メンバーの言うことなすことが賞賛されることがわかりきっているサークルだけに閉じこもるというのも、同様に間違っている。（筆者訳）〔098〕

このように、家庭内での社交を優先し、街なかのインフォーマル・パブリック・ライフやサードプレイスでの社交の機会を損なうと、人々の視野や交友関係は狭くなり、徐々に近視眼的になっていく。また、彼らは自分たちの家庭内を完璧にする努力は惜しまない一方で、離れることに決めた街のほうは完全に野放しになり、その状況が改善されることもない。

選ばれた人たちだけの華やかなゲーテッド・コミュニティと地獄のような都市という対立項は、彼らがコミュニティを囲い込むほどに拡大再生産され、彼らが見て見ぬふりをする地獄はすぐそばに潜むことになる。

エンゲルスはこうした対立項がはっきりと表れている街の代表格が、十九世紀半ばのマンチェスターであると述べている。実際、ロンドンでもマンチェスターでも、仰々《ぎょうぎょう》しい華やかな建物のすぐそばには、労働者たちが過酷な状況で生活するスラムが存在していた。ロンドンの貧民街の様子をエンゲルスはこう語る。

098. E.M.Forster Marianne Thornton (Hodder & Stoughton Educational 1956)

ここセント・ジャイルズは、ロンドンの社交界の人びとがぶらつく、はなやかで幅広い街路に囲まれた、この都市のもっとも人口過密な部分のまんなかに——オックスフォード・ストリートやリージェント・ストリート、トラファルガー・スクエアやストランドのすぐ近くに——ある。（中略）家々のあいだの、おおわれた通路を通ってなかに入ると、そこのきたなさや荒廃ぶりは想像を絶する。完全な窓ガラスはほとんど一枚も見られず、壁はくずれ、戸口の側柱や窓枠はこわれてがたがたしており、ドアは古板をくぎで留めあわせたものであるか、あるいはまったくついていない。この泥棒街では盗む物がないのだから、ドアなどは無用なのである。ゴミや灰の山がいたるところに散在し、ドアの前へぶちまけられた汚水が集まって、悪臭を発する水たまりとなっている。〔099〕

エンゲルスが地獄のような場所だと語るマンチェスターのスラム街、リトル・アイルランドは今は跡形もないが、私が実際に周辺を歩いて驚いたのは、その辺りがまさにマンチェスターと郊外を結ぶ目抜き通りの目と鼻の先であり、目の前には伝統的な威厳ある高級ホテルが立っていたことである。

099．エンゲルス著、一條和生、杉山忠平訳
イギリスにおける労働者階級の状態（上）——一九世紀のロンドンとマンチェスター（岩波文庫 1990）

これほど隣接しているからこそ、それは目の上のたんこぶであり、裕福なブルジョワはその存在を認識しながらも見ないようにしていたのだ。無関心という態度を決め込めば、批判的なニュースも弱者の声も彼らの耳には届かない。エンゲルスは当時のブルジョワ階級に行きわたっていたこの盲目性、本当は自分たちに関係があるのにあえて目をつぶろうとし、自分の事業の成功と家庭だけの小さな世界に引きこもろうとする人々に対しての怒りを隠さない。

プロレタリアートのブルジョアジーにたいする戦争は、驚くにたりない。（中略）だが驚くにたりるのは次の点である。来る日も来る日も新しい雷雲がわきあがり、ブルジョワジーにせまっているというのに、それにもかかわらず、社会状態にかんする怒りとはいわないまでも、その結果にたいする恐怖、すなわち、犯罪という形で個々別々にあらわれていることが全般的に発生することへの恐怖をも感じもしないで、こうした出来事を新聞で毎日読んでいられるほど、彼らがあいかわらず静かで、おちついているのがそれである。しかしだからこそ彼らはまさにブルジョアジーなのであり、彼らの立場からは事実すらみとめることはできないし、いわんや事実の結果をみとめることなどできるものではない。ただ階級的偏見や、繰り返し教え込まれた先入観が、これほどにもひどく、狂気的と呼びたいほどにも、人間の一階級全体を盲目にすることがありうることだけが驚くに値する。〔100〕

このようなイギリスのブルジョワたちの盲目性は、エンゲルスだけでなく、ヘンリー・トーントンの孫であったフォースターすら指摘している。フォースターはこう語る。

奴隷制が産業革命に関するものになると、彼らは何もしなかったし、彼らはそれを自然なものと捉えていたので、それに対して何かしようという考えは一切もっていなかった。奴隷のような工場労働に出会うことは子どもたちにとって教育の機会であって、自分たちの恵まれた環境を感謝するための機会となった。労働者の食事支援の場所はあったかもしれないが、労働者の状況をもっと改善しようとすることは、彼らが言うことを聞かなくなり、キリスト教にふさわしくないことですらあった。それゆえに、ハンナ・モアの小冊子は、工業と慎ましさだけでなく、従順さとより一層きつい仕事を勧めたのだ（筆者訳）。〔101〕

100. エンゲルス著、一條和生、杉山忠平訳 イギリスにおける労働者階級の状態(上)——一九世紀のロンドンとマンチェスター（岩波文庫 1990）
101. E.M.Forster Marianne Thornton (Hodder & Stoughton Educational 1956)

こうした格差社会と成功したブルジョワたちの盲目性は、現代社会にも通じているといえないだろうか。全てが自己責任にされ、弱者へのセーフティネットがない場合、お金持ちには様々な世界が開かれる一方で、そうでない者には選択肢がますます減っていく。

完全な弱肉強食の世界では、人々は社会的弱者になることを恐れ、自分たちの運命をましにするのはお金と社会的成功しかないと、ピラミッドの頂点を目指して必死にもがくスパイラルが続いていく。

産業革命で成功したブルジョワは、悪いものから隔離された郊外で自分たちの子どもをしっかりと教育し、そのおかげで、子どもたちの将来はほとんど保証されていた。

一方で、工場労働者たちの子どもは文字通り放置され、過酷な環境のもと、いつ解雇されるともわからない状況で働くなかでうっぷんが溜まり、その憂さを晴らし、ひと時の人間らしい感情を味わいたいがために、なけなしのお金が酒代に消えていく。労働者は子どもの面倒を見る精神的・時間的余裕もなく、両親が働いている間放置された子どもたちは、結果として事故に遭って亡くなることも多かった。[102]

それでもなんとか成長した子どもたちは、八歳の頃には工場労働者として働

102. エンゲルス著、一條和生、杉山忠平訳
イギリスにおける労働者階級の状態(上)—
一九世紀のロンドンとマンチェスター(岩波文庫 1990)

きに出る。エンゲルスは十九世紀の産業革命を支えた彼らを「現代の奴隷」と呼んだ。明日には解雇されるかもしれない、未来のことは全くわからない。自分の代わりになる者はいくらでもいるという状況のなか、彼らの精神状態はすさみ、生きる希望など一つもなかった。

彼らのひどい状況は、ブルジョワに見捨てられたことによってますます悪化していくのだが、お金も社会的影響力ももち、社会を改善できる実質的な力をもつ既得権益側は、社会をより良くするためには動いてくれない。

それだけでなく、既得権益側が事業に成功し裕福になれたのは、彼らが天職に向かって勤勉に働いた結果であるならば、貧しい暮らしをしている人たちが貧しいままなのは、熱心に働かずにパブなどで酒にうつつを抜かしているからであり、それは彼らの自己責任だという論理が通る。

このように、プロテスタンティズムの精神は既得権益側に自分たちを正当化する理由を与えると共に、自分たちの側につかない人間を見捨てる理由を与えてしまった。

「神に守られている我々と、そうでない彼ら」の二項対立

ではなぜ十九世紀半ばのイギリスのブルジョワにおいて、自分と直接関係のない他者は切り捨てるという盲目性が顕著になったのだろうか。その一因として、「神に守られている我々と、そうでない彼ら」という二項対立の考えが挙げられる。

福音主義においては、生まれ変わったキリスト教徒として人生を神に捧げることが重要で、週に一度だけ教会に行けばよいというものではなかった。真に生まれ変わった者は、以前とは異なる生活をするはずである。

以前のつながりや友人関係を維持しながら生活全体を改めることは難しく、クラッパム派の中心人物であるウィルバーフォースが回心体験から別人のようになり、入会していたクラブを全て辞めたように、名目上のキリスト教徒だった過去の自分とは縁を切ることが重要だった。

ここにはすでに「分離」「分断」という概念が含まれている。以前の自分と手を切った者は、喫煙、いかがわしい場所への出入り、暇つぶしや自堕落な態度をやめて、真のキリスト教徒として生きるようになる。

生まれ変わった者にとって、以前の自分がいた場所は忌《い》まわしい場所でしか

なく、彼らは過去の自分と重なる人々を目覚めさせようと思う。すると次第に、彼らの思考は「真のキリスト教徒として生まれ変わった私たち」という正しい存在と、そうでない間違った者たちという二元論的になってくる。

福音主義研究の第一人者、マーク・ノールは「福音主義者は自分たちだけが特別な知をもっている存在である、と捉える傾向がある(筆者訳)」と述べ、また、彼は福音主義者が危機的状況に直面したときに選ぶ、二つの選択肢について述べている。それは、一つは聖なる場所に引きこもることで、もう一つは積極的に布教活動に取り組むことである。〔103〕

この二つは、向いているベクトルこそ異なるものの、本質はそう変わらない。危機に直面したときに、聖なる場所に引きこもるというのは、そんななかでも正しい方向を向いている、神に選ばれた「我々」の正しさを信じ切ることである。

一方で布教活動を積極的に行うのは、「彼ら」が正しい道を歩んでいないからであり、彼らに正しい道を伝え変えていくことこそが「我々」の使命だと信じているからだ。

このとき、「彼ら」が「我々」に素直に耳を傾け、回心し、神の国を創るのに貢献する仲間となれば問題はない。しかし「彼ら」がいつまでも「我々」

103. Mark A. Noll
The Scandal of the Evangelical Mind
(Eerdmans Pub Co 1995)

の忠告を聞かず、勝手な行為を続けていたら、「彼ら」は「我々」の敵となり、ついには攻撃対象となるのである。
ここに、日本人には理解しがたい、片手に聖書、片手に銃という姿が誕生し、ひどい場合には聖戦が起こりうる。ヴェーバーは自分たちこそ救われていると確信する宗教的貴族主義の危険な側面についてこう語る。

この貴族主義は、Character indelebilis(不滅の刻印)によって、聖徒と永遠の昔から捨てられた残余の人類とのあいだを隔てたのであって、両者のあいだにある越えがたい裂け目は、現世から外面的に分離されていた中世の修道士のばあいよりも原理的に一層架橋しがたく、また目に見えないだけに一層恐ろしいものとなった。——こうした裂け目は社会的感覚のありとあらゆる面に苛烈に打ちこまれていった。というのも、隣人の罪悪に対するばあい、選ばれた者、つまり聖徒たちが神の恩恵に応えてとるべきふさわしい態度は、自分の弱さを意識して寛大に救助の手をさし伸べるのではなく、永遠の滅亡への刻印を身におびた神の敵への憎悪と蔑視となったからだ。〔104〕

104. マックス・ヴェーバー著、大塚久雄訳
プロテスタンティズムの倫理と資本主義の精神
(岩波書店 1989)

このように、「正しい道を歩み、神が見守ってくださり、救われるべき我々」と、そうではない「彼ら」の二項対立があり、絶対に行ってはならないあちらの世界という恐ろしい不安が常に存在しているからこそ、まさにフロムが「不安からの死に物狂いの逃避」と述べたような囲い込みが起こっていく。

福音主義者たちが郊外に理想を求め、地上の楽園を創ろうとした一方で、その天国のような姿の裏には、何があっても落ちてはならない、恐ろしい地獄のような世界が常にちらついていたのである。

本当に全ては自己責任なのか？

宗教をもとに全てを判断することが危険なのは、体制が宗教と一体化し、神の名のもとに社会を動かしたとき、うまくいかない出来事があったときに、その責任が社会構造をつくっている体制側の責任ではなく、個々人の宗教心の不足に帰されるからである。

労働者が酒にまみれて自堕落な生活を送っているのは宗教心が足りないからだ、ということになると、彼は生活を改善するために回心すればよいことになる。しかし、彼の自堕落に見える生活は彼らの主体的選択ではなく、ひどい社会的環境の帰結だとしたらどうだろうか。

エンゲルスが言うように、過酷な労働環境でまともに息も吸えず、身体の不調を抱えたままでひたすら単調な仕事に耐え、まともな食料にもありつけず、半分腐った肉を食べ、病気になってもまがい物の薬しか買えずに病状が余計悪化する。

彼らの子どもも希望に満ちた目をしているわけがなく、うつろな目をして街なかを歩いており、ブルジョワ家庭の溌剌とした子どもたちとは大きく違う。日曜学校をつくったところで早朝から夜まで働いている子どもたちは、休日には疲れ切ってほとんど勉強にならず、日曜学校に通っているのにキリストを知らない子どもすらいたという。

こうした状況を全て個人の宗教心が足りないせいだといえば体制側は社会を改善する必要がなく、自分の恵まれた生活を続けていればそれでよいことになる。

彼らが恵まれ、成功しているのは神が彼らを祝福しているからで、彼らは多少の慈善事業や寄付によって自分が儲けたお金を浄化し、自分たちの子どもが恐ろしい世界に落ちないように素晴らしい教育を与え、自分たちの恵まれた状況を神に感謝し、それが永遠に続くようにと祈る。

しかし、権力とお金、影響力のある体制側の人々が、労働環境や街の環境を改善しなければ、放置された社会の状態は変わらないどころか悪化していく一方である。なぜなら、問題の当事者は何かを改善するための精神的余裕も金銭的余裕もなく、生きていくことだけで精一杯だからであり、当事者には何かを変えるだけの精神的、金銭的余裕がないからだ。

社会を改善できる余裕があり、実際に実行する力をもっているのは、いつの時代も弱者ではなく、社会で力をもっている強者の側である。

彼らが弱者の言い分に耳を貸さず、自分たちのコミュニティだけを守ろうとし続けると、街全体の住環境はいつまでたっても改善されないままである。貧弱な街のデザインは住人に慢性的なストレスを与え続け、最終的にそこは社会問題や犯罪の巣窟となる可能性がある。

格差社会を嫌というほど体感してきた貧しい若者は、うっぷんを晴らすために犯罪を起こし、それに恐れをなしたブルジョワはますますゲーテッド・コミュニティに閉じこもっていく。そんな状態を繰り返したままでよいのだろうか？

現在では成功者の枠に入っている者も、格差社会を放置すればその差はますます大きくなるため、上の地位に居続けるのが困難になり、子ども世代を成功させようとすればより莫大な金額が必要となる。だからこそ、一度この無邪気な二元論を問い直すべきではないだろうか。

人は生まれる場所や親を選べるわけではないし、勝ち組と思っていた者も、病気や子どもの誕生、高齢化などをきっかけに突然、社会的弱者のカテゴリーに投げ込まれる日がいつかやって来る。私は成功しているから、弱者のことや社会の問題には興味がないという姿勢を続けていると、最後にどんでん返しをくらうのは自分である。しかし、当事者になってから事の重大さに気づいても遅いのだ。なぜなら、当事者には物事を変える気力も余裕もないからだ。

全ての人がもっと尊厳をもって自分らしく生きることが可能な世界、皆が皆お金の亡者にならなくても、ピラミッドの頂点を目指さなくても、まともに生きられる社会、二十一世紀の今だからこそ、それを模索すべきではないだろうか。

第三部　車社会からの脱却を目指す世界

3

第七章　車社会という問題

自家用車の使用を減らす必要性

二十一世紀における理想の街の姿というのは、これまで見てきたアメリカ型郊外や車社会に対するアンチテーゼである。

仕事をするには一時間の通勤が必要で、牛乳一本手に入れるために車に乗らなければならない暮らし。何もかも自分から遠く離れ、自分の手に届かない世界。そんなライフスタイルに嫌気が差した人たちが、もっとヒューマンスケールで、あたたかくコンパクトな街のあり方を求めた結果、世界では先進的なまちづくりが進んでいった。

二十一世紀のまちづくりを成功させる重要なポイントは大きく二つある。一つは、道を自分たちの手に取り戻すこと、できる限り自家用車の利用を制限し、歩行者や自転車、公共交通を優先させることであり、もう一つはインフォーマル・パブリック・ライフを増やし、エリア自体の魅力を上げていくことである。

この二つは今後発展し、人を惹きつける街にとっての両輪であり、どちらか一方だけではうまくいかない。言い換えると、車社会を放置したままで街を活性化するのは無理があるということだ。車社会を放置した場合、一人勝ちをするのは郊外のショッピングモールであり、多くの地方都市のように中心市街地

ニューヨークの中心部を縦横に走る自転車道

はスカスカになってしまう。

第九章で述べていくインフォーマル・パブリック・ライフを生み出すルールを活かすには、まず車社会の仕組みや街のデザインを見直し、自転車や徒歩、公共交通に優先権を与えることが重要である。

現在では、先進的な街ほど自家用車を中心市街地から追い出し、歩行者空間や自転車道のネットワークを構築しようと模索している。ヨーロッパの美しい中心市街地の多くは、戦後の車中心社会を反省して変化した街の姿であり、どこも初めからその姿であったわけではない。

第二次大戦後はヨーロッパの多くの都市も、日本と同様に近代的な姿を目指し、戦後の急激な住宅難に対応するため、ニュータウンや高層団地を建設し、郊外を開発し、車社会を推進していった。今日の都市の姿が異なるのは、その問題に気づいて深く反省し、状況を悪化させないために方向転換をしたかどうかなのである。

世界の先進的な街は、なぜ今、車社会からの脱却を目指しているのだろうか。それは、数十年間にわたって車に街を占拠され、それが歩行者や人の営みを疎外してきたことに気づいたからである。では、車社会は人と街との関係性をどう変えたのだろう。

一九〇八年にT型フォードが誕生して以来、世界が車社会を経験した上での反省点は主に三つある。一つは、車社会は都市機能を停滞させるということ、もう一つは、車社会は市街地の空洞化を招き、小さな商店の衰退を招くということ、そして最後は、車が排出する温室効果ガスが環境問題を引き起こすということである。

渋滞がもたらす都市機能の停滞

まず、一つ目の問題である「車社会がもたらす都市機能の停滞」について見ていこう。人や企業、交通手段が凝縮している都市で仕事をするメリットは、物事がスムーズに、スピーディに進むことだった。そんな都市が車で溢れていったとき、真っ先に起きる問題が道路の渋滞である。

渋滞は、スムーズでスピーディな都市機能を麻痺させる。東京近郊で人身事故や予期せぬ災害によって電車が動かなくなると、遅延により大損害が生じるが、渋滞は恒常的にそうした損害を発生させている。

渋滞すると到着時刻が予測できなくなる。五分で着けそうな距離に四十分かかってしまうと、大事なビジネスの約束に大幅に遅刻し、そのせいで信用を失う可能性がある。観光の場合でも、渋滞しなければバスで四ヶ所巡れるところが、二ヶ所しか行けないかもしれない。

コロナ禍以前の京都のハイシーズン、特に観光客でごった返す五条や東山周辺は大変な渋滞で、私がバスに乗ろうとした際に運転手さんに「あの角を曲がるだけで四十分かかりますが、それでも乗りますか?」と念を押されたことがある。

何も知らずについ乗ってしまったら、途中で降りることすらできず、多くの人は遅々として進まない状況にイライラしながら、ただ待つしか方法がない。大渋滞になってしまえば、お金持ちも庶民も関係ない。お金持ちがタクシーに乗ったところで同じ道が渋滞してしまえば、一番早いのは車を降りて最寄り駅まで歩くことなのだ。

このように、渋滞が続くと本来できたはずのことができなくなり、人々のイライラは増し、都市としての機能も停滞する。こうした経験が続いた場合、都市自体の評判も落ちていく。

都市全体が渋滞していれば、大事な会議に遅刻するのは一人だけではないだろう。また、車を使った仕事の場合も、以前は三件できていたのが、渋滞のせいで二件しかできなくなると、以前と同じ売り上げを稼ぐためには、その差額を料金に上乗せしなければならなくなる。

とはいえ、料金が上乗せされたからといって提供されるサービスの質は変わらないため、費用対効果は低く、客は不満を抱くことになるだろう。

都市の魅力は様々な機能や人々が集中しているがゆえのスピード感であり、だからこそ出会いや仕事が生まれる機会も多かった。それらが停滞してしまうと、都市自体の魅力が損なわれてしまうのだ。

駐車場と市街地の空洞化

二つ目の問題は、「車社会は市街地の空洞化をもたらす」ということである。人々の移動手段が公共交通から車になり、中心市街地に多くの用途や仕事が集中している場合、都市空間が車と駐車場に埋め尽くされていく。

運転中の渋滞であればその問題も想像しやすいが、同じくらい問題なのは、運転手が車を停めた後の長い時間である。地方都市の美しさで有名なイタリアですら、実は戦後復興期から一九六五年ごろまでは、中心市街地や郊外は乱開発され、広場は車で埋め尽くされ、狭い道に車が駐車されて街は荒れていたという。〔105〕

105. 宗田好史著
にぎわいを呼ぶイタリアのまちづくり―歴史的景観の再生と商業政策
（学芸出版社 2000）

車が広場を埋めるとこうなる。
イタリア、トリノのイベントにて

次第にヨーロッパでは、車による貴重な都市空間の浪費が問題視されるようになっていく。自家用車の一台当たりの平均乗客数は一人であり、乗車時間もわずかだが、駐車のために十五〜二十平方メートルの鉄の塊が路上を占拠することになる。〔106〕

車を中心市街地の狭い路上に駐車した場合、車の使用者がたとえ十人であっても、十台並べて駐車されると、通り全体が車に占拠されてしまうのだ。車という無機質な鉄の塊が通りや広場を占拠していると、ここは人間のための場所ではないという暗然のメッセージが発せられる。

ロサンゼルスは一人当たりの駐車場率が全米トップの都市だが、昔から「街路には誰もいない」と語られ、犯罪都市としても有名だった。駐車場の続く街路は無機質なオフィスビルの連続と同様の真空効果をもち、できるだけ通りたくない道として認識されてしまう。そして歩行者数が減ると人の目も減り、犯罪が起こる可能性が増すため、ますます人はそこに寄りつかなくなってしまう。

低価格で広い駐車場を求めて

自家用車は、人を自由にしてくれたはずだった。しかし、車で移動する場合、

106．望月真一著
路面電車が街をつくる—21世紀フランスの都市づくり
（鹿島出版会 2001）

移動の自由とは裏腹に、駐車場の問題がいつもセットになっている。目的地に専用の駐車場がなければ、近くのパーキングを探さなければならない。

駐車場があったとしても、満車で停められない場合もある。利用者からすれば、無料か有料かも大事なポイントで、有料であるならば料金はできるだけ安いほうがよい。だからこそ車社会になった場合、店側も車社会への適応を迫られる。そのために必要なのは、できるだけ広い駐車場と、駐車料金が安いことである。

車の所有率が高いことを自慢していたロサンゼルス市は、一人当たりの駐車場スペースの割合も全米トップで高かった。彼らは車さえあれば誰もが自由で困らない完全な車社会をつくったのだが、それに伴って中心市街地は衰退していった。なぜなら、中心市街地は地価が高く、駐車場設置のためのスペースを購入することも、店の近くに駐車場を借りることも難しいからである。

専用の駐車場がなければ、その店に行こうとした客は、近くの駐車場に車を停める必要があるが、都心部の高い駐車料金を考えると、一つの店を訪れるためだけにそれを払うのはバカバカしく思え、その店に行くこと自体を考え直す人もいる。

それに対して、駐車場が大きく料金も無料のショッピングモールがあれば、

アメリカ、ポートランド近郊のモールの巨大な駐車場

わざわざ市中心部に行く必要がなくなっていく。自分が郊外に住んでいるのであれば、それらのほうが近くて利便性も高い。モールはどうすれば人が集まり、お金を使う場になるかをしっかり研究してつくられており、ほとんどの用を済ませられる上にキラキラ感すら味わえる。

また、モールは地価の安い郊外につくられていることが多いため、商品価格も都心部より抑えられる。そのため、車社会の消費者にとっては、全てが揃うモールに行くのが合理的な選択になっていく。

このようにして、一九六〇年代初頭の欧米では、多くの場所で郊外が勝ち、昔ながらの都市は見捨てられていった。一方で、モールに顧客を取られた市街地は、できる限りの巻き返しを試みた。

イタリアのシエナやフィレンツェのように、車社会のマイナスの影響を反省した都市は、中心市街地を守るため、車の進入を禁止した。イタリアでは郊外の乱開発に歯止めをかけ、これ以上人々が郊外へ流出しないように、中心市街地の建物をリノベーションし、手頃な価格の住宅を充実させた街もある。

こうした都市は、街の活力や小さな商店を守ることに成功した。一方で、アメリカや日本の地方都市は車社会に適応することを優先したわけだが、実は、現在でも困難を抱えている地方都市の多くは、モータリゼーションに対応することを選んだ都市なのである。

歩行者をないがしろにした街のデザインその一：歩道橋と地下道

では、車社会への適応を優先した街は何が問題だったのだろうか。それは歩行者をないがしろにした街のデザインが歩行者の身に染みて伝わり、彼らがそこを避けるようになったことである。

たとえば、駅前など特に交通量の多い地点において、歩道橋または地下道といった階段や坂道などの上下移動を伴う道の利用を強制されることがある。歩行者はちょっとしたことを面倒に思い、疲れやすい存在である。彼らは「この道は歩きたくない」と一度判断すると、本当に用事があるとき以外はそこに来ることをやめてしまう。

ジェフ・スペックは、「歩行者とは炭鉱におけるカナリアのようなものだ」と述べている。つまり、歩行者はいいパブリック・ライフがあれば爆発的に増えるが、少しでもまずい臭いを感じると、途端にそこに寄りつかなくなる脆弱な存在なのである。〔107〕

にぎわいのある街に欠かせない歩行者は、困難をものともしないアクティブ

107. Jeff Speck
WALKABLE CITY: How Downtown Can Save America, One Step at a Time
(North Point Press 2013)

東京、飯田橋駅付近の歩道橋

な存在ではなく、非常に面倒くさがりで、出不精な存在である。面倒くさい、疲れる、つまらない、面白くない、そんな幼稚園児の文句にすぎないような感覚こそが、実は歩行者のモチベーションを大いに左右しているのだ。

また、クレア・クーパー・マーカスは、著書『People Places』の中で、「歩道と広場の間に劇的な段差を作ることはいかなる時でも避けるべきである（筆者訳）」と強調する。〔108〕

たとえエスカレーターがあったところで、アップダウンがある道は大幅に歩行者のやる気を削ぐことで知られている。ヤン・ゲールは次のように述べる。

> 高低差の変化は、できるだけ避けねばならない。これが、歩行者交通と高低差についての第一法則である。そして、歩行者の上下移動が必要になったら、階段ではなく坂道を使うことが望ましい。

高層の市民センターやショッピングモールをうまく機能させるのはむずかしい。これも、手軽なエスカレーターがなければ、歩行者が楽な水平移動から離れたがらないことをはっきり示している。エスカレーターがあっても、なかなかうまくいかない。デパートに行くと、いつも一階にいちばん

108. Clare Cooper Marcus, and Carolyn Francis People Places: Design Guidelines for Urban Open Space, 2nd Edition (Wiley 1997)

車の通行が優先される新宿西口の歩道橋

たくさん客がいる。〔109〕

歩行者は、何の面白みもない歩行者専用路を使うためにアップダウンを繰り返すくらいなら、そもそも横断しないことを選ぶため、歩道橋か地下道を使わないと向こう側に行けない場合、通りの向こうまで行く人の数は激減する。二階部分にある歩行者路は、電車やバスの乗り換えルートでもない限り、ほとんどの場合失敗している。

こうした分離システムは、歩行者の安全のためという名目で、実際には車の円滑な交通を優先させている。歩行者は、自分たちは車よりも価値が低く、大切にされていないと、その場のデザインから感じとる。つまり、車を優先した場のデザインが人に去ることを促したというわけだ。

歩行者をないがしろにした街のデザインその二：幅の広すぎる車道

歩行者をないがしろにした街のデザインのもう一つの例は、日本の地方都市の駅前でよく目にする片側二車線以上の幅の広い車道である。
大量の車の流れを促す車道は、街なかを横断する河川と同じほどの心理的効

109. ヤン・ゲール著、北原理雄訳
建物のあいだのアクティビティ（鹿島出版会 2011）

果をもち、対岸との心理的距離は広がっていく。幅の広い横断歩道を渡ってまで反対側の歩道に足を延ばしたくない者は、初めに選んだ片側の道だけをひたすら歩くことになる。

駅前の道路を渡るために地下道や歩道橋があり、その先の道へと向かう人が減っていた場合、その道を歩く歩行者は、幅の広すぎる道路によってまた半減してしまう。その貴重な歩行者が街を歩こうという気になっても、片道五分程度の範囲に銀行やコンビニ、チェーン店、オフィスくらいしか存在しないとどうだろう。

地価の高い駅前には、高い賃料を支払えるオフィスや銀行が連なり、歩行者は、無機質で人を歓迎していない印象の建物が並ぶビル群を単調でつまらない街だと認識する。ささやかな駅前商店街があったとしても、そこで買える商品が大型のチェーン店でも買えるものだと、近隣住民は車で郊外のモールに買い物に行ってしまう。すると、次第に駅前の商店がつぶれ、シャッターで閉ざされ、商店街の魅力が失われていく。

シャッターでかたく閉ざした店は、その前を通る歩行者に「ここに来るな」という暗黙のメッセージを強く打ち出し、歩く人が減っていく。

誰も通らない道はやがて危険視されるようになり、悪そうな若者がたむろす

静岡県沼津駅付近の商店街

るようになったら終わりである。良識ある大人たちはそこを避けるようにと子どもに言い聞かせ、真空地帯ができあがる。そこを通るのは何も知らない旅行者だけで、彼らも面白くないその通りを二度と訪れることはないだろう。こうして、地方都市の駅前という素晴らしい立地にもかかわらず、ほとんど人が歩いていないという状況ができあがる。

スルーされる個人商店

完全な車社会になると、住宅だけでなく、店舗やオフィスも分散し始める。各地に個人経営の店が分散するのは、立地に縛られず、自由でよさそうに思えるかもしれない。しかし、車社会で、かつ歩行者は極度な面倒くさがりであることを考えると、実際にはあまり機能しない。

というのも、車社会では人が車を降りて歩くエリアはごく限られ、そこを数百メートル離れただけで、他の店は素通りされる運命にあるからだ。駐車場に戻り、車のドアを閉めた後、人は滅多なことでは車を降りず、ちょっとしたわがままに運転手は耳を貸してくれないだろう。

車のスピードは徒歩とは比べ物にならないほど速いため、小さな店は見落とされやすい。だからこそ、車の客を熟知している国道沿いのチェーン店は、遠方からわかるように大規模な看板を掲げ、「パーキング」という文字も、同乗している子どもですら見つけられるほどの見やすさで表示する。

運転手は車を走らせ、できるだけ無駄な停車はせずに、ここぞというところで車から降りたいと思っている。誰しも見知ったものに対する安心感があるため、大体の内容が想像できるチェーン店の看板が目に留まると、「じゃあ、ここで休憩しよう」と決断しやすい。

それに対して、同じ通り沿いに個人経営で見知らぬ店があった場合、たとえ駐車場があったとしても、一見《いちげん》の客がそこを訪れる可能性は低い。というのも、店の駐車場は私有地であり、そこに車を停めた時点で「この店に入ります」と言うようなものだからだ。客になるからこそ水やおしぼりが出されるように、客になるからこそ駐車場が使えるわけである。

徒歩で店を探している場合は、個人経営の店が連なっていても、店の前でしばらく立ち止まり、メニューや価格、外観や全体の雰囲気を見た上で、「よし、ここにしよう」と決断できる。

しかし、車に乗っている場合、文字通り瞬時にその店が良い店かどうか見抜く必要があるのに加え、駐車した瞬間に客扱いされることを考えると、失敗を避けるため、大体のメニューや内容を知っているチェーン店に行くほうが合理的な選択になってしまう。

完全な車社会の中で成功する個人経営の店は、ガイドブックに登場するような有名店か、数時間滞在でき、そこ自体が目的地となりえるカフェやレストランのような場所である。

我が家の近所にはどの駅からも遠い有名なパン屋が二軒あるが、どちらも渋滞を引き起こすほどの人気店となり、結果として両店とも店舗より大きな面積の駐車場を備えることになった。

とはいえ駐車場は私有地であり、満車になることもあるため、客はそれぞれのパン屋のイートインで過ごすことはあっても、車を置いて少しの間近所をぶらつくこともない。そのため、これだけの人を惹きつけておきながら、にぎわいはあくまでもパン屋の店内に限定されており、残念ながら近隣ににぎわいが還元されることもない。

車社会でモールが成功する理由

あちこちに立ち寄っていちいち駐車するのも面倒であり、駐車代金はかからないに越したことはないと考える運転手にとっては、ワンストップで全てがまかなえる場所が望ましい。

だからこそ、大型で無料の駐車場にたった一度車を停めれば、かつての市街地のにぎわいを彷彿とさせる歩行者空間が広がっているショッピングモールは、二十世紀の郊外型住宅と車社会の理想に合致した場所だったといえるだろう。

モール内は完全な歩行者空間であり、子連れでも、ゆっくりしか歩けなくても、車にはねられる危険性がない。都会的な雰囲気で、流行に触れられる店も多く、そこに行けば世界とのつながりを感じていられる。

日常生活の買い物だけでなく、ウィンドウショッピングをしながら気晴らしできる。ベビーカーを押した母親から車椅子の人まで歓迎されており、エレベーターや授乳室まで存在する。座れる場所も豊富に用意されおり、少し疲れたら休憩できる。

車社会になったことで市街地が空洞化し、モールが一人勝ちしていったという状況は、車社会がもたらした必然だった。大企業が利益を上げるため、優秀な頭脳と戦略を駆使してつくり上げたモールには、インフォーマル・パブリック・ライフを生み出す秘訣が凝縮されている。

後述する方法論を用いれば、私企業でも、ある空間を活性化することは可能である。それはなにも郊外のモールに限ったことではなく、東京で再開発をリードし、活気ある場所をつくってきたのは、世界の知見に詳しく、実際にやってみるための資金力のある大企業が中心だった。

実際、パブリック・ライフが活性化すれば結果としてエリアの評判が上がり、人が集まり、そこにお金が落ちていく。丸の内仲通りがその好例であり、丸の内のオフィスで働くことは再びブランド的価値をもつようになり、若者の憧れとなった。

評判が上がると徐々にそのエリアのブランド価値も地価も上がるため、オフィスの賃料が高額でも支払う企業が現れる。だから特にディベロッパーにとって、パブリック・ライフを活性化し、エリアの価値を高めることは、長期的に見て非常に有益なのである。

とはいえ、私企業が営利目的でにぎわいをつくりだしている場合に最も問題なのは、その企業が突然営業停止を決めた場合、街としてのにぎわいも一気に失われてしまうことである。

たとえば、たまプラーザは東急による開発のおかげでお洒落なイメージが定着し、子連れ世代に今でも人気がある郊外だ。しかし、東急系列の店が全館休業になると、十九時ごろの駅前は真っ暗になり、普段は街のインフラの一つだ

休館日には使用できない、
たまプラーザのエスカレーター

と思っていたエスカレーターすら使えない。

もしも、ある日東急が撤退を決めてしまったら、この街に残るのはささやかな商店街だけである。駅前はがらんどうになり、お洒落なイメージに惹かれて移り住んだ人たちは引っ越しを検討し始めるだろう。

都心にいる企業幹部が、会社の経営のために儲からない地区からの撤退を決めた瞬間、その街の表情は一瞬にしてガラリと変わってしまう。日々の生活の中、唯一の居場所を求めてモール内のフードコートやカフェに通っていた人たちは、ある日突然、自分の居場所を剝奪される。

しかし、彼らの悲しみや嘆きは都心の企業本部には届かないし、届いたとしても聞く耳をもたないだろう。経営者は、地元民の居場所や息抜きの場をつくるために出店したわけではないからだ。

だからこそ、一つの営利企業にまちづくりを任せるのは危険なことであり、行政や市民の主体的な参加が欠かせないのである。

車社会と環境問題

ここからは、車社会の三つ目の問題、「環境問題」について見ていきたい。

パリ協定は、二〇五〇年までに二酸化炭素排出量をほぼゼロにするという目標を批准国に課し、多くの都市がゼロエミッションに向けて試行錯誤をしている。

車社会の郊外のように何もかもが分散し、離れてしまった社会はエネルギー効率が悪く、また自家用車は乗り物のなかで、一人当たりのエネルギー効率が最も悪いとされている。

だからこそ、自家用車中心の移動から、より効率のいいトラムやバス、自転車など、公共交通にシフトすることが、先進的な都市が重要視しているテーマとなっている。

車を使う必要がある場合は、できるだけ温室効果ガスの排出が少ない電気自動車へという移行も加速され、大気汚染に悩まされてきた中国は、今では電気自動車生産でトップを走っている。

二十世紀、多くの活動家や研究者たちが環境問題について訴えてきたなか、実際に環境対策が進まなかった理由は主に二つある。

一つは、都市部の物事を変えられる力をもった人々にとって、環境問題が他人事だったことである。二十世紀に被害に遭ってきたのは主に発展途上国だったため、科学者や活動家が声を大にして訴えたところで、すぐに手を打たなければと思う先進国のリーダーは少数派のままだった。

そしてもう一つの理由は、環境問題の大切さがわかったとしても、その解決のために、人々に我慢を強いる方法が受け入れられなかったためである。

しかし、二十一世紀になり、環境問題の悪化が進み、特にこの数年間で事態は急変し、地球温暖化による気候変動はもはや他人事ではなくなった。

二〇〇三年、異常な熱波によってヨーロッパでは約七万人が亡くなった。アメリカでは近年、毎年のように前代未聞の山火事が相次ぎ、また大型ハリケーンにも襲われ続け、洪水や浸水被害にも悩まされている。ヨーロッパは特に二〇一七年から熱波に悩まされ、二〇一九年七月には観測至上最高の摂氏四十度を超えるところが相次いだ。

日本も、二〇一八年だけでも、過酷な猛暑が終わったと思ったら超大型台風や大規模な洪水、大地震による停電などが相次ぎ、数々の自然災害に見舞われた。二〇一九年の台風十九号接近時には東京もほぼパニックになり、人々は一斉に買いだめに走り、福島県、宮城県などを中心に六十四人が亡くなった。

地球温暖化の影響でいつか沈むと危惧されていたヴェネチアは、二〇一八年秋には腰の高さまで街が水に浸かるほどの浸水被害を受け、二〇一九年はさらに深刻な状況だった。

同じく二〇一九年のブラジル・アマゾンでは、熱帯雨林の大規模な山火事が世界の関心を集めたが、コロナ禍で注目されなかった二〇二〇年の山火事はより一層深刻だった。オーストラリアのシドニー近辺も未曾有の山火事に見舞われ、シドニーの住人たちにも煙による健康被害をもたらした。

二〇二一年の六~七月だけでも、熱海での土砂崩れ、ドイツや中国での大洪水、カナダで一つの村が丸ごと焼き払われた森林火災、ギリシャやトルコの大規模な山火事など、先進国への影響も枚挙にいとまがない。

科学者たちは、今後の被害が一層深刻化する可能性に警笛を鳴らしている。具体的に予想されるのは、二十~三十%の種の絶滅、深刻な食糧危機、生態システムの変化により動物たちの病気が人間にうつること、南極や北極の氷やヒマラヤの雪が解け、海水面が上昇し、海岸沿いの浸水を引き起こし、気候難民が増えることなどである。

私たちはこれら気候変動の脅威にさらされるなかでも、なんとか生きていくために都市自体のあり方を大きく変える必要がある。世界銀行がまとめた報告書によれば、環境配慮型都市として目指すべきことは主に六つある。

一つ目は、都市の密度を上げ、エネルギーも人々も集約し、効率を上げること。二つ目は、郊外への人や住宅の分散、スプロール化を避けること。三つ目は、一人で車で長時間移動するような、エネルギーの無駄使いを避けること。

四つ目は、公共交通を改善し、自家用車から公共交通にシフトすること。五つ目は、建物自体の冷暖房のエネルギー効率を上げ、無駄なエネルギー使用を避けること。六つ目は、エネルギーを使う必要がある場合は太陽光や風力など、できるだけ再生可能エネルギーにしていくこと。これらは、二十一世紀の理想の都市の姿とほぼ共通するテーマである。

近年では、『Happy City』の著者のシャルル・モンゴメリが語るように、住民の暮らしの質を向上させ、人々が幸せな街、ハッピー・シティにしていく取り組みと、環境配慮型都市、エコ・シティへと向けた取り組みは、多くの共通点があると認識されるようになってきた。〔110〕

ハッピー・シティを目指した都市は、結果的にエコ・シティとしても認識されるようになる。コロンビアのボゴタ市はまさにこの典型であり、意図せず環境関連の賞を受賞したほどである。全ての人ができるだけ幸せに生きられる都市を目指し、優れた公共交通を整備していくと、初めから環境配慮型を目指さなくても、自然とそうなっていくのである。

環境問題は地球規模の問題であるため、市民の一人だけが血眼になってエコライフを実践するよりも、市町村が本格的に動きだすこと、都市自体のあり方を変えていくことのほうがよほど効果的である。都市のリーダーが本気で動き

110. Charles Montgomery Happy City: Transforming Our Lives Through Urban Design (Penguin Books 2015)

始めると、実際には短期間でも大きな成果を上げ、社会を変えていくことができるのだ。

密度が高くよく計画された都市は公共交通が発達し、エネルギー効率がよく、二酸化炭素排出量が少ないことでも有名である。パリ、ロンドン、東京、香港などは非常にエネルギー効率がよく、二酸化炭素排出量は世界五十都市の平均の半分以下となっている。

問題なのは、車社会で、何もかもが分散している地方都市や郊外であり、こうした場所こそ、大きな変革が必要なのだ。

第八章　脱車社会を目指す世界

車道の削減

第七章では車社会の問題点について見てきたが、こうした反省を活かして再び街に活気を与え、にぎわいを取り戻すには「道を自分たちの手に取り戻す」という意識が欠かせない。車社会を放ったままでインフォーマル・パブリック・ライフを楽しみたければ、残念ながら郊外のショッピングモールが選ばれてしまう。

モールは人々の気晴らしの場所になってはいるものの、地元の商店にお金が落ちるわけではない。モールの誕生によって近隣の商店が駆逐された後、モールが撤退してしまったら、まさに悲劇という他ない。だからこそ、車社会を根底から見直し、できるだけ車に頼らなくて済むように、公共交通を大幅に改善し、道を公共交通と歩行者優先に変えていく必要がある。

公共空間である道路を、自家用車から公共交通優先にするという考え方は、今や先進的な街ではスタンダードになっている。公共交通は大人数を一気に移動させることができ、二酸化炭素排出量も格段に少ないからだ。

「とはいえ、道幅をこれ以上広げられないところにどうやって公共交通を増やすのか?」という声が聞こえてきそうだが、方法はある。それは、「歩道ではなく車道を削る」「バス・ラピッド・トランジット（Bus Rapid Transit）」「コンジェスチョン・プライシング（Congestion Pricing）」という三つの方法だ。

では、一つ目の「歩道ではなく車道を削る」という方法から見ていこう。かつては、道路が渋滞する理由は車の通行量に対して道が足りていないからで、渋滞を解消するには車線を増やせばよい、という考えが主流だった。しかし、これは間違いだったことが、数々の研究により証明されている。

アメリカでは、渋滞を解消するために多くの道路の車線を増やしたが、結果として一年もたたないうちに、その道は再び渋滞に悩まされることになってしまった。これは「インデュースド・デマンド（Induced Demand）」と呼ばれるもので、保育園の待機児童がいつまでたっても解消しないのと似たような現象である。〔111〕

保育園に入れる枠が増えると、もともと職場復帰が当然だと考えていた人たちだけでなく、できれば働きたいと思う人たちも入所願いを書くようになる。保育園の審査基準の厳しさによって諦めていた母親が「大丈夫そうであれば、とりあえず書類を書いてみよう」という気になるからだ。

同様に、渋滞緩和策として車線を増やした場合、これまでは「渋滞がひどい

111. Jeff Speck
WALKABLE CITY: How Downtown Can Save America, One Step at a Time
(North Point Press 2013)

から行くのをやめておこう」と思っていた人たちが、「スムーズに走れるなら、あの道を通ろう」という気持ちになる。こうして、新しい道は新しい需要を喚起してしまい、巨額の投資をしたところで結果的に渋滞は解消されないという。

では、どうすれば渋滞を減らせるのだろうか？ それは道を広げることではなく、道を狭めることである。実は、渋滞緩和の点でも、交通事故を減らす点でも重要なのは、車が走りやすい道ではなく、走りにくい道にすることなのだ。

走りにくくすると、「あの道はいつも混んでいるから通りにくい」という理由で、どうしてもそこを通る必要のある者以外は迂回するか、そこに行くこと自体を諦める。また、走りにくい道は運転手の注意を喚起するため、バイパスのようなスムーズな道よりも事故が起こりにくくなるという。

道路の幅を狭めるという実験は当初は反対に遭うものの、実験したほとんどのところで「交通がスムーズになった」という報告がされている。たとえば、世界で最も混雑した道の代名詞だったニューヨークのブロードウェイの一部を歩行者空間化した結果、歩行者の危険度が大幅に下がっただけでなく、交通もスムーズになったという。〔112〕

歩行者空間化された
タイムズ・スクエア周辺

112. Janette Sadik-Khan and Seth Solomonow Streetfight: Handbook for an Urban Revolution (Viking 2016)

バス・ラピッド・トランジット

中心市街地で、自家用車の使用を減らすための二つ目の方法として、バス専用レーンと急行バスを組み合わせた「バス・ラピッド・トランジット」がある。バス・ラピッド・トランジットは、パリやニューヨークなどの都市で渋滞緩和のために導入されている。

二酸化炭素排出量がトラム（路面電車）と同程度にもかかわらず、総工費が約三分の二で済むというのも、バス・ラピッド・トランジットが注目されているポイントだ。

もちろん、トラムを導入できたらそれに越したことはない。フランスの地方都市はトラムの導入に熱心であり、ストラスブール、リヨン、ボルドー、ディジョン、ナントなどが短期間での導入を実現し、自家用車の代替手段として使える、スピーディで利便性の高いネットワークを構築している。

現代のトラムはほぼ低層で出入り口に段差がないため、ベビーカーを押している人や車椅子の人でも乗りやすい。出入り口も複数あるため、乗降にかかる時間もバスより短くて済む。また、目抜き通りを走るトラムは、初めて乗った

公共空間再編に力を入れるディジョン市のトラム

者でも行き先を想像しやすく、くねくねと道を曲がって行くバスのように、どこに連れて行かれるのかという不安が少ない。ヨーロッパの近代的なトラムはガラス面が大きく、街との一体感を感じやすい。そのため、地下鉄に乗るのとは全く違う感覚で街を楽しめる。

二十世紀初頭につくられた世界各地の地下鉄は、必ずしもエレベーターやエスカレーターが設置されているわけではなく、足腰の弱い者や大きな荷物を持つ者、ベビーカーを押す人には難度が高い。

それに対して、トラムはほとんど階段の上り下りをする必要がない。また、トラムは中心市街地や鉄道の駅、病院などその都市で主要な地点がしっかり組み込まれている。だから、中心市街地から郊外までトラムを通すことができれば、それに越したことはないのだが、トラムの難点は大規模な工事が必要になることだ。

「公共交通を改善する必要性は理解できても予算がない」「そこまで大規模な工事はできない」という意見はどの都市にも共通しており、ニューヨーク市ですら、予算がないから地下鉄を改善できないと嘆いていたほどである。

そこで必要となるのが、少ない予算でも改善できる方法だ。つまり、大規模な建設や工事を必要とせず、すでに存在しているが、うまく使われていない場所やものを最大限活用するという方法であり、どこの都市にも昔から存在しているバスを有効利用することである。

バスはほとんどの地方都市で走っているが、うまく機能していない交通手段の代表的存在である。従来型のバスがあまり好かれない理由は、以下のようなものである。

時間通りに来ない、本数が少ない、バス停が寒い・暑い、目的地まで時間がかかる、電車に比べて料金が高い、混雑している、渋滞すると動かない。乗降時の段差が大きく、ベビーカーを押す人や足の弱い人、荷物が多い人には向いていない。やっと来たと思ったら満員で乗車できない。つまり、バスはイライラする理由に事欠かないのである。そんなバスに乗るくらいなら自転車や車に乗る、もしくは外出しないなど、他の選択肢があればそちらが選ばれてしまうだろう。

しかし、これはバスそれ自体の問題ではなく、バスのポテンシャルを最大限に活かしていないことが原因である。環境配慮型でより暮らしやすい街にするために、自家用車の使用を減らし、バスをしっかり機能させることを最優先させれば、問題の多くは改善される。

バス・ラピッド・トランジットの目的は、車に代わるスムーズな交通手段としてバスを選択してもらうことである。トラムの良さをできる限りバスで代替し、大規模な工事が必要とされないため、トラムに比べて実験的に導入することの障壁も少ない。

パリでは、トラムは三路線だが、バス・ラピッド・トランジットは十八路線存在し、二〇〇七年に導入を始めたニューヨークでも十五路線が存在している。

自家用車を利用していた人が公共交通に乗り換えるためには、公共交通が車に負けないスピードをもち、車よりも便利で使い勝手がいいことが重要である。その点を踏まえた上で、バス・ラピッド・トランジットを成功させるための重要なポイントを五つ紹介したい。

最も重要なのは、バス専用レーンの設置である。そのためには、既存の道路の一車線を、他の車両の走行を禁止したバス専用レーンに変える必要がある。

ニューヨークの場合、専用レーンを通るバスは交差点でも優先権があり、バスが交差点に差しかかると専用レーンの信号が青になる仕組みを導入している。つまり、バスには信号待ちがなく、到着時間に遅れないような設計がなされているのである。こうすることで、従来の待ち時間が長い、渋滞でなかなか進まないバスが便利で早いバスに変化する。

バス・ラピッド・トランジットを成功させる二つ目のポイントは、乗降時のモタつきを防止する仕組みを導入することである。乗降時の時間短縮は、目的地までの遅延を減らし、信頼できる交通手段として住民たちに認識されるために重要である。たとえば、支払い方法も交通機関用のカードのみにして、バス車内では現金のやり取りは行わない。

実際にヨーロッパでは、すでにバス車内では切符が買えないところがかなり多い。どうしても切符が必要な場合は、カードのタッチレス決済が使えることもあるが、いずれも運転手の手を煩わせず、乗客が自分で行うというのがポイントである。パリやローマ、ロンドンではバスの出入り口もトラムのように複数設置し、スムーズな乗り降りを実現している。

また、乗降時の段差はベビーカーを押す人や車椅子の人にとって困難なだけでなく、運行時間のロスを引き起こす可能性がある。

日本では車椅子の人が乗車するとき、運転手がスロープ代わりの板を設置してサポートすることがあるが、ロンドンのバスには自動式スロープが装備されており、車椅子の人は自動で差し出されたスロープを使い、誰の手も借りずに乗り込むことができる。こうした仕組みがあれば、スムーズに乗車することが可能である。

三つ目のポイントは、バス停の改善である。バスが敬遠される理由には、暑い、寒い、危険、座る場所がないなど、バスを待つ人間が人間らしく扱われていないと感じるバス停の環境が挙げられる。その改善方法としては、バスが実際にあと何分で到着するかを表示する電光掲示板、屋根や椅子、壁の設置などがある。

パリのバス停はデザインも割とお洒落で、屋根と椅子、風よけの透明パネルなどが設置されていることが多いのだが、これは広告会社とパリ市が協力し、バス停の壁面部分に広告を出す代わりに、広告会社がバス停の設置や改善を担う仕組みになっている。

パリではバスは割と信頼されており、メトロと違って景色が味わえ、階段の上り下りもないことから地元民に人気があり、しっかりとした交通手段として使われている。

バス・ラピッド・トランジットにおける四つ目のポイントは、わかりやすい路線図をバス停と車内にしっかりと掲示し、次の停留所をきちんと明示することである。たとえば、京都のバスは車内で次の停留所がわかりやすく表示されており、外国人観光客でも理解できるようになっている。

同様に、パリのバス停でも「次のバスまで何分」という表示や路線図が掲示されており、初めて乗るバスでも、自分が今どこにいて、どこで降りるべきか

屋根と椅子、広告のついたパリのバス停

がわかりやすくなっている。

それに対して、イギリスやイタリアの地方都市では、バス車内に次の停留所すら表示されていない。これでは地元民以外はグーグルマップでも見ない限り、自分がどこにいて、いつ降りるべきかすらわからない。運転手に確実に行き先を告げ、彼に到着したことを教えてもらわない限り、迷子になる可能性が高く、その状況はもはや『となりのトトロ』のネコバスに乗ってしまったようなものである。

どこに向かっているのかわからないバスに乗り、初めての場所で降りるというのは大抵の人にとっては不安なものだ。だからこそ、バス停と車内にわかりやすい路線図を設置し、できればバス停に周辺地図を設置し、自分が今どこにいて、向かう先はどこなのかが具体的にわかるようにすることも、多くの人にバスへの乗車を促すために非常に重要である。

バス・ラピッド・トランジットにおける五つ目のポイントは、バスの定員を増やすことである。一回当たりの乗客数を増やす方法としては、パリで盛んな二車両連結バスの使用や、ロンドンや香港のように二階建てバスを使用する方法もある。

ロンドンや香港の中心部にはトラムはないが、二階建てバスのおかげで市内の移動はかなりスムーズでスピーディである。ロンドンは地下鉄もあるが、バスのネットワークがかなり発達しているため、バスのほうがスピーディで目的地まで無駄に歩かないで済むことも多く、大変便利な乗り物である。

街のあり方、特に交通システムのあり方は人々の行動に大きな影響を与え、変化させる。ニューヨークの場合はセレクト・バス・サービスの導入により、二年間でバスの所要時間は約十九%削減され、利用客は約十一%上昇した。〔113〕

コンジェスチョン・プライシング

中心市街地で、自家用車の使用を減らすための三つ目の方法は、中心市街地に入るために通行料を課す「コンジェスチョン・プライシング」である。この方法は市中心部が車の渋滞に悩まされ、公共交通がうまく機能しない場所に向いている。

ロンドン市では二〇〇三年から「コンジェスチョン・チャージ」という名称で実践し、ハイドパークより東側からタワーブリッジ周辺まで、月~金曜日は七~十八時、土日祝日は十二~十八時の間で、ロンドンの中心部に自家用車が入る際に通行料を徴収している（二〇二四年時点の通行料は十五ポンド、日本

113. The City of New York
PlaNYC Progress Report 2009: A GREENER, GREATER NEW YORK (2009)

円にして約二千八百五十円。タクシーや緊急車両、バイクなどを除く）。
これは驚くほど効果があり、実施圏内での渋滞は三十%も減少し、通行にかかる時間は十四%低下、自転車使用率は二十%増加し、大気汚染は十二%も低下した。〔114〕

コンジェスチョン・チャージによる収益は約一億五千万ポンド以上に達し、その金額の大半は公共交通の改善に使用されている。〔115〕おかげで現在、ロンドン中心部は二階建てバスが山手線並みの頻度で走り、バスの運行時間の信用性は三十%上昇し、遅延は六十%も減ったという。〔116〕

このように、コンジェスチョン・プライシングは渋滞を減らし、通行にかかる時間を削減することが証明されている。収益は市の公共交通の改善に使用されるため、これまで必要性は認識されていても、予算が足りないためにできなかったメトロの拡張や整備、またはトラムの導入など、さらなる公共交通の改善に利用でき、車を使用しない市民がメリットを受けることができるのだ。

また、郊外から都心部へ通勤する人に対しては、フランスのボルドーやディジョンのように、都心への入り口となる重要地点に大きな駐車場を設置し、そこからトラムや公共交通に乗り換えさせるパーク・アンド・ライドを実施している都市も多い。この場合、駐車料金と都心への公共交通の運賃がセットに

ロンドン中心部を走る二階建てバス

114,116. Jeff Speck
WALKABLE CITY: How Downtown Can Save America, One Step at a Time
(North Point Press 2013)
115. Greater London Authority
Congestion Charge Income (2024)

なった割引制度などが導入されている。

つまり、車利用に慣れ切った人々にとって、公共交通の利用にこそメリットがあり、自家用車の利用は時間的にも金銭的にもデメリットが大きいと思わせる仕組みを行政側が用意し、公共交通の利用へとシフトする仕組みをデザインし、誘導していくことが重要なのである。

注目される交通手段としての自転車

近年では環境問題への解決策として、二酸化炭素をできる限り排出しない交通手段の普及が推進されており、その代表例として自転車が挙げられる。世界の七百以上の都市で実践されている自転車道や貸し自転車は、単にカッコいいとか街の散策に便利という理由ではなく、車に代わるれっきとした交通手段として注目されているのである。
車社会といっても実際は、自家用車で人が移動する距離の大半は自転車でも行ける程度の距離に過ぎず、ロンドンの場合、市民が車で移動する機会の三分の二が、自転車で二十分以内の距離だという。〔117〕
また、広大な面積を誇るアメリカの場合ですら、車移動の七十%は自転車で

117. Mayor of London
Healthy Streets for London: Prioritising walking, cycling and public transport to create a healthy city (2017)

十分の距離に過ぎないという。自動車は人を自由にしたように見えて、実際のところ人は自分の生活圏からそう離れて生きられないようだ。〔118〕

自転車で多くのことをまかなえるのであれば、二酸化炭素の排出量を気にすることもなく、かつ車よりも地元経済が活性化されるため、街にとっても地球の未来にとってもメリットが大きい。

自転車は公共交通のネットワークを補強する手段として認識されており、貸し自転車の多くは駅の近くだけでなく、公共交通の網目のすき間、地下鉄などが通っていない不便な地点にあえて設置されている。

ヨーロッパでは、富裕層は公共交通での混雑やストレスを嫌い、自家用車を好んできた。だからこそ、車に慣れた者に車以外の交通手段を選んでもらうには、自動車に負けないスピードとポジティブなイメージが必要となる。自転車であれば、地下鉄でアップダウンの大変な乗り換えをし、居心地の悪いホームで長時間待つこともなく、直線距離で目的地までたどり着ける。

ニューヨークのマンハッタンでは「シティバイク（Citi Bike）」という貸し自転車が市民権を得ている。マンハッタンは平坦で、格子状の街をスムーズに走ることができ、セントラルパークやタイムズ・スクエアなど、目的地となる場所の近くには自転車ステーションが設置されているため、どこを通っていて

118. Charles Montgomery Happy City: Transforming Our Lives Through Urban Design (Penguin Books 2015)

ニューヨークの貸し自転車シティバイク

もシティバイクを使用する者の姿を目にする。

マンハッタンでは、自転車も地下鉄も目的地までの乗車時間がほとんど変わらないことが多い。一度自転車に慣れてしまうと、風を切って走る感覚や、自然や街との一体感、気ままにスピードやルートを調整できる自由さが心地よく、何よりも地下鉄の満員電車や蒸し暑さ、トラブルなどで不意に訪れる長い停車時間に耐える必要がないのがありがたい。

自転車道がきちんと整備され、自転車用の信号も設置されている場合、信号で延々と待たされることもなく、タクシーやトラックにはねられそうになる危険性も、車道を自転車で通る場合に比べて格段に低い。

自転車が完全に市民権を得ているコペンハーゲンでは、自転車のスピードは非常に速く、朝夕は自転車で通勤する者の姿を多く目にする。北風が吹きすさび、雨の降る朝ですら彼らは慣れっこなようである。なぜそんな天候でも自転車に乗るかといえば、自転車はどんな交通手段よりも早く、家から目的地まで乗り換えなしに到着できるからである。

パリ市は一九九五年に「プラン・ヴェロ（Plan VELO）」という自転車都市を目指す計画を打ち出した。これはパリが交通の手段として自転車を活用することを初めて表明したもので、二年後の一九九七年には自転車道を百キロ整備

マンハッタンの自転車道

119. 望月真一著
路面電車が街をつくる―21世紀フランスの都市づくり
（鹿島出版会 2001）

することに成功した。〔119〕

二〇〇七年に開始され、貸し自転車の大規模な成功事例として注目された「ヴェリブ（Vélib'）」は、二〇一八年時点で二万三千六百台の自転車を保有し、自転車道の整備は七百キロに及んだ。〔120〕

ヴェリブのおかげで、多くの人が自転車でパリを走ることの心地よさに気づき、今では貸し自転車ではなく自分の自転車をもつ人が増えたという。私の知人のフランス人も、長年スクーターに乗っていた二人がついに自転車に切り替えた。

自転車道は設置が大変と思われがちだが、パリやニューヨークの場合は、できるところならどこにでもという方針で、バス専用レーンと同化させたり、電車の高架下の使われていなかった空間を自転車道にするなど、隙間空間をうまく活用している。

ニューヨークの都市改革を遂行したジャネット・サディック・カーンは「道路をペンキで色分けすることが重要だ（筆者訳）」と言うが〔121〕、このアイデアは安上がりで視覚的効果も高い。もちろん全てのルートを完璧につなぐことは容易ではなく、ニューヨークでもパリでも、自転車道が突然消えてしまうことがある。

ペンキで色分けされたマンハッタンの自転車道

120. Ville de Paris Plan Climat de Paris: vers une ville neutre en carbone et 100% énergies renouvelables (2018)
121. Janette Sadik-Khan and Seth Solomonow Streetfight: Handbook for an Urban Revolution (Viking 2016)

とはいえ、ある程度自転車道が設置されているか全く設置されていないかで、自転車を使うことに対する安心感はまるで異なる。また、自動車の運転手たちが自転車の存在に慣れ、常に気をつけているかどうかで危険度もかなり違ってくる。

これまで自転車の利用を推進してきたパリのような都市は、コロナウイルス感染症の脅威によって人々が公共交通を避けるようになったことを受け、一気に自転車道の整備を進め、ルーヴル美術館の横を通る幹線道路のリヴォリ通りから自家用車を追い出した。貸し自転車や自転車道は、市街地が平坦でアップダウンの少ない地域には非常に適している。ニューヨークも、数々の反対意見に遭いながらも、平坦で碁盤の目のように道路が張り巡らされた街は本来、自転車道に向いているはずだと信じて実行したという。

日本でも京都市中心部や新潟市のように、平坦でほとんどアップダウンのない中心市街地は存在する。こうした場所ではギアによる変速もほとんど必要がなく、ましてや高額な電動自転車を使用する必要がないため、より自転車移動には適しているし、車社会で空洞化した中心市街地に人々を呼び戻すのに向いている。

日本では電動自転車が十万円以上するにもかかわらず、多くの母親があえて

パリ中心部の自転車道

また、こうした駐輪場は数時間以上使用すると駐輪料金を払う仕組みになっているので、設置した側にもメリットがある。

本来こうした駐輪場の整備や自転車道の整備は民間企業ではなく、行政がリーダーシップをとって行うべきである。子育て世代を増やしたいと真に願うのであれば、電動自転車購入への補助金や駐輪場の整備は、ぜひとも取り組むべきなのだ。

ぶらぶら歩きを可能にする
イタリアの車両制限地区

車社会に対する最も強靭な解決策は、中心市街地への車の進入を認めないことである。世界中の観光客がその美しさにため息を漏らすイタリアの数多くの都市では、歴史的地区への車の進入が制限されている。

今でこそ美しいイタリアの地方都市だが、戦後から一九六〇年代初頭までは、中心市街地や郊外は乱開発され、広場は車で埋め尽くされ、狭い道には車が駐車されて街は荒れていたという。

イタリアが変化の兆しを見せたのは戦後二十年ほどたって、その姿に疑問をもつ市民が増えてきた頃である。一九六七年に歴史的地区の保全策を伴う都市計画法が改正され、イタリアの都市計画は現在のかたちに向けて大きく前進する。〔122〕

この法律のおかげで、まず歴史的地区の範囲が規定され、その中では都市計画の手法が明らかにされない限り、既存の環境を変化させるあらゆる行為が禁止された。こうして、イタリアの歴史的価値のある中心市街地「チェントロ・ストリコ」を面的に保存する仕組みが動きだした。

また、時が前後するが、一九六二年のシエナを先駆けに、中心市街地へ車を入れないという取り組みが始まっていく。この取り組みは「ＺＴＬ(Zona a traffico limitato)」といわれ、規定されたゾーンへの住民以外の車の進入を厳しく規制するものである。イタリアの歴史的な街で、ほとんど車に出会わず、朝から晩までぶらぶら歩きが楽しめるのは、この取り組みのおかげである。

ゾーン内では許可証をもつ住民の車両、バス、タクシー、配達車両、緊急車両、都市によってはバイク等のみが進入可能となっており、現在は二百ほどの都市で実践されている。つまり、イタリアのほとんどの都市の中心部では車の進入が大幅に制限されているのである。

ＺＴＬのもともとの目的は、車で溢れ返っていた歴史的地区の環境を守るこ

南イタリア、イスキア島のＺＴＬ
実施時間中は自転車も禁止

122. パオラ・ファリーニ、上田暁編、陣内秀信監
イタリアの都市再生（造景別冊;no.1）
（建築資料研究社 1998）

とであり、歩行者が心地よく歩ける場所を増やして地元の商業を活性化し、渋滞と汚染を減らすことだった。[123] この取り組みはシエナが先駆けだったが、一九八五年以降に数多くの都市に伝播していった。

一九八九年にはイタリアの高速道路法にも記載され、市長さえ署名すればその市で実施が可能となった。次期市長が反対すれば取り消すことも可能だが、実施してみると市民の反応があまりによく、取り消されたことはほとんどないという。ローマでもこの取り組みは厳しく、ルールを知らなかった外国人旅行者であっても、ゾーン内に進入すると監視カメラでナンバープレートが撮影され、八千円近い罰金が取られてしまう。

このような仕組みを使うと、その区域に住んでいる住民は車が使用できるが、不要な車は通らず、車の存在をそれほど感じないため、かなり安心して歩けるようになる。この規制に加えて、イタリアの多くの都市では住民の車すら進入できない歩行者専用ゾーン「アレア・ペドナーレ（Area Pedonale）」が中心区域に加えられている。だからこそ、その中では子どもから高齢者、初めて訪れた外国人までリラックスして街を歩くことができ、日没後でも、人々はゆっくりと散歩しながらショッピングを楽しめるのだ。

とはいえ、イタリアの歩行者空間は緊急車両は通ることができ、配達の車は

123. Michelle DeRobertis, and Maurizio Tira
The Most Widespread Traffic Control Strategy You've Never Heard of: Traffic-Restricted Zones in Italy
(Institute of Transportation Engineers 2016)

決められた時間にその道を通ることができるなど、住民や商店主の生活に大きな支障が出ない程度の配慮がなされている。このように、イタリアではまず歴史的市街地の面的保存、次に車両制限地区、そしてその中心エリアの歩行者空間化という三段階のステップを踏んだことで、現在のようにゆっくり歩いて楽しめるまちづくりが可能となったのだ。

環境対策にもなる脱車社会を目指す取り組み

本章の最後に、環境対策の重要性についても触れておきたい。脱車社会を目指す取り組みは、市街地活性化や住民のクオリティ・オブ・ライフを上げるためだけでなく、環境対策としても重要視されているからだ。

近年では、『Happy City』の著者シャルル・モンゴメリが語るように、住民の生活の質を向上させ、人々が幸せな街「ハッピー・シティ」にしていく取り組みと、環境配慮型都市「エコ・シティ」へと向けた取り組みは、多くの共通点があると認識されるようになってきた。住民たちのクオリティ・オブ・ライフを上げ、ハッピー・シティを目指した都市は、結果的にエコ・シティとしても進んだ都市として認識されるようになる。

コロンビアのボゴタ市はまさにこの典型であり、意図しなかったものの、ある環境賞を受賞したほどである。全ての人ができるだけ幸せに生きられる都市を目指し、優れた公共交通を整備していくと、初めから環境配慮型を強く目指さなくても、自然とそうなっていくのである。

パリ市の場合は環境問題に対する取り組みを始めたのは割と遅く、私が二〇〇一年に留学した際には、環境問題に興味のある人はまだ稀《まれ》で、自然食品やビオの店も非常に限られていた。

しかしパリはその後に大きく変化し、今では街角でたやすくビオの店を見つけることができる。ある程度社会に関心のある者なら、環境問題に対するかなりの知識をもっており、国内の移動のために飛行機に乗ろうものなら「電車を使え」と怒られる。

パリ市は街なかの緑化に非常に熱心であり、緑を植えられるところならどこにでも植えようという心意気が感じられる。

アンヌ・イダルゴ市長はパリ市民に批判されながらも、パリから自家用車を追い出す政策を推し進め、セーヌ川の左岸と右岸を合わせて七キロメートルを、歩行者と自転車用の道に切り替えた。パリ市は自転車道の世界的都市を目指して七百キロ以上の自転車道を整備している。また、二〇一七年にはスーパー

歩行者空間化されたパリのセーヌ川左岸

マーケットやマルシェでプラスチックのレジ袋を無料配布することが禁止された。

環境問題への取り組みはフランスの地方都市でも進んでおり、ストラスブールやナント、ディジョンはいち早くトラムを取り入れたことで知られ、ボルドーもトラムを三路線走らせ、パーク・アンド・ライドを促している。また、ボルドーやディジョンでも、市中心部は大幅に歩行者空間化されている。

行政だけでなく、ワイン生産者の多くもブドウを有機栽培にすることに熱心で、ビオに転換していく生産者は年々増え、ボルドーでも二〇一七年時点で六割以上の生産者がビオやビオディナミなど、環境配慮型の認証を取得している。

フランスでは二〇一五年末にＣＯＰ21が開催された。十一月に起こったテロの直後だったこともあり、開催自体も危ぶまれたが、議長国としてのフランスは意地でも成功させようと必死になって交渉・努力をし続けた。その結果、最終的には百九十五ヶ国が納得するパリ協定の文面を採択することができ、その日の会場は世界のリーダーたちのスタンディングオベーションで、会場が感動に包まれていた。

そこで彼らが目指すことになったのは、産業革命以前に比べ、地球の温度上昇を摂氏二度以内、できれば一・五度以内に収めるという目標である。これは言い換えると、二〇五〇年には二酸化炭素の排出をゼロにするという目標であり、現時点で主流のライフスタイルを根本的に変えるべきだという文書に署名したに等しい。

特にアメリカが離脱を表明した直後、議長国だったフランスは環境先進国としてのリーダーになる自覚を強め、アメリカで環境問題に関する研究をしている者たちに、フランスへ来るようエマニュエル・マクロン大統領が自ら演説で呼びかけた。

とはいえ、フランスがすでに環境先進国かといえば、まだまだ問題は残っている。「黄色いベスト運動」の中心となった人々が、車がなければ仕事の面接にも行けないという完全な車社会で暮らすなか、環境対策としてすべきことは、パリやボルドーなどの著名な都市だけでなく、車社会の地方都市にも、市民の足として日常的に使える公共交通を早急に整備することなのだ。

第四部　インフォーマル・パブリック・ライフの生み出し方

4

第九章　インフォーマル・パブリック・ライフを生み出す七つのルール

成功するまちづくりに共通する普遍的な法則

ここまで、インフォーマル・パブリック・ライフが欠如した郊外や、車社会の問題について考察してきたが、こうした問題を抱えた場所を変えていくことはできるのだろうか。もちろん答えはイエスであり、自分たちの手で少しでもまちを良くしたいと願う人のためにこの本が存在するわけだ。

インフォーマル・パブリック・ライフを生み出すためには、これまで明文化されていなかったルールをしっかりと理解することが重要である。憧れの存在に追いつくためには、彼らがどのように生きてきたかを徹底的に探り、それを真似するのが近道だ。

まちづくりも同様である。日本ではまちづくりに関する本が山ほど出版されているにもかかわらず、街自体の状況を大きく改善できた例が少数派のままなのは、「日本が例外」だからではなく、成功するまちづくりの基本文法をきちんと理解しないまま、応用事例に挑戦しているからだといえる。

私は十年以上語学を教えているが、基本を飛ばして応用に挑戦しようとしてもうまくいかないのは当然である。何事においても上に向かうには、基礎の徹底した理解と習得が必要なのだ。

インフォーマル・パブリック・ライフを生み出すルールは、ビジネス成功の秘訣とも共通点が多いようである。ビジネスの世界でよくいわれるのは、「誰もあなたの商品に興味はないし、買いたいとも思っていない」ということだ。

まちのにぎわいに欠かせない歩行者も、面倒くさがりで余計に足を延ばしたくないと思っている。とはいえ、面白そうな雰囲気や自分の気分が上向きそうな場所には惹きつけられる。街の発展のために一番大事なポイントはビジネスと同じで、「人を大切な人間として扱うこと」である。

重要なのは、そこに来た人を歓迎し、彼らが心地よいと思う場のデザインを提供することである。そこで安心でき、その場所での滞在時間が長くなると愛着や信頼感が増していく。その街に対する愛着が湧けば、そこで何かを買いたい、また訪れたいという気持ちになる。

その街の雰囲気が唯一無二のものになれば、街の人はより誇りをもち、遠くの人はお金を払ってでもその場所を訪れたいと思うだろう。その街がそこにしかない魅力を見出せば、街自体がブランドとして機能していく。そうすれば宣伝しなくとも人が訪れ、次世代を担う若者や才能ある人たちが住みたいと思うようになる。

本章では、インフォーマル・パブリック・ライフを生み出す七つのルールに

大道芸で場全体が盛り上がる
ロンドンのコヴェント・ガーデン

ついて解説する。このルールは、ヴェネチアやパリ、ニューヨークといった都市全体に当てはまるというよりも、その都市の中で非常に活気があり、人々を惹きつけるエリア、例えばヴェネチアのサン・マルコ広場やニューヨークのブライアント・パークというように、小さなエリアごとに当てはまる。

実は世界的に有名な都市であっても、街の隅々までが生き生きしていることはなく、ヴェネチアやパリの中心部から数分程度の場所であっても、ほとんど人通りのない閑散とした場所は存在する。それでも私たちが全体としていいイメージを抱くのは、これらの都市には活気あるエリアが多く存在し、それらがかけ合わさって都市全体のポジティブなイメージがつくられているからである。

インフォーマル・パブリック・ライフを生み出すコツは、まずは一つのエリアに重点を置き、七つのルールを組み合わせて、そこを活性化することである。一つでも成功事例ができれば、そこを起点に人々が集まり始め、周辺のエリアも結果的ににぎわいを見せるようになる。その成功事例とそこで得た知見をもとに、また次のエリアを活性化していけば、長い目で見たときに街全体の活性化につながっていく。

反対に平等という名のもとに、限られた資金やエネルギーを初めから全体に分散させるのは失敗のもとである。パブリック・ライフ活性化のポイントは

「凝縮」と「集中」にある。

本章で説く七つのルールは、私が世界の先人たちの文献を掘り起こし、それが真に重要なルールであるかを確認するために、世界や日本の様々な街を実際に歩き、観察してまとめたものである。

成功するまちづくりには普遍的な法則がある。人が集まり、活気があり、つい引き寄せられてしまうエリアを考察すると、この七つのルールが当てはまる。

また、この本の独自性は、長年カフェ文化を研究してきた者として、前提条件となるエリアの歩行者空間化を除く全てのルールに、逐一オープンカフェという視点を加えて考察していることである。実はオープンカフェは、七つのルールを内在化した小宇宙のような存在なのだ。街全体をいきなり変えるのはハードルが高くても、そこに数軒のオープンカフェがあるだけで、街がぐんと変わり始める可能性があることを最後に示唆したい。

世界一美しいといわれるサン・マルコ広場の核となるもの

世界でもとりわけオープンカフェの少ない日本にいると、公共空間とカフェを結びつけて考えるのは奇妙に思われることだろう。私事だが、私が公共空間

イタリア、ヴェローナのブラ広場に連なるオープンカフェ

活性化とカフェとの関係を探ろうと思い立ったのは、数年前、研究計画を書こうとしてパソコンに向かっていたときだった。

パブリック・ライフに並々ならぬ興味はあれど、建築関係出身でも都市工学出身でもない私がどんなに公共空間再編に興味をもったところで、自転車道やトラムについて研究しようとしてもお門違いだといわれるだろう。そんなとき、ふと頭に浮かんだのが、その直前に訪れたヴェネチアのサン・マルコ広場のカフェだった。

世界一美しいといわれるサン・マルコ広場は、もちろんヴェネチアを訪れる者にとってのハイライトであり、そこを訪れなければヴェネチアに行った気にならない場所である。

ところが、私はある事実に気がついた。実はこの有名な広場からカフェを取り除くと、他に大したアトラクションは存在しないのだ。もちろん黄金色に光るサン・マルコ寺院は美しいとはいえ、入場するには長蛇の列に並び、小さな荷物でも他の場所に預けに行く必要があるため、必ずしも全ての人が寺院内部を訪れるわけではない。

ではサン・マルコ寺院が世界の他の歴史的建造物に比べて飛び抜けて美しいかといえば、フランスのエッフェル塔やノートルダム寺院など、比較対照に値

サン・マルコ広場のオープンカフェ

するものは他にいくらでも存在する。巨大なサン・マルコ広場の回廊沿いには、カフェを除くとジェラート店、高級な土産物屋、宝石店くらいしか存在せず、それらの店内には三人も客がいればよいほうで、これらの店こそが広場を魅力的にしているとは言い難い。

それでは、この広場を世界一たらしめているものとは一体何なのだろうか？もしこの広場から生演奏のある三つのカフェを取り除いてしまったら？　そこにはファサードこそ美しいが、がらんどうの巨大な広場と、サン・マルコ寺院、観光客向けの高級店、そして鳩の群れが残るだけである。

だとすると、サン・マルコ広場を世界のサン・マルコ広場たらしめているのは、実はこれらのカフェであると言えないだろうか。朝から晩まで専属の楽団が生演奏を行い、広場に椅子を張り出しているオープンカフェがあるからこそ、世界中の人がこの広場の独特の雰囲気に感動し、うっとりしながら写真を撮り続けているのではないだろうか。

これまで、都市再編や公共空間活性化の文脈において、カフェが果たす役割は軽視されてきた。少なくとも私が知る限り、その重要性に本気で目を向けて行われた研究は、世界を見渡してもほとんどない。ここで私が語るカフェとは、フランスやイタリアの広場にあるような、路面に張り出したテラスがあり、接

生演奏が行われるサン・マルコ広場のカフェ

客するスタッフがいて、店として日々営業しているカフェのことである。

十五年前、私は美術史や文学史においてカフェという場が果たした役割が軽視されてきたという問題意識を抱き、カフェという場のポテンシャルを力説するために『カフェから時代は創られる』を書いた。同様に、公共空間活性化の文脈においてもカフェが果たしうる役割は、少なくとも深く考察されてこなかった。

日本語であれ、英語であれ、数ある研究書はパブリック・プレイス、つまり街路や自転車道、公共交通や公園などについては項目ごとに章を割いて力説する。ところが、こうした研究書を読み込むと、公園や自転車道同様にカフェについて語られることはごく稀であり、カフェに関して一章が割かれることなどありえず、四行も割かれていれば万々歳なのである。カフェなどのサードプレイスに関する研究をしてきたオルデンバーグも、こうした場がいかに都市計画側から無視されているかについて語っている。

都市計画と建築にかんする知識人、つまり著述家なら、もっと広くてすぐれた視野をもっていると思うかもしれない。だが、このあたりに期待できることはほとんど見あたらない。わたしはこの主題に関連する大量の本や手引書に目をとおしたが、ラウンジ、居酒屋、バー、酒場への言及はひとつも見つからなかった。ドーナツ屋、喫茶店（中略）についても同じことが言えるだろう。これらの場所は、明らかに、都市計画家の思考のどこにも属していないのだ。〔124〕

これらの本でカフェに対する言及があまりにも少ないのはなぜだろう。一つの答えとしては、これらが公共空間について書かれており、カフェは「パブリック」すなわち「公共」ではないと認識され、カフェがそもそも語られるべきカテゴリーに属していないからだと考えられる。

ではなぜ、本文中でカフェについての考察がほとんどされていないにもかかわらず、こうした本にはオープンカフェを想起させる場で人がくつろぐ写真がこぞって掲載されているのだろう。それは著者たちが無意識に、オープンカフェでのリラックスした表情こそが、パブリック・ライフを象徴する幸せなイメージだと感じているからではないだろうか。

現在でも、大がかりな再開発を行う際に、ディベロッパーたちは無意識にオープンカフェ風の場でくつろぐ人々のイメージを描き、幸せそうな完成図をつくり上げている。本書の執筆中も、たまプラーザ駅の近くに、まさにそんな

124. レイ・オルデンバーグ著、忠平美幸訳
サードプレイス—コミュニティの核になる「とびきり居心地よい場所」
（みすず書房 2013）

オープンカフェでくつろぐ人々

イメージに基づいてつくられた、路面部分に三つの店が入ったマンションが建てられた。工事現場を通りすがる人は、何ができるのだろうと興味津々でいつも覗き込んでいた。

オープン一ヶ月前になり、イメージ図ではオープンカフェだった部分に高級ワインショップとテラスのないカフェが入店することがわかり、私はがっかりしたのを忘れない。ちょっとしたテラスがあれば「幸せそうなイメージ」が成り立つと建築家たちは思っているのかもしれないが、同じ飲食店であっても、実際に街に与える影響は千差万別である。

そして、テラス風のテーブルと椅子を外に置きさえすればそこに人が座って幸せな時を過ごすかといえば、現実はそう甘くない。私はそこがオープンしてから一年近く、毎日のようにこの空間の前を通ってきたが、ウッドデッキに設置されたオープンカフェ風の椅子に座っている人を見ることは、コロナ禍以前はほぼ皆無であった。

新たににぎわいをもたせたい場所にオープンカフェ風の椅子ではなく、本当のオープンカフェを設置すべきなのはなぜだろう。テラスさえあればファストフード店でもよいのだろうか。私は豊かなインフォーマル・パブリック・ライフを生み出すためには、サービススタッフのいる、真の意味でのオープンカ

夜が更けるほどに妖艶な魅力を放つサン・マルコ広場

フェこそが七つのルールをより強化するのだと提言したい。

七つのルールにオープンカフェが重ねられ、公共空間との絶妙な相互作用が生まれた場合、インフォーマル・パブリック・ライフはサン・マルコ広場のように妖しい魅力を放ち、世界中から人々を惹きつけることになるのである。

インフォーマル・パブリック・ライフを生み出す七つのルール

一：エリアの歩行者空間化

歩行者空間化がもたらす五つの利点

インフォーマル・パブリック・ライフを生み出す一つ目のルールは、エリアの歩行者空間化である。歩行者空間化とは、連続性のあるいくつかの街路を、イタリアのように面的に車両通行止めにすることである。

歩行者空間は、独特の安心感があり、人々の動きを変える力をもっている。ヤン・ゲールによれば、歩行者空間化した場所のほとんどで、そこを訪れ、滞留する人の数が増加するという。歩行者空間化は単に歩行者の数を増やすだけではなく、街のアクティビティを増やす、つまり街に活気を呼び戻すための方法として重要視されている。[125]

歩行者空間化の社会実験は大抵の場合、初めは「車を停められないと客が減ってしまう」と近隣の商店主の反対に遭うものの、結果として大成功を収め、ニューヨークのタイムズ・スクエア周辺のように、恒常的に歩行者空間となることが多い。

二十年前から徐々に歩行者空間化を始めたディジョンでは、今では「ここも歩行者空間化してくれ」という嘆願が相次ぐようになったという。

歩行者空間化すると、具体的にどのような変化が起きていくのだろう。まずは、人が安心してその道を通れるようになる。人がその道を選ぶには、何よりも、車にはねられないという安心感が重要である。

では、車が通る道と歩行者空間は、どのような違いがあるのだろうか。車が通る道では歩行者は自由な行動を大幅に制限される。一分間に数台程度の頻度であっても車が通る道の場合、良識ある歩行者は交通事故から身を守るため、端に寄って身の安全を確保しようとするだろう。すると、歩行者が通るのは街路の両端だけになり、中央部分は車用の空白地帯と化してしまう。

車が通る危険があれば斜めの横断は生じないし、母親が子どもの手を離そうものなら事故に遭う可能性が高くなる。そう考えると、子どもと共に道の端を

125. ヤン・ゲール著、北原理雄訳
人間の街：公共空間のデザイン（鹿島出版会 2014）

フランス、ディジョン中心市街地の歩行者空間

歩き続けることが賢明だ。車がメインの通りの場合、子どもや高齢者は、その道自体を避ける傾向があるという。〔126〕

では、歩行者空間化すると、その道はどのように変化するのだろう。第一の変化は、歩行者が道の端だけでなく、道全体を面的に行き来できるようになることである。島全体が歩行者空間化されているヴェネチアや、歩行者空間エリアの大きいイタリアのヴェローナなどでは、人が思い思いに行き交うことができるため、道は活気に満ちている。

子どもがおもちゃ屋の前にいるとき、母親がその手を離し、母親という立場から自分に戻って斜め前のブティックのショーウィンドウを眺めに行っても、子どもが車にはねられる危険性はない。

歩行者空間化した道には、進行方向へ進むというベクトルだけでなく、斜め前へ進む、立ち止まってジェラートを食べる、カフェのカウンターでエスプレッソをひっかけるなど、様々なベクトルが入り交じる。ここでは、人は自分の欲求に従って主体的に動くことができ、車の往来のためにささやかな欲求を我慢する必要がない。

歩行者空間化による第二の変化は、エリア内の商店の売り上げが増加することである。交通量が多い道路では、店先に置かれた看板や商品は車の高さで隠

126. Janette Sadik-Khan and Seth Solomonow Streetfight: Handbook for an Urban Revolution (Viking 2016)

イタリア、フィレンツェの歩行者空間

れてしまい、反対側を歩いている歩行者がそれに気づくのは難しい。そのため、店先に商品が陳列されていても、その前を歩く歩行者にしかアピールできなくなってしまう。

しかし、歩行者空間であれば、車の流れで視野を分断されず、道の向こう側に何があるのか気づきやすい。

歩行者は車にはねられる危険性がないため、興味があれば自由に横断できる。このように道の向こう側にも存在感を示せることで、潜在的顧客にアピールでき、歩行者が店先まで来てくれる可能性がアップする。

香港では、歩行者空間化した街路の商店の売り上げが十七％上がったというデータもある。〔127〕歩行者空間化することで一番の利益を得るのは、当初は車が通れないから客足が減ると懸念を示していた商店主なのである。

歩行者空間化による第三の変化は、車による騒音がないことで、落ち着いた独特の空気感が生まれることである。車の騒音は一つの公害であり、近隣住民に負の影響を与えていく。騒音は、不眠、ストレス、高血圧、メンタルヘルスの低下といった健康被害をもたらし、子どもの場合、集中力の低下、学校での成績の悪化なども報告されている。〔128〕

人は車というものにあまりに慣れているため、それを騒音と感じにくいが、

イタリア、ヴェローナの歩行者空間

127. National Association of City Transportation Officials Global Street Design Guide (Island Press 2016)
128. Mayor of London Healthy Streets for London: Prioritising walking, cycling and public transport to create a healthy city (2017)

一度車の走らない街路を歩いてみると、その違いに愕然とするものだ。その独特の静けさは、まるで茶室に座り、次第に耳と心が研ぎ澄まされ、普段は聞こえなかった鳥のさえずりが聞こえてくる感覚に近い。

人々のざわめき、笑い声、子どもたちや店員の声、フォークやナイフのカチャカチャする音、どこか異世界に迷い込んでしまったような、何もかもがスローモーションに見えるあの感覚。心なしか、目の前にいる人たちの表情が明るく、上を向いて歩いているように見える。そうだ、ここには心配がないからだ。常に気を張っていなくても、車にはねられる心配はない。もちろん人にぶつかることはあるだろう。そんなときは「すみません」と笑って言えばよい。

中心市街地の歩行者空間化を進めたディジョンは、そんなあたたかさに守られているような雰囲気がある。ヴェネチアも同様である。世界の歩行者空間化に関わってきたヤン・ゲール氏にとってすら、街全体に車が存在しないこの島には特別な思い入れがあるようだ。

ベネツィアに着き、駅の外の階段に立ったときの最大の印象は、運河でも、建物でも、人でも、車が見当たらないことでもなく、人びとのざわめきである。他のヨーロッパの都市で、人々の物音が聞こえることは

ヴェネチアの夜の歩行者空間

めったにない。[129]

車のないヴェネチアには独特の安心感がある。たとえスリがいたとしても、バイクで逃げられることはない。スリが走って逃げている間に、通りすがりの誰かが捕まえてくれるかもしれない。

皆が同じような速度で歩き、美しいものを眺めながら写真を撮り、ジェラートをほおばるあの街では人類皆兄弟のような感覚になり、気持ちもオープンになって、隣にいる人と簡単に会話ができてしまう。もし、そこに車という巨大な鉄の塊が侵入してきたとしたら、私たちは圧倒的なその異物に対して身を硬くするだろう。

フランスで初めて歩行者専用空間を設置したのは「ラ・ロシェル」という小さな街である。ラ・ロシェルは、一九九七年にフランスで初めて「カーフリーデー（車のない日）」という、特定の道を車両通行禁止にする試みを行った街である。ラ・ロシェルでカーフリーデーを体験した建築家、都市プランナーの望月真一氏は、車が再び道に戻った瞬間の印象をこう語る。

車を忘れ丸一日街を自由に歩くことに慣れきっていた夜の9時、ゲートが

129. ヤン・ゲール著、北原理雄訳
建物のあいだのアクティビティ（鹿島出版会 2011）

開くと同時に、けたたましい騒音とスピードで迫ってくる車とバイクの一団は、あたかも自分たちの世界に侵入してくる防ぎようのないインベーダーの襲来かのように感じた。その直後の15分ほど周囲の人々の会話が途絶えた時の印象が強烈に残っている。〔130〕

歩行者空間化による第四の変化は、人々の歩く速度がゆっくりになり、道路がまるで広場のようになることである。そこでは、目的地に向かってひたすら進む交通手段としての歩行ではなく、もっと速度の遅いぶらぶら歩きが発生する。ヤン・ゲールは、街のアクティビティは「どれだけ多く」と「どれだけ長く」の積だと述べている。〔131〕

たとえ車が多く走っていても、車はハイスピードで進むため、ある地点での滞留時間は非常に短く、アクティビティが多いとはいえない。また、高速道路にどれだけ多くの車が通っていても、新幹線にどれだけ多くの人が乗っていても、道の駅や停車駅でない限り、沿線にある人々とのコミュニケーションの可能性はほぼゼロである。

人間的な関わりが生まれうるのは、人々が車や電車から降り、歩き始めたときなのだ。「ヴェネツィアは人口が大きく減少しているが、きわめて高い水準

ゆったりした雰囲気のヴェネチア

130. 望月真一著
路面電車が街をつくる―21世紀フランスの都市づくり（鹿島出版会 2001）
131,132. ヤン・ゲール著、北原理雄訳
人間の街：公共空間のデザイン（鹿島出版会 2014）

の活動を維持している。それは、すべての移動が徒歩で行われ、誰もがゆっくり歩き、自然発生的な滞留が多く見られるためである」とヤン・ゲールは述べている。〔132〕

ヴェネチアは歩行者空間化しているからこそ、独特のゆったりした時間と活気があるのである。歩行者空間化された街路はもはや、私たちのよく知る道路とは別物である。

ニューヨークのタイムズ・スクエアとブロードウェイを歩行者空間化した際、元ニューヨーク市交通局長のジャネット・サディック・カーンは、その数分後に学生のグループがそこに座り、近隣の建物のスケッチを始めたことに驚いた。彼女は「これは都市再編における最も感動的な出来事の一つで、これはどれほど人々がパブリック・スペースに飢えていたかというのを示している」と述べている。〔133〕

また、コロンビアの首都ボゴタで先進的な取り組みを行い続けた元市長、エンリック・ペノロサは「人々は道がパブリック・スペースであり、実は自分たちすべてに属していたことに突然気づき、物事は新たな可能性へと向かい始める」と述べている。〔134〕

イタリアの歩行者空間では、人々は歩くだけでなく自由気ままに振る舞って

フィレンツェの広場に座り込む人々

133,134. Janette Sadik-Khan and Seth Solomonow Streetfight: Handbook for an Urban Revolution (Viking 2016)

いる。真っ直ぐ歩く人もいれば、ショーウィンドウを覗き込む人、道端でジェラートを食べる人、カフェのテラスに座る人……。まるでニューヨークの学生が道路に座り突如スケッチを始めたように、人々は急に気づくのだ、「道は私たちのものだったのだ」と。

道は車のためのものでもあるが、それだけではなかったはずだ。そのことに気づいた人々は、まるでＤＮＡに刻まれていたかのように、道の本来の使い方を即座に理解し、我が物顔で使い始める。かつて子どもたちは道端でかくれんぼをし、鬼ごっこをし、駆け回り、チョークで地面に絵を描いていたのではなかったか。私たちからそんな自由を奪ったもの、それは車にはねられるかもしれないという恐怖心だったのだ。

歩行者空間化による第五の変化は、人々の出会いや会話の機会が増加することである。徒歩の醍醐味は立ち止まることであり、歩行者は立ち止まることを好むため、リラックスした出会いの可能性が増加する。イタリアの多くの都市では、夕方から二十一時過ぎにかけての「パッセジャータ」と呼ばれる散歩の時間があり、皆がお洒落をして街に繰り出し、道行く知人と出会って会話している。

一方、自転車は世界の都市改革で歓迎されているとはいえ、徒歩ほどには立

夜になると人で溢れだすイタリアの街路。
南イタリア、サレルノのパッセジャータ

ち止まることに向いていない。一度自転車に乗るとそのスピード感が心地よく、ちょっとした興味のためにストップして自転車を降り、荷物を持って鍵をかけるのは面倒なため、素敵な店や美味しそうなパン屋があっても、明確な用がなければスルーしてしまう。

それに対して、徒歩の醍醐味は立ち止まることにある。どんなに早足で歩いたところで自転車やバス、車にはかなわない。だからこそ、自分の足で歩く際には、周囲のちょっとした変化を楽しむことが喜びとなる。オルデンバーグは、徒歩の良さについても語っている。

> 徒歩という移動手段は、車を使った移動では不可能な、人との触れ合いをもたらす。住民たちは、店の人びとや近所の人びとを知るようになる。そういった大勢のなかから、気の合う少数の人を見つけることができる。(中略)気軽な環境をそぞろあるけば、人生に必要な楽しいものの大半が、たやすく偶然にやって来る。計画を立てたりスケジュールを組んだり準備をしたりしなくても、気軽な環境のなかを動きまわっているうちに、有益な社交上の経験ができるのだ。友だちにばったり会う。毎日のように目新しさ、気晴らし、社会的支援を受け取る。〔135〕

135. レイ・オルデンバーグ著、忠平美幸訳 サードプレイス―コミュニティの核になる「とびきり居心地よい場所」(みすず書房 2013)

このように、インフォーマル・パブリック・ライフやストリート・ライフが充実し、徒歩でそれを楽しめる街では、思いがけない出会いが頻繁に起こりうる。そこで顔見知りになることで、彼らは友達になるかもしれない。そんなエリアの中核にサードプレイスとしてのカフェがあれば、これほどよいことはない。そこでは人々が好きな時間にやって来ては知り合いの誰かとちょっとした会話をし、気分を上げることができるのだ。ヤン・ゲールはこう語る。

コペンハーゲンが示す結論は明白である。自動車ではなく人びとを街に招き入れれば、それに呼応して歩行者交通と都市アクティビティが増加する。(中略)よりよい都市空間が用意されると利用が増加する。この結論は、大きな都市公共空間でも個々の都市空間でも、ずっと小さなベンチや椅子でも明らかに有効である。また、気候風土の違い、経済や社会状況の違いにかかわらず、世界中のさまざまな文化や地域でほぼ有効である。〔136〕

人は自分の意思で自由な選択をしているように思っているが、実際には想像以上に、まちのデザインや交通システムのあり方こそが人の行動を決定づけているのである。

136. ヤン・ゲール著、北原理雄訳
人間の街:公共空間のデザイン（鹿島出版会 2014）

優れたパブリック・ライフは人を家の外へ導くが、貧弱な街のデザインは人を自宅へ閉じ込める。街や交通のデザインが変われば、人々の振る舞い方も変わってくる。人を惹きつける街にしたければ、場のデザインを見直すことが重要なのである。

歩行者空間化に対する反対意見

ヨーロッパやアメリカの例を参照されても「日本は例外」論は頻繁に耳にする。とはいえ、こうした「他では成功してもうちでは無理」という意見は改革を始めようとした当初、世界中のどこでもささやかれることである。

コペンハーゲンの歩行者空間化も、実験当時は、「北欧には外でのんびり時を過ごす文化がない」「厳しい寒さの下ではイタリアのようにオープンカフェに座る者などいない」などと批判されていた。歩行者空間化を牽引したヤン・ゲールはこう語る。

コペンハーゲンでは、１９６２年にスカンジナビアで初めて都市の幹線街路を歩行者街路に改造する計画が実施された。当時、多くの批評家は、「北

コペンハーゲン、連なるオープンカフェ

欧には都市活動の伝統がない」ので、街路はさびれるだろうと予言した。今日、この大きな歩行者街路は（中略）人々であふれている。（中略）コペンハーゲンに活発な都市アクティビティが見られなかったのは、それまで、そのための物的な可能性が用意されていなかったからである。〔137〕

北欧の寒さでは無理だと思われていたオープンカフェも、今では一年中オープンし、九千もの席があるという。

ニューヨークも今でこそ都市改革の成功例として有名だが、公共空間の重要性はマイケル・ブルームバーグ元市長の改革以前は認識されていなかった。元ニューヨーク市交通局長のジャネット・サディック・カーンはこう語る。

当時のマンハッタンのダウンタウンのストリートライフといえば、歩道上のホットドッグの売店や、立ち食いの昼食程度だった。そこにあったパブリックスペースといえば裁判所や行政機関の前にある、質が悪く人を歓迎していない、往々にして不愉快な要素で満ちた場所だった。交通の安全性も、ストリートライフの質も協議事項に含まれていなかった。もちろんプラザなんて問題外だ。では何が協議事項を形成していたのだろうか？

137. ヤン・ゲール著、北原理雄訳
建物のあいだのアクティビティ（鹿島出版会 2011）

基本的なメンテナンスと修繕、そして犯罪に対する安全性だった。（筆者訳）〔138〕

彼らの努力が実り、タイムズ・スクエア周辺を実験的に歩行者空間化した後、人々は大きな変化を感じていた。タイムズ・スクエア・アライアンスの調査によれば、ニューヨーカーの七十四%がタイムズ・スクエアが劇的に改善されたと答えていた。

小売業やビジネスマネージャーへの調査では、六十八%の人が広場化は今後も継続するべきであると答えた。商店主が好感をもっていただけでなく、実際にタイムズ・スクエアに面した土地の賃料はたった一年で二倍にまで跳ね上がったという。〔139〕

「自分の街を良くしたくても法律のせいで変えられない」という意見が多いのは、アメリカも同様である。特に商業ゾーンや住宅ゾーンをはっきり区別するアメリカのゾーニング規制の法律は、住宅街に小さなカフェを出すことすら禁止している。街並みににぎわいをもたらす行為であっても、十九世紀の衛生法に基づいて禁じられていることもある。〔140〕

また、多くのアメリカ人は、もっと人が出会いやすい街に住みたいと望んで

タイムズ・スクエア周辺の歩行者空間

138,139. Janette Sadik-Khan and Seth Solomonow Streetfight: Handbook for an Urban Revolution (Viking 2016)
140. プロジェクト・フォー・パブリックスペース著、加藤源監訳、鈴木俊治、服部圭郎、加藤潤訳 オープンスペースを魅力的にする―親しまれる公共空間のためのハンドブック（学芸出版社 2005）

いるにもかかわらず、分散し切った街を改善するビジョンは法律違反となることが多いという。〔141〕つまり、日本よりアメリカのほうがやりやすいわけではなく、何かを変えたいという信念をもって動き続けた人がいたかどうかが重要なのである。

実際、市民の自発的行為に初めから行政が快諾する例はごく稀である。一九九六年、アメリカのオレゴン州ポートランドで、交差点を人が集う場にするために交差点に絵を描き、ベンチや図書コーナーなどを設置するという「インターセクション・リペア」のビジョンを構想した人たちが行政に許可を求めようとしたものの、市当局からは「交差点はパブリック・スペースだから誰も使ってはならない」と却下された。〔142〕

都市改革で有名なあのポートランドですらそうなのだから、初めから許可が下りないからといって諦めてよいのだろうか。都市改革の成功例の多くは、反対されても諦めなかった強い信念をもつ市民やNPOの努力に基づいていることが多い。新しいことをしようとして、自治体や警察に却下されるというのは世界的にもよくある出来事であり、大切なのは一度断られても諦めないことである。長期的な視野をもち、その社会的意義と重要性をしっかり提示すれば、考え直してもらえる可能性もあるからだ。

141. Charles Montgomery Happy City: Transforming Our Lives Through Urban Design (Penguin Books 2015)
142. Mike Lydon and Anthony Garcia Tactical Urbanism: Short-term Action for Long-term Change (Island Press 2015)

アメリカでは、小規模でもゲリラ的に活動することで、徐々に市民に認知され、結果として行政に認められたという例が多くある。こうした努力を実らせる秘訣は、大規模なプロジェクトから始めようとするのではなく、週末の限られた時間など、ごく小規模な範囲から始め、共感する人たちを少しずつ増やし、徐々に規模を拡大していくことである。

このように、できるところから、可能な範囲で変化をもたらしていくことは、「タクティカル・アーバニズム」と呼ばれ、アメリカで広く実践されている。多額の予算やスペースがなくても、すでにうまく使われていなかったところを公園や広場、自転車道などに変えていくことは可能である。

目的地となる歩行者空間

歩行者空間化が成功し、パブリック・ライフの質が上がると、その匂いを嗅ぎつけた人がどこからともなくやって来る。すると小売商店の売り上げも伸び、近隣の経済が活性化し始める。

アメリカの「National Associaton of City Transportation Officials(NACTO)」が発行する『Global Street Design Guide』には、次のように書かれている。

こうした街路は、買い物や座ること、食事やぶらぶら歩き、パフォーマンスなど、多様性のあるアクティビティへの機会を提供する。良い場所に設置され、適切にデザインされ、きちんとメンテナンスされた歩行者専用路は目的地となり、結果として周辺のビジネスに経済効果をもたらす。〔143〕

歩行者空間化し、活性化に成功したエリアは、結果として、そのエリア自体が目的地となり、人がやって来る。

多くの人はにぎわいのある場所を想起するとき、「それは観光地だから」「立地が素晴らしいから」と考えがちである。しかし実際には、いかに有名であっても、魅力がなければ人はわざわざやって来ない。

コペンハーゲン、ニューヨーク、パリ、ボルドー、フィレンツェなど、世界的に人気がある街は、都市改革に本腰を入れて取り組んできた街としても有名である。魅力的な都市空間があるからこそ、人々はあえてそこを訪れようとするのである。

ヤン・ゲールは「コペンハーゲン、メルボルン、ニューヨークは、いったん失った都市空間を取り戻すことに成功した。（中略）3つの都市が共通して反映しているのは、街のデザインは歩行者交通と都市アクティビティを呼び込む

143. National Association of City Transportation Officials Global Street Design Guide (Island Press 2016)

コペンハーゲンのインフォーマル・パブリック・ライフ

ものでなければならないという理解である。これらの都市は、持続可能で健全な社会にとって歩行者交通と自転車が重要であることに気づいている。また、二十一世紀の市民にとって街のアクティビティ、そして魅力的で自由で民主的な出会いの場所が大切であることを認識している」と述べている。[144]

彼はいみじくも「取り戻した」と述べているが、現在有名な街が必ずしも以前から華々しい姿であったわけではないのである。

また、観光客を魅了する現代のイタリアも、都市改革あっての姿である。陣内秀信氏によれば、「70年代に入って彼らは、近代の車社会を反省し、都市における車との付き合い方を真剣に考え始めた。シエナ、ブレシア、コモなど、進んだ自治体では、早い段階から、歩行者空間の実現にチャレンジした。どこでも最初は、商店の経営者たちが、車が使えなくなって客の足が遠のくのではと難色を示したという。しかし、実際にやってみると、車を締め出し快適な空間が実現すれば、買い物客の数もずっと増えることが証明され、人々の考え方が大きく転換した」という。[145]

そのため、都市再生に成功したイタリアなど欧米の都市では、八〇年代以降、顕著に観光客の増加が起こっている。[146]

立地や街の知名度も大切だが、より重要なのは「もう一度そこに行きたい」

シエナの歩行者空間

144. ヤン・ゲール著、北原理雄訳
人間の街：公共空間のデザイン（鹿島出版会 2014）
145. 陣内秀信著
イタリア 小さなまちの底力（講談社 2006）
146. 宗田好史著
にぎわいを呼ぶ イタリアのまちづくり—
歴史的景観の再生と商業政策（学芸出版社 2000）

と人々が思えることである。人のにぎわいが急速に失われる空間は、ほぼ確実に七つのルールのどれかが欠けている。歩行者空間のエリア化は、他のルールがうまく機能するための特に重要な前提条件だといえる。

最終的な理想はイタリアの中心市街地のような、ひとまとまりのエリアの歩行者空間化である。とはいえ、いきなりは難しいので、まずは実験的に活性化したいエリアを、週末の限られた時間だけ車両通行止めにしてみてはどうだろう。日本でも、地域の祭りのときは警察が協力し、車両の通行規制をかけているのだから、日本に限ってそれはできないということはないはずだ。

重要なのは、歩行者空間化の必要性をきちんと伝えることである。もしそれすら難しければ、少しでも歩道の幅を広くとって、心地よい雰囲気を演出することも可能である。

サン=ジェルマン・デ・プレやモンパルナスといった歴史的カフェがあり、カフェテラスが軒を連ねるパリの大通りは車道を歩行者空間化しているわけではないが、歩道の幅が広くて歩きやすく、世界中の人が訪れる目的地となっている。

幅の広い歩道に面したパリのカフェテラス

歩行者空間化すべき道とは

では歩行者空間化する場合、どのような道を選べばよいのだろうか。『Global Street Design Guide』によれば、歩行者空間として選ばれるべき道は、用途の多様性があるオフィス街や商業エリアで、歩行者数がすでに多いところだという。〔147〕

日本の場合、歩行者空間といわれると、銀座や新宿東口の歩行者天国や秋葉原の歩行者天国のように、幅の広い幹線道路が思い浮かぶ。だが歩行者空間化に最も適した道は実際には幅の広い車道ではなく、その裏通りの細い道の連なりである。秋葉原の幅広の道やパリのシャンゼリゼ通りなどを歩行者空間化することは、にぎわい、活性化という観点からは効果的な選択肢とは言い難い。

理由は主に二つある。まず、幅広の道を歩行者が埋め尽くすのは、銀座や新宿並みの繁華街であっても難しいからである。歩行者が少ないと閑散とし、寂しい印象になることで逆効果になってしまう。東京やパリに比べて圧倒的に人口密度の低い地方都市では、街の活性化のために駅前の大きな車道を歩行者空間化するようなことは極力避けたほうがよい。

二つ目に、あまりに道幅が広いと、道の中心を歩く意味がないからである。

147. National Association of City Transportation Officials Global Street Design Guide (Island Press 2016)

歩行者空間化に適した裏通り。渋谷センター街周辺

どちら側の店からも離れた道の中心を歩いていると、何のためにそこを歩いているのかがわからなくなってくる。そのため、銀座や秋葉原のように店の連なりを楽しみたい者は、結局どちらかの端を選んで歩くことになる。こうした目抜き通りにこそ車の円滑な交通を担わせ、歩行者空間化に反対する者たちへの安心材料とすべきではないだろうか。

歩行者空間化すべきなのは、個人経営の面白い店が多いが、車が通るがゆえに歩行者が自由に歩けない裏通りの細い通りのほうなのである。こうした道こそ、歩行者空間エリア化すべき場所なのだ。

インフォーマル・パブリック・ライフを生み出すルール

二：座れる場所を豊富に用意する

座れる場所の必要性

インフォーマル・パブリック・ライフを生み出す二つ目のルールは、座れる場所を豊富に用意することである。

人は歩くと疲れる存在であり、人間の継続歩行距離は四百〜五百メートル程度といわれている。特にまちづくりを行うときは、歩行者は脆弱でわがままな存在だということを肝に銘じ、そんな歩行者をどう街に引っ張り出すかをしっかり考える必要がある。

『WALKABLE CITY』の著者であるジェフ・スペックは、「歩行者は極端に脆弱な人種であり、炭鉱におけるカナリアのように、都市の活気を計る存在である」と述べている。つまり、「良い街かどうかを判断するには、歩行者がどれほど歩いているかを見ればよいのである」と語る。〔148〕

歩行者は脆弱な存在とはいえ、適切な環境があれば大いに増えるという。座る場所がほどよく用意されていると、人は疲れたときにそこで休憩することができる。休憩することができれば、その人はエリア内のぶらぶら歩きを続ける可能性がある。

それに対して、継続歩行距離の二倍くらいの距離、たとえば一キロ弱の道のりを座れる機会もなく歩き続けるしかないのであれば、多くの人は一度そこを通ったとしてもネガティブな印象を抱き、再びそこに行こうとしないだろう。

繰り返すが、歩行者は出不精で、面倒なことや疲れることは極力避けたいと思っているわがままな存在である。街を活気づけたいと思うのであれば、家の中に留まっていたい彼らを、なんとかして引っ張り出すだけの魅力や動機づけ

148. Jeff Speck
WALKABLE CITY: How Downtown Can Save America, One Step at a Time
(North Point Press 2013)

が必要となる。

残念ながら、東京にはベンチや快適に座れる場所が非常に少ない。それを痛感するのは、お弁当を持って街や公園に出かけたときである。

日本には世界に誇るお弁当という文化があり、弁当箱を輸出したり、お弁当をテーマにした展覧会すら開催し、お弁当づくりの本はどの書店でも売られている。その一方で、気持ちよくお弁当を広げられる場所がごくわずかしか存在しないというのは驚くに値する。晴れの日でもそんな場所はわずかであり、冬の寒い日や雨の日などは、都内を広く見渡してみても選択肢はほとんど存在しない。

街に出る者全員がお金に余裕があり、毎日外食できるのであれば、そうした場所は必要ないかもしれない。だが、コンビニでパンやおにぎりを買い、職場や学校から離れて息抜きしたい者や、子連れで二人分もランチ代を出せない主婦、わずかな年金で切り詰めた暮らしをしている人などは、ちょっと外で気分転換をしたいとき、一体どこで食事をすればよいのだろう。

狭い家やストレスの多い職場から少し外に出て気分転換をしたいと思っても、お弁当を広げられる場所すら存在しないのでは、「お金がない者は外出するな」と言われているようでもある。

東京では、活気がありにぎわいのある場所ですら、座れる場所を探すことは難しい。たとえば、浅草の仲見世周辺は日本でも稀な活気に満ちた歩行者空間だが、仲見世周辺にはほとんど座れる場所がない。

雷門から歩いて行くと、観光客のすさまじい流れに乗って、大抵の人はひたすら浅草寺まで歩き続けることになる。途中でせんべいや揚げまんじゅうを買ったとしても、仲見世沿いには座ってゆっくり味わう場所が存在しないため、片手におやつを持ちながら店の前で食べ終えるか、隣の人にぶつからないように気をつけて進んで行くことになる。

仲見世を歩く人々のベクトルは、ほとんど浅草寺へ足早に向かう人の一方通行であり、お参りが終わって一息つきたいと思った人が座れる場所は浅草寺の階段か、公衆トイレの前のベンチくらいである。

築地の場外市場も、買い食いをするための街のような雰囲気はあるものの、実際には座れる場所がほぼないため、食べ物を買った観光客は店先に置かれたゴミ箱の前で立ち食いをする。新鮮な食材を使っているとはいえ、ゴミ箱前での立ち食いでは、美味しさも半減しそうに思えてしまう。

原宿の竹下通りは東京では稀な歩行者空間で、昔からクレープが名物だが、残念ながら座れるスペースがほとんどないため、タピオカやクレープ片手に歩

観光客で溢れる浅草寺

き続けていくしかない。しかし、歩き始めてしまったが最後、タピオカの容器を捨てられる場所は存在せず、それを知らずに買ってしまった者は途方に暮れながら容器を持ち歩くしかない。

こう考えると、東京ではストリート・ライフの活発なところはあれど、路上に面した場所で座ってゆっくり時を過ごせるインフォーマル・パブリック・ライフは少ないといえるだろう。ヤン・ゲールは、座る場所の重要性について繰り返し語っている。

座る場所が適切に用意されていることは、街や住宅地の公共空間にとって大切な意味を持っている。この点を特に強調しておきたい。座る機会があって、はじめて落ち着いて時を過ごすことができる。この機会がわずかしかなかったり、貧弱だったりすると、人々はそのまま通り過ぎてしまう。〔149〕

また、彼はこうも述べている。

街のアクティビティに影響を与えるのは、量的には多くの人を引きつけることであり、質的には人びとの滞留時間を長くし、交通を減速することである。

149. ヤン・ゲール著、北原理雄訳
建物のあいだのアクティビティ（鹿島出版会 2011）

そして多くの場合、質を高めることのほうが、すなわち来訪者数を増やすより、そこで多くの時間を過ごす欲求を高めることのほうが容易で効果が大きい。また、数と量を増やすより、時間と質を高める取り組みのほうが、日常生活にとっても都市の質を改善するのに役立つことが多い。〔150〕

つまり、街に活気を与えるには、限られた日にイベントを打って来訪者数を一時的に増やすことよりも、訪れる人々の足取りをゆるやかにさせ、そこに長時間滞在してもらうことのほうが容易で効果的であり、持続可能な方法なのだ。安心して座れる場所を多く用意するということは、街ゆく人に「どうぞゆっくりしてください」と非言語コミュニケーションによって伝えているのである。

人が「ゆっくりすること」を促す

熱海の駅前商店街は、活性化のために様々な努力をし、アーケード街の真ん中にいくつもの幅広いベンチを設置している。ここでは浅草同様に、数百円でその場所らしさを味わえる温泉まんじゅうなどが売られているが、大きな違いは、ゆったりとした場の雰囲気である。

150. ヤン・ゲール著、北原理雄訳
人間の街:公共空間のデザイン
(鹿島出版会 2014)

座れる場所が豊富に用意されている
ウィーン中心地

熱海がゆったりしているのは、単にそこが温泉街だからではなく、座れる場所が多いからである。温泉まんじゅうを買った場合、熱海では駅前商店街の中央に設置された幅の広いベンチで、すぐにそれを食べることができる。荷物を下ろして、ペットボトルのお茶を飲み、少しの間休憩できる。

誰かが座って温泉まんじゅうを食べていると、別の誰かが美味しそうな匂いにつられ、一つ、また一つと売れていく。そこでは小さい子どもも高齢者もほっと一息つくことができ、そんな人たちが道の真ん中にいるために、独特のゆったりとした雰囲気が流れている。そのため、途中下車をしただけで温泉や海に行かなかったとしても、「あぁ熱海に来たなあ」という気分を味わうことができる。

アメリカでパブリック・ライフの研究を行い、ニューヨークの公園や公共空間のあり方に大きな影響を及ぼしたウィリアム・ホワイトによれば、マンハッタンの広場における三ヶ月の研究を行った後、日照量や広場の大きさ、公共交通からの近さなど様々な点を考慮した結果見えてきたことは、「人は座れる場所があれば座る」ということだった。食事ができる、緑や日陰があるといったことももちろん関係はあるものの、その広場が使用されるかどうかで最も重要な点は「座れる場所があるかどうか」という単純なことなのだ。〔151〕

151. Clare Cooper Marcus, and Carolyn Francis People Places: Design Guidelines for Urban Open Space, 2nd Edition (Wiley 1997)

欧米に比べ、街なかに座れる場所が極端に少ない日本において、トップクラスに優秀な場所は商業施設の中である。

長い間、たまプラーザの東急百貨店には正面入り口すぐのスペースに多くの椅子が設置され、目立つ場所にもかかわらず、いつでもたくさんの人が座っていた。二子玉川の髙島屋一階にはホール全体に高級感のある椅子が設置されており、空席を見つけるほうが難しい。銀座の商業施設「GINZA SIX」では、各階にいくつもの椅子を設置しているが、休日はおろか、平日でも空いている席を見つけるのが難しい。

純粋な商業施設があえて無料の椅子をこんなにも設置するのは、こうして休息できる場所があることで人々の滞在時間が延び、結果として売り上げにつながることを知っているからだろう。

ウィリアム・ホワイトが多大な貢献をし、現在ではニューヨーク市民たちの憩いの場として世界的に有名になったブライアント・パークには、四千脚もの可動式の椅子が用意されている。座れる場所があることで、買い物や重い荷物を持つことに疲れた人は休憩でき、子どもや妻が買い物をしている間、夫はゆっくり座って好きなことをしながら、街の活気を感じていられる。ランチを持って来た親子は緑に囲まれてご飯が食べられる。そんな人の姿を見て、「あ

たまプラーザ東急一階入り口の椅子に座る人たち

なっている。

あちょっと疲れた。休みたい」と思う人が集まり、街なかのオアシスのように

人が集まるところに人は集まる。それがにぎわいを生み出す鉄則である。

ちょっと休もうと思った人は近くの店でアイスクリームやコーヒーを買い、周辺の店も繁盛する。

休める場所を積極的につくったブライアント・パークはコロナ禍以前は大にぎわいで、目の前のオーガニックスーパーのデリコーナーはブライアント・パークでご飯を食べたい人たちで長蛇の列ができていた。結果として周辺のビジネスも活性化し、七〇年代には麻薬の取引が行われ、何のブランド力ももたなかった「ブライアント・パーク」という名称は、今では立派なブランドネームとなり、地価も上がっているという。

ブライアント・パークのような場を目指してつくられた南池袋公園も、平日でもどこからこんなに人が来るのかと思うほど若い人でにぎわい、十二月でも多くの人が屋外に設置された椅子で時を過ごしていた。

ちなみに、パリやニューヨークの場合、こうした場所の至るところに市の名前が書かれたゴミ箱が設置されているため、買い食いをした後のゴミはそこに捨てられる。

椅子が豊富なブライアント・パーク。パン屋も設置されている

座れる場所を設置するための五つの方法

では、座れる場所の重要性がわかったとして、一体どこに設置すればよいのだろうか。たしかに世の中には、置かれているが誰も使わないベンチというものが存在する。これは人が座る場所を欲していないことの証拠ではなく、設置場所が悪いからである。

ベンチさえ置けば、人はどこにでも座ってくれるわけではない。商業施設の中で多くの人がベンチに座っているのは、設置場所が的を射ているのと、屋外に比べて安心感があり、また椅子自体の質も良いからである。

それに対して、屋外は気候条件が厳しく、誰が通るともわからず、盗難にも気をつける必要がある。そのため、室内以上に設置の仕方に気を配る必要があるのだが、その必要性がきちんと認識されているとは言い難い。

とはいえこれは日本に限ったことではないようで、ヤン・ゲールは、空間を設計する者が深く考えず、設計上の空白をただ埋めようと、なりゆき任せに椅子を配置することに問題があると指摘する。

足を止めて立ち止まるのは、どちらかと言えば偶発性の強いつかのまの行

冬でも多くの人が野外で過ごす
南池袋公園

為である。それに比べて、座る行為はもっと複雑であり、それだけ求められる条件がきびしくなる。座る活動は、たいてい恵まれた外部環境があるところでしか起こらない。人々は、座る場所を立ち止まる場所よりはるかに注意深く選んでいる。〔152〕

人は座るとき、ただ立ち止まる以上にじっくりと場を選んでいる。だからこそ、設置の仕方や場所が重要なのだ。

では、屋外の場合、どのように座れる場所を設置したらよいのだろうか。成功するための方法は主に五つある。

一つ目は、空間のエッジ（境界線）沿いにベンチを設置し、人のアクティビティを囲む方法である。たとえば、パリの公園の多くは遊具が真ん中に設置され、ベンチは遊具を囲むかたちでエッジ上に設置されている。大人はそこに座って新聞やスマホを眺めつつ、子どもが安全に遊んでいるかどうかをチェックする。

このように、中心部で人の活動が行われ、それをゆったりと囲むようにエッジにベンチが配置されるのが理想的なかたちである。人は自分のすぐ後ろに見知らぬ人が通ることを恐れるため、公共空間のベンチはエッジに置かれ、背も

152. ヤン・ゲール著、北原理雄訳 建物のあいだのアクティビティ（鹿島出版会 2011）

エッジ沿いに座れる場所がある パリの公園

たれがついているほうがよい。

二つ目は、メインストリートの歩行者道の真ん中に、大きなベンチを置く方法である。先述のように、幅が広すぎる道は、真ん中を歩くとその魅力が低減しがちである。そのため、あえて道幅を狭くするため、道の中心に、六人程度が好きな方向を向いて座れる縁台のようなベンチを設置するのである。

幅の広い縁台は、自分の背後を他人の背中が守ってくれる。縁台によって道の幅は半分になり、かつ人々が真ん中に滞留することで、活気ある雰囲気を演出し、人々の歩みをゆっくりさせることが可能となる。これは熱海やモール、空港などで採用されている方法であり、道の真ん中にあるにもかかわらず意外にも、多くの人が座っている。

三つ目は、一つの大きな樹の周りに座れる場所を設置する方法である。この場合、皆が背中合わせで、背後は樹に守られているため、一人でも安心して座ることができる。それが大きな樹であれば、夏の暑い日には日よけになってくれるし、本物の緑があるだけで自然を感じ、リラックスした雰囲気を醸してくれるため、商業施設でよく利用されており、ほとんどいつでも誰かが座っている。

四つ目は、可動式の椅子とテーブルを設置する方法である。現在、世界で流

通路の真ん中に椅子を設置したアメリカのモール

行している、公共空間における可動式の椅子の原点は、パリのリュクサンブール公園に設置されたエメラルドグリーンの椅子である。一九二三年から使われているその椅子は、本を読む人やランチを食べる人、友達と集まる人たちが思い思いに使っており、カフェのテラス同様に、自由の象徴のようなイメージがある。

若き日のヘミングウェイやボーヴォワールも、そこでゆったりとした時を過ごしていた。ニューヨークの数々の街角を広場化した「プラザ・プログラム」で使われる可動式の椅子は、リュクサンブール公園の椅子を製造しているフランスのフェルモブ社がつくっている。

ニューヨークで使用されている椅子は、パリのビストロを思わせる「ビストロ・チェア」という名で呼ばれ、好きな場所に動かすことができる。ビストロというだけあってテーブルもセットされているから、ランチを広げることも、パソコンで仕事をすることもでき、ベンチ以上に使い方の幅をもたせてくれる。

五つ目は、補助席的なベンチを設置する方法である。補助席的というのは、使ってみると座れるようにデザインされていると判明するが、ベンチとして使われていないときには他の機能を果たしていることである。たとえば、植栽の囲いや建物の外壁の一部に見えて、腰かけることも可能な施設である。

一本の樹を囲んでベンチを配置する

なぜこうした補助席的なものが大切かといえば、椅子だけがたくさん設置され、誰もそこに座っていなければ閑散とした印象になり、誰も座りたがらないからである。特に広場のど真ん中にやたらとベンチを設置するのは避けたほうがよい。誰の目からも見えて目立つ中心に、初めから座る人などほとんどいないからである。

しかし、階段のように見えて実は座れる場所、座るのに適した傾斜のある広場や、植木の囲いに見えて座ってみると快適な場所などは、補助席的な役割を果たし、かつ、誰も座っていなくても閑散とした印象を与えない。これは、イタリアの中心市街地によく見られ、壁面の下部や教会の入り口の階段部分にたくさんの人が座っている。

座れる場所の理想的な設置方法は、座ることを明らかに促す場所と、実は座れるという補助席的な場所の両方を組み合わせることである。

ベンチとオープンカフェの違い

ここまで座れる場所の重要性について見てきたが、オープンカフェを擁護するため、ここではベンチの短所についても言及しておきたい。

ニューヨーク、プラザ・プログラムのビストロ・チェア

公共のベンチに一時間以上滞在したことがあるという人は、あまりいないだろう。それは一体どうしてだろうか。ベンチというのは、あるに越したことはないものの、なんとも落ち着かない空間でもある。

たとえば、街路樹の美しい場所にベンチがあり、そこでお昼ご飯を食べた後、しばらくゆっくりしようとはあまり思わないものである。それは、ベンチが空くのを待っている人がいるからではなく、ベンチがそもそも「公共のもの」という認識があるからだ。公共のものである以上、私にはベンチを利用する権利はあるが、長居をし、そこを占有する権利はない。

特に日本では、「公共」は「誰のものでもない」とほぼ同義語であり、それを独占することには少し良心の呵責《かしゃく》を感じる。全ての人に開かれ、誰のものでもないがゆえに、良識ある大人が居すわり続けることはおかしなことであり、不審者と思われる可能性すらあり、近年では大人の男性が公園のベンチに座っているだけで通報されることすらあるという。だからこそ、自分は良識ある大人だと思っている者ほど、人の目を気にして足早に立ち去っていく。

それに対して、オープンカフェの椅子の場合はどうだろう。まず休息という点でも、オープンカフェのほうがよっぽど疲れがとれる。カフェの場合、荷物を下ろし、上着を脱いでリラックスすることができる。飲み物を注文し、陶器

補助席的な椅子。ローマ、ナヴォーナ広場

のカップに注がれたあたたかい飲み物をゆっくり味わうのは、ペットボトルに入ったお茶を口に流し込むのとはわけが違う。

カフェにはテーブルがあるため、自分の膝の上にお弁当を広げるのとは違い、ナイフとフォークを使ってゆっくり食事ができる。テーブルがあれば、パソコンを開くことも、ノートを取り出して考え事をすることもできる。つまり、そこではリラックスできるだけでなく、行動の自由度が圧倒的に高いのだ。

そしてベンチと何よりも違うのは、そこでの滞在時間である。大抵の人はカフェで一時間くらいは時を過ごし、二時間以上滞在したことのある人も多いだろう。その間ゆっくりとお茶を飲み、友人と話し、心地よい風に吹かれていたら、心身共にリラックスし、また歩きだそう、次に進もうという気になれる。

カフェでそんなにも長居できるのは、お金を払ってこの場で過ごす権利を手に入れているからである。そこにはひと時、占有できるテーブルと椅子、飲み物や膝かけなどがあり、自分の好きなことができる。つまり、カフェで支払う飲食代は単なる飲み物代ではなく、その空間を使うための入場料なのである。

ゆったりした時間を過ごせるオープンカフェ

オープンカフェのミクロクリマを整える

ベンチとオープンカフェのもう一つの違いは、環境のよさである。ベンチは雨露に濡れていることもあれば、子どもたちが土足のまま上り、足跡がついていることもある。

東京の中でも高級感のあるエリア、代官山の西郷山公園のベンチや皇居のお濠沿いのベンチですら黒いシミがついており、潔癖症でなくても、座ることを一瞬躊躇してしまう。冬のベンチは少しの間そこにいるだけでも寒くて仕方なく、雨の場合は座ること自体が不可能だ。

それに対して、オープンカフェの場合、外の世界や自然、心地よい風との一体感を感じていられる上に、店側がしっかりお客を守ってくれる。オープンカフェは、半公共、半私的空間であるだけでなく、半屋外であり半室内という独特の空間である。

このように街路にいながらあたかも店内にいるかのようなデザインは、道行く歩行者たちを惹きつける。ジェフ・スペックはこう述べる。

屋外での食事や歩道に面したディスプレイは、最も知名度が高く、最もインパクトの大きい貢献を外観にもたらす要素である。また、ひさしも重要である。というのは、それが潜在的顧客を、すでに店内にいるかのような感覚にさせるからである。(筆者訳)〔153〕

厳しい寒さで知られるコペンハーゲンのオープンカフェは、一年を通して営業しているという。それは、店側がしっかりと防寒対策をしているからである。コペンハーゲンは都市改革で有名だが、実は戦後は郊外化が進み、誰もが車を所有し、広場や公共空間の多くは駐車場と化していたという。歩行者空間化が進んだのは、イタリアに半年滞在し、広場の伝統が残る中世都市や歩行者空間の魅力を体感したヤン・ゲールがコペンハーゲンに戻ってからである。彼はイタリア人が公共空間で楽しそうに過ごしているのを目の当たりにし、それらを観察し、何が彼らをそうさせるのか、遺伝的なものなのか、それとも場のデザインがそれを促すのかと考えた。

一九六二年にメインロードであるストロイエから車を追い出すことにしたとき、人々は「我々はデンマーク人であってイタリア人じゃない。凍えるような冬の寒さの中でオープンカフェに座り、カプチーノをするわけがないだろう!」と言ったという。〔154〕

コペンハーゲンのオープンカフェに設置された暖炉

153. Jeff Speck
WALKABLE CITY: How Downtown Can Save America, One Step at a Time
(North Point Press 2013)
154. Charles Montgomery
Happy City: Transforming Our Lives Through Urban Design
(Penguin Books 2015)

オープンカフェを擁護していた私にとって、こうした反対意見が至極まっとうに思えたのは、いみじくも自身がオープンカフェを観察するためにコペンハーゲンを訪れたときのことだった。コペンハーゲンは北風が吹きすさび、街を歩けばほとんど常に冷房の強風を浴びているようで、夏といわれる六月でも私には非常に寒かった。そんな中でも、現地の人たちはこぞってオープンカフェに行き、日本から来た私からすると驚くほど洗練された店の中にはほとんど誰もいなかった。彼らがそんな中でもオープンカフェを選ぶのは、彼らが私よりも寒さに慣れているだけでなく、店側が環境を整えているからだ。

ヤン・ゲールは、コペンハーゲンでインタビューに応じた際に、オープンカフェにとっては「ミクロクリマ」が重要だと教えてくれた。ミクロクリマとは、非常に小さな地区にある特有の気候・環境のことである。

インタビュー後、再びオープンカフェを訪れたときに私はこのことを痛感した。初めに訪れたカフェは吹きすさぶ北風から守ってくれるものもなく、滞在すると風邪をひきそうに思われ、席に座ってみた後で、私は立ち去ることにした。

しかし、その広場の向かい側のカフェでは、白いひさしの内側に電熱ヒーターが取りつけられ、厚手のウールのブランケットも自由に使えるようになっ

ヤン・ゲール氏を訪ねてコペンハーゲンへ

ていた。隣の店との間に壁があるため、風が吹き抜けることもない。ここなら大丈夫そうだと思った私は、厚手のブランケットを借りてココアを飲み、しばし暖をとった。五十メートルも離れていない広場の向かい側のカフェですら、こんなにもミクロクリマが異なるのかと驚いた。

各店舗はこうしてミクロクリマの環境を上げ、客を一人でも増やそうと、あの手この手で寒さ対策を考える。こうして、夏といわれる六月のコペンハーゲンでも、分厚い毛布や、テーブルの隣に置かれる美しい炭火のヒーター、テラス用の大型の石油ストーブなどが活躍し、人々はオープンカフェに集えるのである。

ヤン・ゲールは、人がオープンカフェを好む理由を「カフェが店内だけだった頃に比べ、入店前にミクロクリマを自分でチェックし、自分に最適な席が選べるからだ」と述べていた。寒がりな人はヒーターの隣で日当たりのよい席を、北風をものともしない者は風通りのよい席を自らの意思で選べるが、オープンカフェでない場合は店内の様子が見えず、失敗する可能性も高いため、結果としてスルーされることが多くなる。

オープンテラスを出すことで、店の売り上げは五倍ほど上がることになるという。オープンカフェで楽しむ客は自分とそう変わらない人間であり、かつ何

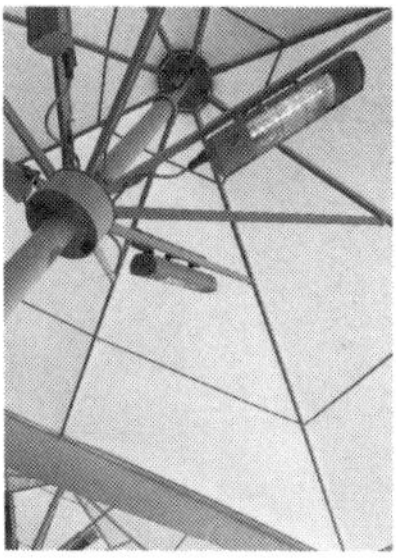

コペンハーゲンのカフェのひさしに取りつけられたヒーター

を食べているかも目の前でチェックでき、自分ができる経験も想像しやすいため、この店にしようという決断につながりやすい。

　コペンハーゲンが寒いのは北欧だから至極当然のことであり、放っておいたらオープンカフェに人が来るわけはない。日本の数少ないオープンカフェの大半は、真夏でも真冬でも、店の前に椅子とテーブルを並べただけで、暖房があったとしても使われていないか、せっかくの暖房の熱を大気中に放出し、客席まで熱が届いていないことが多い。それでは、厳しいミクロクリマのために人が座らないのは当然である。

　日本では湿気と蚊の存在、そしてオープンカフェの文化がないためにオープンカフェが成り立たないと思われがちだが、冬が長く日照条件が悪いヨーロッパに比べ、冬でも太陽が照りつける日本の特に太平洋側は、真夏以外はオープンカフェに向いている。

　ヤン・ゲールが語ったように、カフェのミクロクリマを整えれば、その一角は心地よくなり、座って時を過ごせるようになる。暑さの厳しいイタリアのオープンカフェでは、ひさしの下のミスト噴射器と扇風機で涼しい空間を演出している店もある。オープンカフェに座ってゆっくりと時を過ごす喜びはかけがえのない経験であり、一度それを覚えてしまうと、暑くてもコートを着てい

人をつなぎ止めるもの。
イタリア、シエナのカンポ広場

ても座りたくなるものなのだ。

実際、日本でも環境の整ったオープンカフェには八月の猛暑の中でも、二月のコートが必要な寒空の下でも、驚くほど人が座っているし、上野公園内にあるオープンカフェでは空席を見つけるのが難しい。

このように、オープンカフェは外にいる心地よさ、街との一体感を堪能しながらも外界の厳しさから守られている心地よさ、その二つの相乗効果で人々の滞在時間が長くなるのである。

人を惹きつけるパリのカフェテラス

オープンスペースや住環境について研究しているクレア・クーパー・マーカスは、著書『人間のための屋外環境デザイン』の中で、「広場空間で人びとがゆっくりすることを促すためには、広場は人びとにとどまるよう説得する何かをもつ必要がある。人びとはその周囲に視覚的複雑性を探しているし、空間的には坐れる、もたれる、象徴的に近くに立つ、見つめるなど、彼らを『つなぎ止めるもの』を探している」と語り〔155〕、また「オープンカフェの椅子は街ゆく人に対し、広場の利用が促されていることを伝える視覚的ヒントになる。

夏のイタリアのオープンカフェでは、巨大扇風機とミストが活躍

155. クレア・クーパー・マーカス、キャロライン・フランシス編、湯川利和、湯川聡子訳
人間のための屋外環境デザイン オープンスペース設計のためのデザイン・ガイドライン（鹿島出版会 1993）

実際、シアトルの広場に日よけのついたテーブルを設置したとき、カフェテリアの隣にある広場の利用がかなり増加した（筆者訳）」と述べている。[156]

パリのカフェテラスのひさしや街路に出された椅子は、まさに人々をつなぎ止めることを促す存在であり、人が楽しそうに過ごしていると、自分もつい腰かけてみたくなる。パリのカフェテラスのイメージ、テラスの椅子や路上に向かって張り出したひさしは、「街中で落ち着いてゆっくり滞在できる心地よい場」の象徴として世界中で機能している。

世界中の建築家たちは完成図の中にカフェのテラスを思わせる絵を描き、街なかの居場所を提供するニューヨークのプラザ・プログラムでは、わざわざフランスから輸入したビストロ・チェアが使用されている。

パリでは、カフェとビストロはほぼ同義語であり、ビストロ・チェアとテーブルの組み合わせは、パリのカフェテラスのイメージが原点だといえる。実際、私がニューヨークのマンハッタンを訪れた際、路上にテラスやひさしが張り出しているお洒落なカフェやレストランは、ほとんどがフランス風の店だった。

ブライアント・パークの中でも特に高級感を醸しているレストランのテラスは、フランスのカフェテラス風の籐椅子を使用している。また、コペンハーゲンの高級なオープンカフェやレストランは、パリの上質なカフェで伝統的に使

156. Clare Cooper Marcus, and Carolyn Francis People Places: Design Guidelines for Urban Open Space, 2nd Edition (Wiley 1997)

ブライアント・パークに面した高級感あるフランス風のテラス

用されてきた、フランスの「メゾン・J・ガッティ社」の籐椅子をわざわざ輸入して使用している。それほどまでにパリのカフェテラスのイメージは、お洒落で自由な街なかのくつろぎの場としてのシンボルとなっている。

インフォーマル・パブリック・ライフを生み出すルール
三：ハイライトの周りにアクティビティを凝縮させる

強力な磁場をもつハイライト

インフォーマル・パブリック・ライフを生み出すための三つ目のルールは、ハイライトの周りにアクティビティ、つまり商店や魅力的な要素を凝縮させることである。

ハイライトとは、そのエリアで重要な歴史的建造物や、その地名を聞いてパッと思い浮かぶ場所のことだ。たとえば、パリのエッフェル塔や凱旋門、ヴェネチアのサン・マルコ広場やニューヨークのタイムズ・スクエアなどはハイライトである。

まちづくりにおいてハイライトが重要なのは、ハイライトはそれだけで遠方

パリのエッフェル塔はまさにハイライト

から人々を惹きつける力をもつからだ。片道一時間かかっても、もしくは新幹線や飛行機に乗ってまで行きたいと思わせてしまう強力な磁力をもつ場所、それがハイライトなのである。

ハイライトにたどり着いた人はスマホやカメラを取り出して記念写真を撮っている。人は日常的には記念写真を撮らず、その場所や時間が自分にとって特別感があるものだったからこそ写真を撮っている。だからこそ記念写真を撮っている人が多い場所は、ハイライトだといえるだろう。

ハイライトは歴史的建造物であることが多いものの、多くの人を惹きつけるには、単に歴史的に価値があるだけでなく、シンボリックな意味があることが重要である。都市計画家のケヴィン・リンチは、「イメージの強さは、そのランドマークとなんらかの連想とが一致していれば、さらに増大する」と述べている。〔157〕

シンボリックな意味というのは、たとえば「ここからフランス革命が始まった」「ここでヘミングウェイが小説を書いていた」「モネが描いた風景である」「映画のラストシーンに使われた」など、何らかのストーリー性があることを指す。

また、歴史的建造物が世界中に溢れるなかで、人をそこに惹きつけ、再び訪

157. ケヴィン・リンチ著、
丹下健三、富田玲子訳
都市のイメージ（岩波書店 2007）

ヴェネチアのサン・マルコ寺院

れてもらうには、過去の物語だけでなく、むしろそこが現在どのような場として機能しているかが重要である。

日本の歴史的建造物は、過去の姿をそのまま保存しているものが多い。一方で、ヨーロッパでは歴史的建造物を単に保存するだけでなく、外観はそのままにして景観を保ちつつ、内部を改装して映画館やコンサートホール、レストランやカフェなどにして、現代生活に溶け込むかたちで保存することが多い。フランスには、教会を改装した映画館や博物館の展示室まで存在する。

そうすれば、人は建物の歴史的雰囲気を味わいながらも、その中で休息し、美味しい食事に舌鼓を打ち、五感を使ってその場全体を楽しめる。こうした場所は、観光客だけでなく、地元の人からも愛されている。

日本に数多くの寺社が存在するように、ヨーロッパには古代ローマの円形闘技場の跡が多く存在する。その中でも、特にイタリア・ヴェローナの円形闘技場「アレーナ」が輝きを放っているのは、それが単に歴史的建造物であるからだけでなく、夏の間、野外オペラが開催され、この唯一無二の場所でオペラを楽しむという行為が世界中の人々の憧れとなっているからである。

多数のフェスティバルを催している横浜の赤レンガ倉庫や、数々の文化的な催しを開いている横浜、山手の西洋館のように、歴史的な空間とイベントを上

ヴェローナのアレーナで夏季に開催される野外オペラ

手に組み合わせれば、そこでしか味わえない価値が生み出され、遠方からでも人がやって来る。

また、ハイライトは歴史的建造物に限らず、新しくつくり出すことも可能である。たとえば六本木ヒルズや代官山のＴ－ＳＩＴＥ、二子玉川ライズなどはその好例であり、人の動線を変えるほどの力がある。それは「大企業が関わったからだ」と思われるかもしれないが、パリではカフェがハイライトとして機能している例もある。

もともと個人経営だったサン＝ジェルマン・デ・プレの「カフェ・ド・フロール」や、同じ通りにある「レ・ドゥ・マゴ」などはその好例であり、芸術家や作家たちが多く集ったことで、カフェは観光名所にまでなり、一九四〇年代後半には、パリに着いたばかりの若い芸術家たちが、真っ先に目的地のカフェを目指したという。

もしこれといったハイライトが思い浮かばない場合、駅や交通の便のよい広場をエリアの中心と位置づけることも可能である。ハイライトが機能するには、できる限り歩行者の動線と重なることが重要だ。〔158〕

駅前をハイライトにするのであれば、広大なロータリーをつくったり、動線のための地下道や歩道橋をつくったりするのは極力避けるべきである。ハイラ

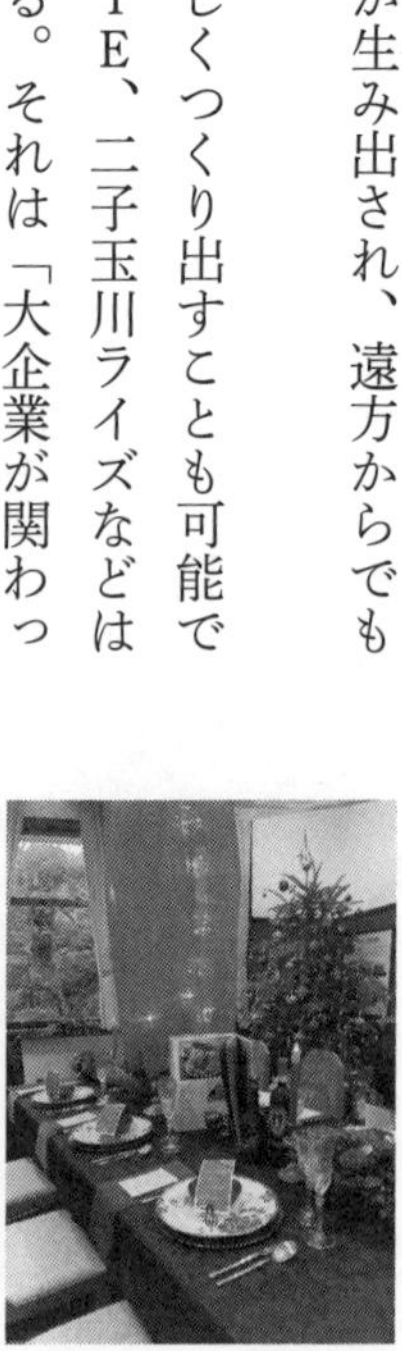
横浜、山手の西洋館で開催されるクリスマスのイベント

158. シリル・B.ポーマイア著、北原理雄訳
街のデザイン―活気ある街づくりのシナリオ
（鹿島出版会 1993）

イトのすぐ隣を車用の空白地帯にしてしまうのは、歩行者を惹きつける強力な磁場を台無しにしてしまうからだ。

ハイライトを盛り上げる空間演出

ハイライトがそれらしいたたずまいになるためには、それを眺める空間演出も重要である。ケヴィン・リンチは「役に立つランドマークにとって絶対必要な特徴は、その特異性、つまりその周辺あるいは背景との対照である」と述べている。[159]

たとえば、海に向かって歩いていて、急に視界が開けて青い海が広がると気分が高揚するように、人は広大な風景を目にすると感情的な喜びが生じるという。狭い路地を歩いていたら突然大きな広場に出くわし、巨大な聖堂が出現するように、うまく演出された景観は、都市の楽しみの大事な要素を占めている。イタリアのシエナのカンポ広場も、広大な広場へと至る道はとても狭く、狭い通りからの眺めは突然海に出くわしたかのような驚きと高揚感がある。

日本の伝統的な神社も、人々に高揚感を与えるデザインになっている。たとえば、参道が曲がりくねっていると、目の前に社殿が見えないため、人はこの

シエナのカンポ広場へと至る細い路地

159. ケヴィン・リンチ著、丹下健三、富田玲子訳 都市のイメージ（岩波書店 2007）

先に何があるのだろうと想像を巡らせる。そこに突然大きな鳥居や社殿が現れると、人々はその姿に圧倒され、敬虔な気持ちを抱く。

千利休の茶室も、たどり着くまでにいくつもの結界《けっかい》があり、それらを越えて行くことで、都会の真ん中にありながらも異界へと導かれるような気持ちの変化が感じられるようにつくられていたという。

ハイライトになるような大規模なお寺も、京都の清水寺や奈良の東大寺のように、奥に進むと視界がドーンと開ける空間があり、市内を一望できるなどして、より一層の高揚感を感じさせてくれる。このように、場のデザインによって高揚感やワクワク感を演出することも大切である。

モールづくりにも応用されるアンカーテナント

さて、ハイライトをこれだと決めたら、そこを中心にエリアの活性化を行うことが重要である。なぜならハイライトが強力な磁場として機能すれば、それだけで遠方から人を呼び寄せるほどの力をもつからだ。

実際、この方法はアメリカのモールづくりでも応用されている。アメリカで数多くのモールの設計を行い、その手法を市街地活性化に活かしているロバー

視界が一気に開ける清水寺

ト・ギブスによれば、「アンカーテナント」と呼ばれる超有名店は、賃料を払うことなくモールに店舗をもつことができるという。〔160〕なぜなら、その店が広告を打つだけで、遠方から多くの人がやって来るからである。

ロバート・ギブスは、「ショッピングセンターほどリスクの高い不動産はない」と言う。というのも、物が飽和している時代、人々が本当に買い物をする必要性は少なく、天候不順や忙しさ、病気やネット通販の利用など、わざわざ買い物をしに来ない理由はいくらでもあるからだ。

だからこそ、多少面倒な思いをしてでもそこに行きたい、と思わせる強力な磁石、すなわちアンカーテナントが必要なのだ。

アンカーテナントは様々なニーズに対応した店であることが重要である。というのも様々なニーズに対応した商品が揃っていれば、周辺地域の多くの人々が潜在的顧客になるからだ。

日本の郊外型ショッピングセンターを観察する限り、アンカーテナントとしての役割を果たしているのはユニクロや無印良品、スターバックスなど、ショッピングセンターの看板の下に大きな看板が出ている店だろう。どちらの店も老若男女の需要を満たせる店であることは注目に値する。

また、これらの店は広大なモールの奥に配置されていることが多い。アン

160. Robert J. Gibbs
Principles of Urban Retail Planning and Development (Wiley 2012)

カーテナントがモールの奥に配置されるのは、そこが目的地であれば、そこにたどり着くまでに人々が他の小さな店舗の前をぶらついてくれるからである。アンカーは奥に、他の小さな店舗はそこに至るまでの途中にちりばめる。これは、昔ながらの寺社とそこに至るまでの参道の店と同じ関係である。

一つのエリアにアクティビティを凝縮させる

インフォーマル・パブリック・ライフを生み出すために非常に重要なのは、ハイライトの近くに店や魅力的な要素をぎゅっと凝縮させることである。ヤン・ゲールはこう述べる。

> 行事やパーティを計画したことがある人は、場をもりあげるにはアクティビティの集中が鉄則であることをよく知っている。多くの客が見込めないときには、彼らを同じ階の少数の部屋に集める必要がある。ちょっと混雑しても大きな問題は生じない。むしろ、まったく逆である。客をいくつもの大きな部屋に分けたり複数の階に分散させたりすると、間違いなく印象の薄い催しになってしまう。〔161〕

エッジがカフェで埋め尽くされている
カンポ広場

161. ヤン・ゲール著、北原理雄訳
人間の街：公共空間のデザイン
（鹿島出版会 2014）

大切なのはアクティビティを分散させず一点に凝縮させ、空間に歯抜けをつくらないことである。

イタリアのシエナのカンポ広場には、オープンテラスのあるレストランやカフェが十八軒ほどびっしりと半円状に並んでいる。ヤン・ゲールによれば、人と活動が集中した、最も見事で簡潔なかたちは、全ての建物がひとつの広場の周りに集中しているような小さな町に見ることができるという。[162]

かつて人々が焚《た》き木を囲んで話し合っていたように、円形状、または小さな空間を囲むかたちで連続性をもち、そこに穴を開けないことが重要だ。クレア・クーパー・マーカスは「歩行者用商店街を成功に導く最も重要な物理的デザインの特徴の一つは、デッドスペースをなくすことだ（筆者訳）」と述べている。[163]

デッドスペース、つまりシャッターの下りた店や駐車場がメインエリアに一つでも存在すると、そこから徐々に全体の活力が奪われていく。シャッター通りはまさに活気あるパブリック・ライフの対極であり、マイナスのスパイラルを引き起こす。

閉ざされたシャッターは「ここに来るな」という無言の強いメッセージを発し、これらが一つ、また一つと連なることで魅力が低減する。目的地となる場

円形の広場のエッジにカフェが並ぶ
イタリア、ルッカ

162. ヤン・ゲール著、北原理雄訳
建物のあいだのアクティビティ
（鹿島出版会 2011）
163. Clare Cooper Marcus, and Carolyn Francis
People Places: Design Guidelines for Urban Open Space, 2nd Edition
（Wiley 1997）

所と場所の距離が遠くなるほど、面倒くさがりで疲れやすい歩行者は歩くことを諦め、エリアとしての求心力を失ってしまう。

だからこそ、街を活性化したいのなら、全体を活気づけたい気持ちをグッと我慢して、まずはハイライト周辺のエリアを重点的に活性化すべきなのだ。全体を活性化させるためには、一点に集中して人を呼び込み、それが成功してから周囲のエリアへ人を流すことが効果的である。

ヤン・ゲールは空間のつくり方について「迷ったら削れ」と述べているが、空間は小さく閉ざされているほうが、同じ人数でも賑わっているように見え、そのにぎわいに人が惹きつけられる。店の数がもともと限られているのであれば、それらをまばらに分散させるのではなく、隣り合わせればにぎわいが生まれ、訪れた者は濃密な体験ができる。

ローマのナヴォーナ広場のハイライトは噴水であり、長方形の広場のエッジの半分が十三軒ほどのカフェやレストランで埋め尽くされている。実際には、残り半分はカフェで埋められていないのだが、この広場に来た人は、カフェテラスで埋め尽くされたにぎわいのある広場だという印象をもつだろう。夜になればなるほど、ナヴォーナ広場はにぎわいを増していく。

こうして、選ばれた一点にぎゅっとアクティビティを凝縮させ、そこにまず

ローマのナヴォーナ広場のエッジの半分はオープンカフェやレストランで埋め尽くされている

人を集めること。そうすれば、周辺のにぎわいは後からついてくるのである。

ハイライトとの一体感を感じていられるオープンカフェ

現在でもハイライトとして人々を惹きつけている観光名所の多くは、かつて深く信仰されていた寺社や教会など、宗教的なパワースポットでもあった。イタリアやフランスの多くの広場がもともと教会前広場であったように、人々はパワースポットでの神聖な儀式の後、晴れやかな気持ちで広場を訪れた。広場を取り囲むように配置されたオープンカフェでは、ほっと一息ついて、日常の喧騒や忙しさからしばし逃れることができた。

ハイライトにシンボリックな意味や宗教的な意味があればあるほど、人々は巡礼のようにそこを目指して遠方からやって来る。そしてハイライトを訪れた後、わざわざそこを目指してきたのだから、しばらくその景色が見られるところにいたいと願ってオープンカフェに座ろうとし、せっかく来たのだから何か記念に持ち帰ろうと、土産物屋を散策する。

こうしてイタリアやフランスの教会前広場にはカフェができ、日本の門前町や参道は土産物屋や茶屋が繁盛し、ひと時を過ごしたい人たちで賑わってきた。

ハイライトを眺めていられるオープンカフェ

彼らが急いで帰らないのは、単に疲れて休憩したいだけでなく、パワースポットで心が洗われた感覚を足早に消し去りたくないからだ。ある空間の独特な空気感は、そこを訪れる人を変えるほどの力をもっているのではないだろうか。

澄んだ空気感の場所に行けば、心が洗われた気分になり、慌ただしい日常をしばし忘れることができる。活気ある場所に行くと、自分もそのエネルギーに影響されて、元気になることがある。場の空気というものは、古代から今に至るまで、人にそれを伝播させる力をもつと考えられてきたのではないだろうか。世界中で、ある場所は神聖な場所とされ、ある場所は忌み嫌われてきた。それほどまでに、人にはある場所の空気が自分に影響を及ぼす、同調するという感覚があるのだろう。こうしたエネルギーを波動と呼ぶ人もいる。人はできるだけ自分の心身をよい空気感で満たしたいと思い、プラスのオーラやキラキラした雰囲気があり、希望の感じられる場所に行って、そこに滞在しようとする。そこに自分もいることで、その波動に同調し、この先もいい気分でいられそうに思えるからだ。だからこそ、ハイライトの近くには、来訪者がその気分に浸ってゆっくりできる場を用意することが重要なのだ。

ハイライトまでやって来ても、たたずむ場所がないことで足早に帰ることを

ヴェネチア、サン・マルコ広場のオープンカフェ

選んだ場合、そのご利益にあずかることは難しい。慌ただしくバタバタとした日常は、神々しい経験も一瞬にして消し去るパワーをもっているからだ。日常の圧力に抗するのは誰にとっても至難の業で、夢のような経験をした後ですぐに日常に戻ってしまうと、思い出は幻のように消えてしまう。

だからこそ、ハイライトが見える場所に、その空気感に浸っていられるオープンカフェがあることは、ただの飲食や休憩以上の意味をもつのである。

オープンカフェが重要なのは、そこからハイライトを眺めることができ、ハイライトを囲む街との一体感を感じていられるからである。どんなにハイライトから近い場所でも、日本の喫茶店のように閉ざされた店内しかない場合、そこにいながら街との一体感を感じることは難しい。

オープンカフェの幸福感

ハイライト付近のオープンカフェでリラックスした時を過ごす人は、それを見る通りすがりの人々にも大きな影響を与えている。彼らの姿は、パブリック・ライフに関する本のイメージに使われているように、まさに人の幸せそのもののようである。だからこそ、その前を通りすがる人たちに今日はそこに行

人々がくつろぐパリのカフェテラス

けなくても、私もいつかあそこに行きたい、という強烈なイメージを抱かせる。
ウディ・アレンが製作した映画『ミッドナイト・イン・パリ』のオープニングシーンには、パリのオープンカフェが次々に映し出されるが、カフェの連なりは、「オープンテラスで人々が楽しそうにくつろぐ自由でお洒落なパリ」というイメージを観客に与えていく。

病気になって自宅のベッドから動けないときや入院中など、いつか元気になったら行きたいと願う場所に、オープンカフェがあるかもしれない。乳幼児を育てている母親の中には、「なにがなんでもスタバに行く」という時間を死守している人もいる。彼女たちには、それが本当に貴重でかけがえのない時間のようである。

それほどまでに強烈に「カフェに行きたい」と願うのは、カフェで過ごす時間が、健康で、自分のための時間がもてるという、金銭的にも時間的にも余裕がある暮らしの象徴だからではないだろうか。体調があまりに悪いときは外に出ることができないし、出られたとしても、カフェイン入りの飲み物が大半を占めるカフェは、元気のない人にはハードルが高い。

朝から晩までひたすら働き詰めだとカフェには行けない。金銭的余裕がないとき、無駄なものとして真っ先に切り捨てられやすいのはカフェ代である。だ

オープンカフェで過ごす豊かな時間

からこそ、カフェに行って時を過ごすことは、自分は健康的で金銭的、時間的にも余裕があるのだと他ならぬ自分自身に言い聞かせることでもある。

オープンカフェにリラックスして座っている人たちのキラキラしたまばゆいイメージは、自分が時間的にも金銭的にも余裕がないときはより一層の魅力を放ち、いつか私もあそこでゆっくり座りたいと夢のように思わせる。そこに座ってゆっくりと時を過ごすことができる自分は、それを羨ましそうに眺めていた自分よりもステージが一段上がった証拠なのだ。

ハイライトの近くにあるカフェにはるばるやって来た場合、カフェは単なる飲食店の役割を超え、より象徴的なニュアンスを帯びてくる。つまり、憧れの地まで行くことができる健康で元気な自分、そこにたどり着くまでの旅費を払うことができ、団体旅行であくせくするのでもなく、ゆっくりとお茶を飲んで辺りを眺められる余裕があるというプラスのイメージの象徴になる。

オープンカフェでのリラックスした時間は、世界中で余裕やゆとりのシンボルとして機能してきた。だからこそ、イタリアやフランスのカフェを体験し、そこに憧れたデンマークの人たちは自国にオープンカフェをつくり、かつて外国で過ごした余暇を思わせる時間を楽しんだのではないだろうか。

私は、子どもを産んでからようやくたどり着いたヴェネチアのサン・マルコ

カフェ・フローリアンから
サン・マルコ広場を眺める幸せ

広場のカフェ「フローリアン」でお茶をしたときの喜びを忘れない。それは子どもが生まれて八年目にして初めて手にした、たった二日のバカンスだった。

そこで私は喜びを噛み締めながら、いつものように考え事をしようとノートを取り出した後、何も書くことがない自分に気がついた。まさに私が求めていた幸福はそこにあり、「これ以上何を望むことがあろうか」と気づいたからである。

世界にたった一つのサン・マルコ広場を眺めながら、ゆっくりとカプチーノが飲める幸せ。目の前で演奏されるオーケストラの音色、行き交う人々の笑い声、広場全体のざわめきが心地よく交ざり合う。こうした空間に自分が座っていられること、それこそが私の求めていた幸せではなかったのかと。

コロンビアのボゴタを変えた元市長、エンリック・ペノロサが言うように、公共空間における幸せとはまさに人間の幸福そのものであり、その喜びは回を重ねても減ることがない。世界に唯一無二の場所を心ゆくまで眺めていられるだけでなく、気の向くままに美味しいコーヒーを飲み、ケーキを食べられるというのは、まさに幸福そのものである。

こうした店は、他の店より値段が高いだろう。けれども、人はただコーヒーを飲みにそこに来るのではなく、そこで唯一無二の経験をしに来るのである。

サン・マルコ広場のカフェの生演奏

場があることで促される特別な経験があるからこそ、ハイライトの近くにオープンカフェがあることが重要なのだ。

街との一体感を感じるオープンカフェにゆったりと座り、幸せを噛み締め、自分自分に戻ってリラックスしていると、ふと根源的な疑問が沸き起こるかもしれない。

目の前に広がる文字通り幸せそうな光景。美しい歴史的建造物の堂々たる姿。楽しそうに走り回る小さい子どもたち。雨が降ってもひさしが守ってくれ、あたたかい飲み物や美味しい食事が運ばれてくる。周りの人たちは思い思いに話をし、楽しそうに生きている。気づけば生演奏すら聞こえてくる。そしてはたと納得する、これを幸せというのだと。そして、ふと疑問に思う。

自分にとっての幸せとは？

これからの人生をどう生きることが、本当の幸せなのだろう？

これまでのように、ただ忙しい日常をこなしていくことが幸せなのか、それともまた別の道があるのか。そんなことをふと問えるのは、その場所に来るという目的を達し、少し成長した自分と共に、これまでとは違った視点で物事を見つめ直したからだろう。

美しい光景の中でリラックスして幸せそうに過ごす人々は、文字通り絵に描いたように美しい。できればこのような時間が続いて欲しいと願ったとき、カフェで本来の自分になって過ごす時間は、予期せぬ気づきや人生のゆらぎを与えてくれるのだ。

インフォーマル・パブリック・ライフを生み出すルール
四：エッジから人々を眺めていられる場所をつくる

エッジから人のアクティビティを眺める

インフォーマル・パブリック・ライフを生み出すための四つ目のルールは、ハイライトを中心としたエリアのエッジに、人々を眺めていられる場所をつくることである。

広い空間や街路全体ににぎわいをもたせるには、まずそのエリアのエッジ、つまり境界部分に人を滞留させることが重要である。人が集い始めるのはいつも空間の中心からではなく、エッジからなのだ。

美しい景色の中で幸せそうに過ごす人々

これは、外敵から身を守る必要性が低下した現代ですら、人間が本能的に背後からの攻撃を恐れていることが関係している。人は背中に目がついておらず、背後から突然襲われると身を守ることが難しい。そのため、背後が守られて自分の後ろを人が通らない場所が好まれる。

まずは二つの壁に守られている隅が埋まり、背後が守られているエッジが埋まって初めて中心にも人が集まるという法則は、広場だけでなく電車の席やレストランでも同様である。エッジが埋まればその中にいる人も、エッジにいる人の視線によって守られているように感じて安心できる。

また、人がエッジに集うのは、単に外敵から身を守るためだけでなく、そこから見える人々と世界を眺めていたいからである。そこにいれば、なかば陰になったところにひっそりと身を置きながら、一方で広い空間を見晴らすことができる。都市空間でも、建物の前に列柱廊、ひさし、日よけがついていると、同じように、そこでのんびり時を過ごし、人目につかずに周りを観察することができる。[164]

ここで注意すべきなのは、人が眺めていたいのは、自然や美しく手入れされた花壇よりも、実は人の動き、活動だということである。コペンハーゲンの歩行者空間、ストロイエでの観察によれば、歩道を歩く人に面して置かれたベンチは、

エッジから人を眺める
シエナのカンポ広場

164. ヤン・ゲール著、北原理雄訳
建物のあいだのアクティビティ
(鹿島出版会 2011)

花壇に面して置かれたベンチに比べて十倍も利用者が多かったという。〔165〕

日本には植物を愛する伝統があり、よく手入れされた植物のある遊歩道や花壇をよく目にする。しかし残念なことに、大抵の場合、こんなにも人は緑に興味がないのかと悲しくなるほど、その付近には人が歩いていない。一方で、そこから数百メートル進んだ先のショッピングモールやイベントスペースには緑はないが、こんなにも人がいたのかと驚くほど人で溢れているものだ。

パブリック・ライフの研究家たちが口を揃えて言うように、人を無意識に惹きつけるのは人の行動であり、人は人のいるところに集まってくる。ヤン・ゲールは観察の様子をこう語る。

> 歩道画家が絵を描いていると、まわりに人垣ができた。しかし、彼が立ち去ると、人びとは平気で彼の絵を踏みつけて歩きすぎた。音楽についても同じことが言える。街を歩く人びとは、レコード店のスピーカーから鳴り響く音楽にはまったく反応を示さなかった。しかし、生身の音楽家が演奏や歌を始めると、生き生きとした関心をもった聴衆が即座に集まってきた。人びとは人間とその活動に注意を払っている。このことは、地区内のデパートの拡張工事を観察した結果からも明らかである。（中略）たくさん

165. Charles Montgomery
Happy City: Transforming Our Lives Through Urban Design
(Penguin Books 2015)

の人が工事の進行を見るために足を止めた。その数は、デパートの一五のショーウィンドーの前に立ち止まる人の総数を上まわっていた。この場合も、関心の対象になったのは工事現場そのものではなく、そこで働いている人びとと彼らの作業であった。昼休みや退出時間後、現場に人がいなくなると、足を止める通行人がほとんどいなくなったことがそれを裏づけている。〔166〕

ジェイン・ジェイコブズも声を大にして、人は人がいるところに集まると語っている。

雑用中の人々や、飲食を求める人々が引き起こす活動は、それ自体が他の人々にとっての誘因となります。（中略）人々が活動や他の人々を見るのが大好きだということは、あらゆる都市で絶えず明らかです。〔167〕

では、なぜ人は人のいるところに集まるのだろう。マイケル・ブルームバーグ元ニューヨーク市長と共にニューヨークの交通改善に多大な貢献をした、元ニューヨーク市交通局長のジャネット・サディック・カーンは「人々がディ

フィレンツェの歩道画家を眺める人たち

166. ヤン・ゲール著、北原理雄訳
建物のあいだのアクティビティ
（鹿島出版会 2011）
167. ジェイン・ジェイコブズ著、山形浩生訳
アメリカ大都市の死と生（鹿島出版会 2010）

ナーパーティで一番集まる場所はリビングやダイニングではなくキッチンである」と述べている。[168] それは、人はエネルギーとアクティビティが凝縮しているところにいたいと望んでおり、そこに惹きつけられるからである。

タイムズ・スクエアでは自然など感じられないが、それでも人はそこを目指してわんさか集まって来る。渋谷のスクランブル交差点もシエナのカンポ広場もほとんど緑はないものの、いつも人で溢れている。たしかに緑があることはエリアの印象と価値を上げ、住みやすい住環境に貢献するものの、にぎわいを生みたい場合に最も重要なことは、人が人を呼ぶということであり、そのためには、人の滞留を促すアクティビティをエッジに用意する必要がある。

リラックスした人が集まる場

では、人が人を呼ぶには、どんな人でもよいのだろうか。満員電車にすでに嫌気が差している人が、駅構内の人混みや黒いスーツに身を包んだ人たちについ惹かれるだろうか。

重要なのは、仕事や学校から離れた自分の時間に、あえて行きたいと思えるかどうかである。だからこそ、身分や仕事に縛られた人たちではなく、自分ら

168. Janette Sadik-Khan and Seth Solomonow Streetfight: Handbook for an Urban Revolution (Viking 2016)

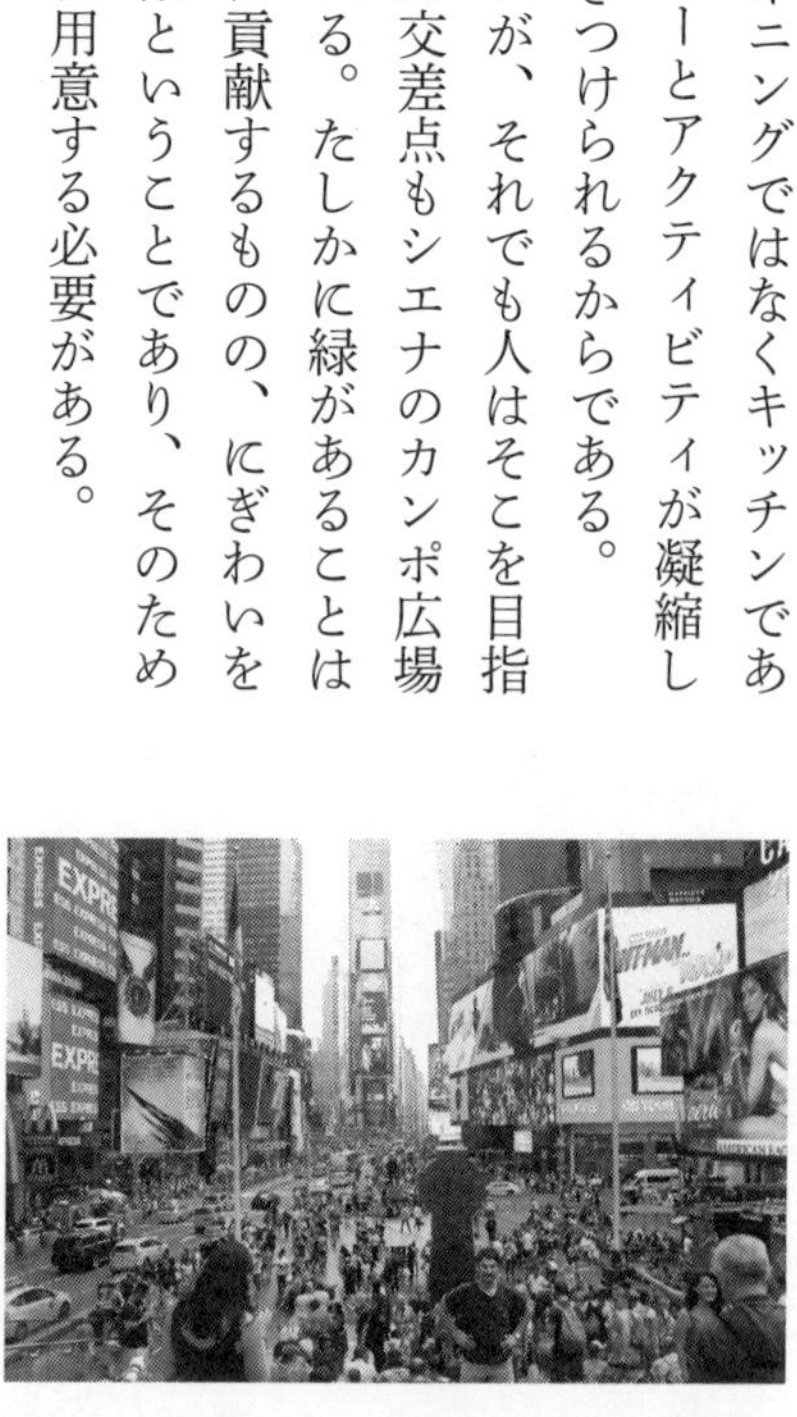
ニューヨーク、タイムズ・スクエアの熱気

しくリラックスできている人たちがゆるやかに集う場をつくることが、魅力を放つ場になる鍵となる。

たとえば、ニューヨークのブライアント・パークは大都心にありながら、平日も休日も多くの人で賑わっている。もちろんビジネスの合間にランチを持ち込む人でも賑うが、夕方にかけてはもっと賑わう。これほどまでに人口密度の高い公園というのは、世界でも珍しい。

ここがそんなにも魅力的なのは、大都心にありながら、非常にリラックスした雰囲気をもっているからに他ならない。ブライアント・パークには背の高い樹々が立ち並び、広場のように囲われた安心感がある。ゴミゴミしたタイムズ・スクエアから徒歩で五分もかからない距離にあるとは思えないほど緑が多く、まさに都会の中庭である。木陰で人々は、思い思いにテーブルと椅子を使い、本を読み、ご飯を食べ、友人と話をし、のんびりとした時を過ごしている。

また夏の間、セーヌ川沿いを海辺のようにする「パリ・プラージュ」は、パリの真ん中にビーチ用の長椅子を置き、カフェや遊び場を設置し、大人も子どももリラックスした時間を楽しめる。セーヌ川沿いだけでなく、ウルク運河沿いのパリ・プラージュも、目の前にはボートが連なり、フランスのリゾートに来たかのような気になれる。

リラックスした雰囲気のブライアント・パーク

初めてこうした場所を訪れたとき、誰もが度肝を抜かれることだろう。しかし、自分も彼らの隣に座ってみると、たしかにとても心地よく、自分がパリやニューヨークという大都会にいるとは思えない。ここに集う人は、普段はスーツを着たエリートビジネスマンかもしれないが、そんなことはわからないし、誰もそんなことを気にしていない。

ブライアント・パークは人々のアクティビティで満ちている。マジックをする人、生演奏やジャグリングをする人、ゲームをする人。無料のアクティビティも豊富に用意されているため、自分も挑戦してみようかなという気になれる。面白いことや風変わりなことをやっている人がいればいるほど、「そんなんありか！」と自分の発想の幅も広がっていく。

心地よい空間でゆっくりと時を過ごしたければ、公園内のベーカリーショップでパンやコーヒーを購入し、目の前のオーガニックスーパーでデリを買うこともできる。パリ・プラージュには何軒もカフェが出店され、エスプレッソやアルコールも手に入るから、子どもを砂浜や遊具で遊ばせながら、大人は心地よい時間を楽しめる。こうした場は多くの人に開かれた、インフォーマル・パブリック・ライフの好例である。

リラックスした雰囲気のパリ、ウルク運河沿いのパリ・プラージュ

エッジにオープンカフェがある利点

クレア・クーパー・マーカスは「世界的に、人々は空間の真ん中よりもエッジに座る傾向がある。そのため、広場のエッジや境界は、可能な限り、座ることや眺めることができるように設計されるべきである」と述べている。〔169〕エッジには人々の滞留を促すアクティビティを設置すべきだと書いたが、その代表格こそオープンカフェである。なぜなら、オープンカフェに人がリラックスして座り、かつ彼らの視線がエリアの中心を向くことで、エッジに囲まれた空間全体に安心感が生まれるからである。

客は、自分の好きなことをしながら、人々の活動に目を向け、街との一体感を感じていられる。カプチーノを飲みながら、噴水で水浴びする子どもや、市場で買い物をする人たちをぼんやりと眺めつつ、新聞を読んでいられる。オペラの公演の後、深夜のオープンカフェで家族と話しながら、公演を終えたオペラ歌手がカフェの前を通り過ぎるとき、イタリア人の客に交じって「ブラーバ！」と叫んでみる。心地よい風が吹き抜けるテラスでワイン片手に生演奏を聴きながら、美しい広場や教会、空に向かって一斉に飛び立つ鳩を眺めていられる。

パリ・プラージュの運河沿いのカフェ

169. Clare Cooper Marcus, and Carolyn Francis People Places: Design Guidelines for Urban Open Space, 2nd Edition (Wiley 1997)

インフォーマル・パブリック・ライフの幸せというのは、自由気ままな時間を過ごしながらも、目の前の世界や人々との一体感を感じていられることである。そこでは、人と一緒にいる安心感を感じながら、自分の自由を最大限に満喫することができるのだ。

公共空間の使い分け：セミ・プライベート・ビーチ

パリ・プラージュがそのお手本としている本場フランスやイタリアのビーチは、シートやバスタオルさえ持って行けば、基本的には誰でも無料で滞在できる公共の空間だ。とはいえ、完全な公共空間はベンチ同様に気候条件も厳しく、安全面にも不安があるため、そこに長時間滞在することは難しい。ビーチの場合、シートを敷いても直射日光と、シートの下から伝わる熱であまりに暑く、一時間ほど滞在するのが精一杯だ。

一方で、大抵のパブリック・ビーチの横には二千〜三千円程度の料金を払えば長椅子やパラソルが借りられるプライベート・ビーチが存在する。これは広場とオープンカフェのような関係性であり、ほぼ同じ空間にいながら、お金を払うことでより良い経験が得られることになる。

オペラ終了後にアレーナ前のカフェに集う人たち

プライベート・ビーチでは、長椅子のおかげで地面からの激しい熱を受けることもなく、寝そべる身体の上と下を風が吹き抜ける。パラソルを借りられた場合、大きな日陰が直射日光から守ってくれる。その心地よさゆえに、イタリアでは半日近く滞在してのんびりする人が非常に多い。この滞在時間は、パブリック・ビーチとは雲泥の差である。

プライベート・ビーチでは、心地よい風に吹かれて自分の時間を過ごしながら、目の前でゆっくりする人々を眺めていられる。目の前には海で泳ぐ人だけでなく、本を読む人、スマホを眺める人、食事をとる人、日光浴をしている人などがいて、皆思い思いに好きなことをして楽しんでいる。

イタリアのプライベート・ビーチにはバールもあり、美味しいエスプレッソやカプチーノを自分の席で飲むことができ、ワインや食事すら楽しめる。心地よい海風の中で好きなことをしながら海や人々を眺めるのは、最高に自由で、贅沢な時間である。皆、自分の席に布をかけたり、パラソルに荷物をかけて自分の陣地をつくり、見知らぬ海辺がひと時の間、自分のプライベート空間に変身する。

広場やベンチと、そこに面したオープンカフェ、パブリック・ビーチとプライベート・ビーチのように、公共空間には使い方の選択肢が用意されているこ

イタリアのプライベート・ビーチでくつろぐ人たち

とが重要である。お金がないときや忙しいときはさっと立ち寄ることができ、非日常感やゆったりした時を味わいたいときは、お金を払って特別な時間が味わえると、自分がどのような状況であれ、とりあえずそこに行こうという気になれる。

ヤン・ゲールは、アクティビティとは滞在時間と滞在人数の掛け算だと語っている。〔170〕人がゆっくり滞在でき、かつそのリラックスした姿に惹かれて多くの人が集う場は、目的地として機能するようになる。

イタリアやフランスのオープンカフェは、公共空間に椅子を設置する代わりに、行政にそのスペースの占有料を支払っている。カフェが活気づくほど、結果として広場は賑わい、そのお金も市町村に還元される。市町村がそのお金を公共空間の整備に再投資することで、生活の質が高いエリアがより広範囲につくられることになるのである。

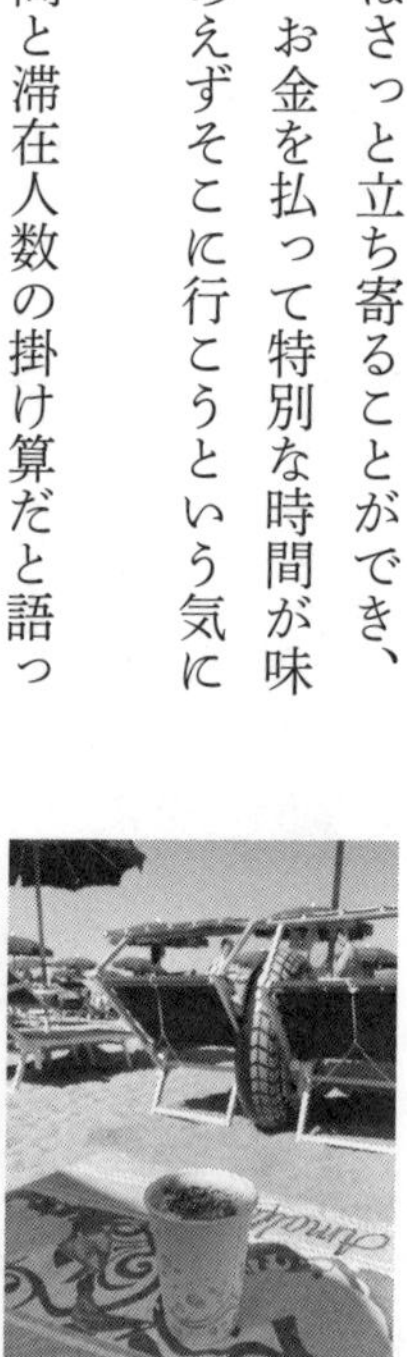

海を見ながら自分の席で
カプチーノが飲める幸せ

170,171. ヤン・ゲール著、北原理雄訳
人間の街：公共空間のデザイン
（鹿島出版会 2014）

インフォーマル・パブリック・ライフを生み出すルール

五：歓迎感を感じられるエッジをつくる

エッジのデザインの重要性

インフォーマル・パブリック・ライフを生み出す五つ目のルールは、「統一感」と「歓迎感」を感じられるエッジをつくることである。それによって、そこを通る人々は、自分は場違いではなく歓迎されているという印象をもつことができる。

ヤン・ゲールは、「街のエッジをどのように処理するかによって、都市空間のアクティビティが大きく左右される。その点で特に建物の低層階の扱いが重要である」と述べている。〔171〕

なぜ建物の低層階が大切かなのかというと、街路を歩いている人にとっては一階部分で起こっていることしかほとんど目に入らないからである。これは人間の視覚の特性による。

視覚には水平性があるため、前を見たとき、両側にほぼ九十度の水平角の範囲については、ひと目で様子が摑める。街路を歩いている人は、大抵の場合、建物の一階部分と街路空間の中で起こっていることしか見ていない。そのため、出来事が知覚されるためには、それを歩行者の目と同じ高さで行う必要がある。〔172〕

これを言い換えると、一階部分のエッジさえ丁寧につくられていれば、実はどんなに高層ビルの多い街でも、それほど不快ではないということなのだ。

ニューヨークや香港の街なかを歩いていると、一階部分にお店や露店が連なり、通りすがる人々や様々なアクティビティに目を奪われてしまうため、そこが高層ビル街であることをあまり意識しない。あんな高層ビル街に自分がいたのかと気づくのは、空港に向かうバスなどに乗ってその街を離れ、街全体を客観的に眺めたときである。

東京の丸の内ブリックスクエアも、パリの公園のようにリラックスして人々がくつろいでおり、初めて足を踏み入れた人の多くは、東京のど真ん中に出現した心地よい雰囲気に驚きを隠せない。実は、そこは超高層ビルの足元なのだが、言われるまで大抵の人はそれに気づかない。高層ビル街というと無機質で冷たいイメージを抱きがちだが、実際に問題なのはビルの高さそれ自体ではなく、一階部分にどれほど歓迎感のあるエッジが連なっているかなのである。

面倒くさがりの歩行者は、エッジが無機質でつまらなければ、できる限りそ

172. ヤン・ゲール著、北原理雄訳
建物のあいだのアクティビティ
（鹿島出版会 2011）

こを避けようとする。ヤン・ゲールは、エッジのつくりが歩行者の気持ちを変化させることについて、こう語る。

歩いて街を動き回ると、建物の1階が提供してくれるものを十分に体験し、豊かな細部と情報を心ゆくまで味わうことができる。歩くことが興味深く有意義になり、時間があっという間に過ぎ、距離が短く感じられる。しかし、経路沿いのエッジがつまらなかったり、1階が閉鎖的で単調だったりすると、貧弱な体験しか得ることができず、歩くのが長く感じられる。プロセス全体が無意味で退屈になり、歩く意欲を失ってしまう。〔173〕

たとえば、東京・新宿西口の副都心へ向かう地下通路や、東京駅の京葉線に向かう地下道のように、エッジに歓迎感がなく、ほとんど何も存在しない場合、多くの人はそこを通過点として通るとはいえ、そこに留まりたいとは思わない。少し休みたいと思っても、それを促す場が存在しないからである。

そこにはほとんど刺激がないため、たとえ動く歩道があっても距離は長く、無駄な時間に感じられる。反対に、同じ動く歩道であっても、たとえば横浜の桜木町からランドマークタワーに行く道沿いでは、帆船日本丸や照明の移り変

173. ヤン・ゲール著、北原理雄訳
人間の街:公共空間のデザイン
(鹿島出版会 2014)

エッジに何もない通路は面白みに欠ける。
横浜駅

わる観覧車などが様々に異なる表情を見せてくれるため、動く歩道に乗って急ぐのがもったいなく思えるほどで、実際にそこから降りて立ち止まり、写真を撮っている人がいる。

また、新宿の都庁前広場のように、人の滞留を促すものが何も用意されていない場合、人はそこを足早に通り過ぎ、広場が閑散とした空間と化してしまう。誰にも使われない広場というのは、エッジのデザインに人を歓迎しているというサインが欠けている。

クレア・クーパー・マーカスは、「広場の境界部分となる建物の機能は広場のアクティビティを決定づける重要な要因である。オフィスビルや銀行の無機質な壁は広場をデッドスペースにする傾向がある。小売店やカフェは広場に人々を惹きつけることで、広場を生き生きさせることになる（筆者訳）」と述べている。[174]

だからこそ、広場をつくる際にも、エリアの活性化の際にも、中心部を囲むエッジに何を配置するかは細心の注意が必要なのだ。なぜなら、エッジのデザインを間違えると、そのエッジに囲まれた空間全体が失敗する可能性が高くなるからだ。

エッジにアクティビティがない
新宿都庁前広場

174,175. Clare Cooper Marcus, and Carolyn Francis People Places: Design Guidelines for Urban Open Space, 2nd Edition (Wiley 1997)

エッジの統一感

エッジには、統一感と連続性があることが重要だ。統一感があるエリアに足を踏み入れたときに感じるのは、独特の安心感である。メインストリートに面した建物の外観に統一感があれば、人はひと続きのエリアを歩いていると感じることができ、不安を感じることがない。

反対に、エリアに統一感がなく、視覚情報が混乱していると、自分の地理感覚に自信がある人でも、本当に自分が目的のエリアにいるのか不安になってしまう。歩行者にとってまず重要なのは、自分が今どこにいて、どこに向かっているかを把握できていることである。それがあって初めて、人は安心して散策し、周囲を眺めることができる。自分の位置感覚が摑めた歩行者は、色や光、舗装や香り、音などに対する感度を上げるという。〔175〕

エッジには統一感に加えて、人に不安を与えないように、道案内があることも重要である。ヴェネチアは迷宮都市にもかかわらず、ほとんど誰も地図やグーグルマップを見ずに歩いているのは驚きに値する。

それが可能となるのは、適当に歩いていても交差点や広場に「サン・マルコ広場はこちら」とか「アカデミア橋はこちら」という標識があるため、歩いていればそのうち目的地に到着するだろうという安心感をもちながら、冒険気分が楽しめるからだ。

道案内は、人々が迷わなくなるだけでなく、時間に余裕のある人がエリア内の他の場所にも足を延ばす可能性を広げてくれる。街角に設置された詳しいストリートマップは、観光客だけでなく地元の人からも新しい発見があると好評を博しており、ニューヨークやロンドン、パリではそれが充実している。

また、統一感のある街並みを守ることは簡単ではないだけに、その街を大切にしていることが非言語コミュニケーションによって伝わりやすい。その姿勢にそこを訪れた者も敬意を抱き、自分もできるだけ街を大切にしようとする。美しいものをあえて傷つけたいと思う人はあまりいないものであり、美しい伝統的な街並みであるという理由によって京都やパリは第二次世界大戦中に大規模な空爆を免れたほどである。

落書きされたり、窓ガラスが割られたりしたときに再発を防止するには、即座に元通りにするべきだといわれている。ゴミが溢れた街では、人はゴミをポイ捨てしてもよいと思ってしまうが、一つもゴミが落ちていないところでは、人はポイ捨てできないものなのだ。クレア・クーパー・マーカスはこう述べる。

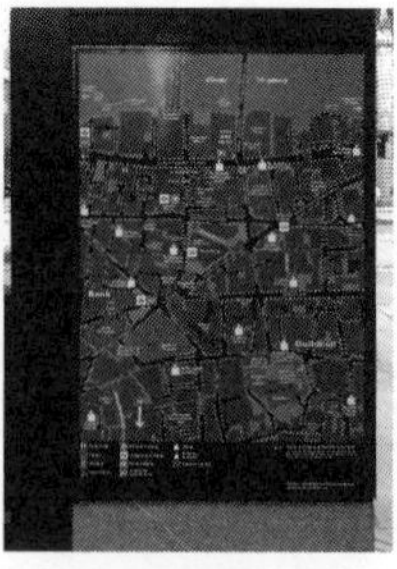
ロンドン中心部にある道案内

人びとはどのパブリック空間においても管理者がそこを気づかっていると理解するなら、自分たちもそこを世話するだろう。プランターが萎れきった花で満たされており、不適切な屑入れが置かれており、芝生のメンテナンスが拙いなら、その隣の建物のイメージが悪くなるばかりか、人びとによるそこの利用が歓迎されていないことを示すことになるだろう。昼休み時に芝生に散水することは、公衆に対し立ち去るべしとする無神経なメッセージである。屑入れは、設計者が見落としがちだが、屋外空間で成功裏に機能するのに不可欠な細部である。〔176〕

エッジの景観規制

エッジの統一感をつくるために大切なのは、建物の一階部分のデザインに関して、エリア内で規制をかけていくことである。ヴェネチアに足を踏み入れた者があっと驚くのは、映画のセットのように美しい街並みだが、これは規制の賜物である。

イタリアでは一九六〇年代から歴史的中心地を面的に保存する取り組みが進み、歴史的中心地として認定されたところでは建物の外観を変えられなくなっ

一階部分のエッジの統一感を大切にしているコペンハーゲンのニューハウン

176. クレア・クーパー・マーカス、キャロライン・フランシス編、湯川利和、湯川聡子訳 人間のための屋外環境デザイン オープンスペース設計のためのデザイン・ガイドライン（鹿島出版会 1993）

た。一方で、建物内部のリフォームは可能なため、かつての趣を残したままで、パン屋やレストラン、おもちゃ屋などとして現代生活に適応している。

イタリアは歴史的中心地では外観の厳しい規制に加え、看板や店舗のデザイン、照明なども規制している。そのおかげで魅力的なエリアがつくられ、八〇年代以降の商店街の復興に貢献し、今でも驚くほど個人経営の店が多く、扱っている商品も地方ごとにバラエティに富んでいる。[177]

また、パリを訪れた者は、魅力的で美しい街並みが単なる観光地としてだけでなく、ヨーロッパ経済の中心地として機能しているという事実に驚くことだろう。経済的に栄えるためには、街並みを破壊して高層ビルやマンションを乱立させる必要はないのである。

実はフランスでは、歴史的建造物の半径五百メートル以内に立つあらゆる建築に、一九四三年から規制がかけられている。こうして街を守ってきたおかげで、パリのセーヌ川沿いはノートルダム寺院のあるシテ島からエッフェル塔付近に至るまで、広大なエリアが世界遺産として認定された。フランスには歴史的建造物が四万もあるため、規制はかなりの広範囲にわたっている。[178]

フランスの都市計画を研究してきた和田幸信氏は、ディジョン市の保全地区の規制についてこう述べている。

177. 陣内秀信著
イタリア 小さなまちの底力（講談社 2006）
178,179. 和田幸信著
フランスの景観を読む―保存と規制の現代都市計画
（鹿島出版会 2007）

店舗の設置にあたっては、まず伝統的な建物の外観をできる限り保存することが求められる。そのため開口部の位置や形態をそのまま残して、開口部の列が垂直にも水平にも一列に並ぶことが指示される。店舗では、ショーウィンドーの面積をできる限り大きくしようとする傾向があり、規制をしないと伝統的な建物の開口部の列が損なわれる恐れがあるため、この規定は重要である。また店舗は伝統的に1つの建物に入っていたので、複数の建物にわたって店舗を設置することは禁止される。(中略)シャッターについても、格納する部分を外からできるだけ見えないようにすることが求められる。また店舗の色彩については、前面道路や歩道、石畳などの色などを総合的に考えて決めるようにしている。(中略)このように店舗で用いる材料や色彩が規制されているため、保全地区では日本の商店街のような、あらゆる材料が用いられ、あらゆる色彩が氾濫するようなことはなく、歴史的な市街地らしい店舗が軒を連ねている。[179]

イタリアやフランスでは、こうした規制が歴史的な街並みに独特の雰囲気を与え、そこに人々が惹きつけられ、観光地としてもにぎわいを増し、経済が活性化していった。

　また、建物の外壁だけでなく、エリアの印象にとって意外と重要なのが道の舗装である。舗装にまで気を配っているところは限られているため、舗装に配慮された街路を歩くと、人は無意識に「この場所は特別感がある」という印象を抱き、自分が大切にされているように感じる。路面部分に位置する舗装は確実に人々の視野に入るため、大きな印象を残しやすいのである。

　シリル・B・ポーマイアは「主要な街路に特別な舗装を用いると、アメニティと視覚的な豊かさの感覚をつくりだすのに、きわめて大きな効果を発揮する。また特別な舗装は、一貫した使い方をすると、歩行者システムを強化する誰の目にも分かりやすい連結要素になる」と述べている。〔180〕

　イタリア、ヴェローナの歩行者空間の舗装には大理石が使用されている。雨が降ったときにはツルツル滑るのが難点とはいえ、人が気軽に歩く道に大理石がふんだんに使われているのは、自分が大切にされているように感じて心地よい。東京の丸の内仲通りや自由が丘のマリ・クレール通り周辺など、何かが他と違うと感じるお洒落で高級感ある通りは、舗装にこだわっている場合が多い。

180．シリル・B．ポーマイア著、北原理雄訳
街のデザイン―活気ある街づくりのシナリオ
（鹿島出版会 1993）

ヴェローナの高級感ある舗装

空間をできるだけ閉ざす

あるエリアを活性化したい場合、そのエリアは建物の外壁や高い街路樹などによってはっきりと規定された、閉ざされた空間であることが望ましい。カミロ・ジッテは、広場の本質的条件は、はっきりと限定された閉ざされた空間だとしている。[181]

イタリアの場合、特ににぎわいをみせている広場はジッテが言うように閉ざされている。たとえば広大なシエナのカンポ広場に入る道は数本しかなく、わざわざ狭い道を通って行くというドキドキするような感覚がある。そして広場にたどり着いたとき、細長い路地とは対照的で圧倒的な眺めに人の心は高揚する。

カンポ広場を囲む建物の中には六階建て以上のものまであり、広場が建物にぐるりと囲まれていることで、包み込まれているような独特の安心感がある。また、大きな乗り換え駅のように交通の要所として誰もが通らざるをえないのではなく、あえて狭い道を通って来るため、ここに来ているあの人も、自分と同様にこの場所を愛する一人なのだという安心感も感じられる。

そして一人、また一人と場の雰囲気につられてそこにたたずみ、やがて広場

閉ざされた円形広場の代表例。
イタリア、ルッカのアンフィテアトロ広場

181. カミロ・ジッテ著、大石敏雄訳 広場の造形（鹿島出版会 1983）

に座り始める。インフォーマル・パブリック・ライフを生み出すためには、このように、できるだけ空間を建物の外壁部や街路樹などで囲み、アウトドア・リビングルームのような安心感を生み出すことが理想である。

カミロ・ジッテは、近代に入って増えてきた無限な広がりをもつ広場がいかに無意味であり、それが人々の「広場恐怖症」という新たな病気を引き起こす可能性があるかを述べている。〔182〕

パリにはジッテが批判したような広場がいくつかあるが、コンコルド広場はその代表である。この広場は彼が述べているように、横断するのも嫌になり、できるだけ近づきたくないという気になる。幅が広すぎて、エッジに面白みがない広場である。実際にコンコルド広場を横断するのは人間でなく車の流れであり、そこを渡ろうとするのは何も知らずにやって来た観光客くらいである。

イタリアとは異なり、パリの多くの広場は、コンコルド広場や凱旋門のあるエトワール広場のように、人が集う広場というよりも、権力の誇示や、歴史的モニュメントを眺めるための広場になっている。そのため、多くの広場は大きすぎ、人間よりも、車のための広場として機能してきた。広大すぎる広場は巨大な真空地帯のようになり、結果として人を寄せつけない。

また、イギリスで好まれているハイドパークのような広大なオープンスペー

182. カミロ・ジッテ著、大石敏雄訳 広場の造形（鹿島出版会 1983）

イギリスのオープンスペース型の広場、ロンドンのハイドパーク

ス型の芝生広場も同様である。こうした場所は設計図こそ美しいものの、実際にそこを訪れると広大な割に人通りが少ないものである。横断するのに骨が折れ、かつ何の面白みもない場所にあえて行きたいと思う人は稀なのだ。

だからこそ、エリアを活性化し、にぎわいをもたせたい場合、イタリアの中世の広場のように、できるだけ空間を規定して小さく閉ざし、その中にアクティビティをぎゅっと凝縮させることが重要なのである。

エッジのあたたかみ

ではエッジに統一感があり、空間が閉ざされていればそれでよいかというと、事はそう単純ではない。人がそこにたたずみ、にぎわいをもたせるためには、それを促す仕組み、場のデザインが重要である。大切なのは広場や建物の荘厳さ、美しさよりも、あたたかみが感じられることである。人はある空間に入った瞬間に、その場が発する非言語のメッセージを読み解く力をもっている。

シリル・B・ポーマイアは「全体の構想から小さなディテールまで、質の高さは、あらゆるスケールで利用者の喜びと評価を高める働きをする。ダウンタウンの中心広場を設計するときには、この点を十分に理解することが重要である。できるかぎり質の高い材料と仕上げを使うことは、耐久性と維持管理に加えて、人間性を大切にしていることの表現になる。舗装、樹木、ベンチ、照明といった基本的要素を、第一に重視しなければならない」と述べている。〔183〕

とはいえ、エッジに統一感があり、いい素材を使用していたとしても、パリの高級住宅街のように荘厳な石造りのアパルトマンだけが並んでいると、通りすがりの者を寄せつけない威圧感を感じてしまう。広場がヴェルサイユ宮殿のような美しさでも、あたたかみがなければ、自分は場違いと感じて、写真を数枚撮っただけでその場を立ち去ってしまうだろう。

かつてフランス革命の発端となったカフェで溢れていたというパリのパレ・ロワイヤルは数年前まで、統一感はあるが、あたたかみのない空間の好例だった。ルーヴル美術館の向かいという素晴らしい立地にもかかわらず、いつ訪れても驚くほど人がいなかった。

美しいデザインの回廊には高級骨董店や宝石店などが入っているが、大抵の人はただその前を通り過ぎて行く。パレ・ロワイヤルは、美しいが人に興味を示さない貴婦人のようだった。美しく整っているものの、「ここには居場所がない」「入り込む余地がない」という印象が、また人を寄せつけなくしてしまう。とはいえ、パレ・ロワイヤルはここ数年でカフェやテラス席が増え、にぎ

183．シリル・B．ポーマイア著、北原理雄訳 街のデザイン―活気ある街づくりのシナリオ（鹿島出版会 1993）

エッジは美しいが、ロータリーと駐車場と化しているパリの広場

わいを取り戻しつつあるようだ。

それに対して、ヴェネチアの小さな路地を歩いてみると、どの店もショーウインドウをきらびやかに飾り、ドアを開け、入り口付近に商品を並べているため、「この店に来て欲しい」という歓迎感が感じられる。

歓迎感をつくり出す上で重要なのは、一見《いちげん》の客、通りすがりの人も歓迎していることが伝わるサインを出すことだ。たとえば、店の外で商品に触れられる、香りがする、店員さんが声をかけてくれる、閉店時でもショーウインドウに明かりが灯り、ウィンドウショッピングができるなどである。

こうしサインは、店だけでなく街路全体にも当てはまる。エリア全体に統一感があり、歩くこと自体が楽しくなるなど、「そこに行けば私は歓迎されている」と非言語コミュニケーションによって感じられることが重要なのである。

間口は狭く、奥行きを深く

ヴェネチアには、間口の狭い小さな店が多い。そのため、細長い道をたった数分歩いただけでも、土産物屋、革製品店、イタリア料理店、居酒屋、パン屋など、様々な形態の店を眺めることで、凝縮した経験ができる。だから、たっ

かつてのパレ・ロワイヤル

た数時間の滞在であっても、それなりにヴェネチア気分を味わうことが可能である。それに対して、日本の地方都市の多くは、駅前の幅の広い道路に沿ってオフィスビルや銀行が連なっており、限られた時間内に自分の足だけで凝縮した経験を味わうことは難しい。ヤン・ゲールは次のように述べている。

> ガソリンスタンド、自動車展示場、駐車場が街の組織に穴をあけると、街路のアクティビティが急速にしぼんでしまう。（中略）敷地の間口を狭く、奥行きを深くし、街路に面した空間を注意深く利用すべきである。この原則に従えば、建物が歩道や歩行者路に面しているところに「穴」や「隙間」ができるのを防ぐことができる。［184］

路上を少し歩くだけで凝縮した経験ができるには、路上に面した間口は狭く、奥行きを深くすることが望ましい。

私は都市改革で有名なポートランドの中心地といわれるパール地区を訪れたが、滞在した四日間は驚くほど人が歩いておらず、「本当にここがあのパール地区か？」と不安になって何度も標識を確認した。人が歩いていなかった主な理由として、ポートランドは意外と車社会であることに加え、店の間口がやた

ポートランドのパール地区、意外と人通りが少ない

184．ヤン・ゲール著、北原理雄訳 建物のあいだのアクティビティ（鹿島出版会 2011）

らと広いというのが挙げられる。

あまりに店やオフィスの間口が広いと、その一軒を通り過ぎるだけでも時間がかかり、数分歩いた場合にできる体験はヴェネチアとは雲泥の差である。そうすると、もっと先には面白い店があるかもしれないと思っていても、そこにたどり着く前に疲れて歩くのをやめてしまう。歩いて楽しめる街にするには、人が疲れずに歩ける、半径四百〜五百メートルの範囲内にアクティビティをぎゅっと凝縮させることが重要なのである。

エッジにオープンカフェがある利点

では、こうした場所にオープンカフェがあったらどうだろう。エッジに統一感があり、あたたかみが感じられる場所に、オープンカフェが数軒あるだけで、場の雰囲気は大きく変わる。オープンカフェをエッジにびっしり配置し、かつテラスのひさしなど、人の目に入りやすい低層部のデザインに連続性をもたせれば、広場全体の統一感が感じられる。こうした場所では、たとえ店に入らなくても、オープンカフェで過ごす人々の姿を見ているだけで楽しいものだ。

シエナのカンポ広場は、扇状の広場の曲線部分がオープンカフェやテラス付きのレストランで囲まれている。ローマの活気ある広場の代表格、ナヴォーナ広場や、ヴェローナのエルベ広場も、一辺にオープンカフェやテラス付きのレストランがびっしりと並んでいる。

広場に面したオープンカフェでは多くの人々がゆったりとくつろいでいる。彼らのリラックスした姿は、広場の印象を大きく変える。人間は外敵の脅威から未だに身を守ろうとしていると前述したが、自宅の庭でもないのに鞄《かばん》を置いてのんびりくつろぐ姿を他人にさらすことは、この空間は安全だと示す格好の説得材料となる。そうした人が多ければ多いほど、広場を通りがかった者も、ここなら安全だろうという気になれる。

くつろいだ人々がエッジを埋めると、そのエッジで囲まれている空間全体が幸せでリラックスしたオーラを放ち、独特の高揚感が生まれてくる。そして、今日はあのカフェに行けないとしても、いつかあそこで楽しみたい、という憧れが生まれ、それが自分の未来に対するささやかだが現実的な希望になる。

彼らの楽しそうな姿は潜在的に多くの人をカフェに、そして公共空間に惹きつける。ヤン・ゲールはこう述べる。

> 公共空間で何が起こっているか見ることができる。これも、人を引きつけ

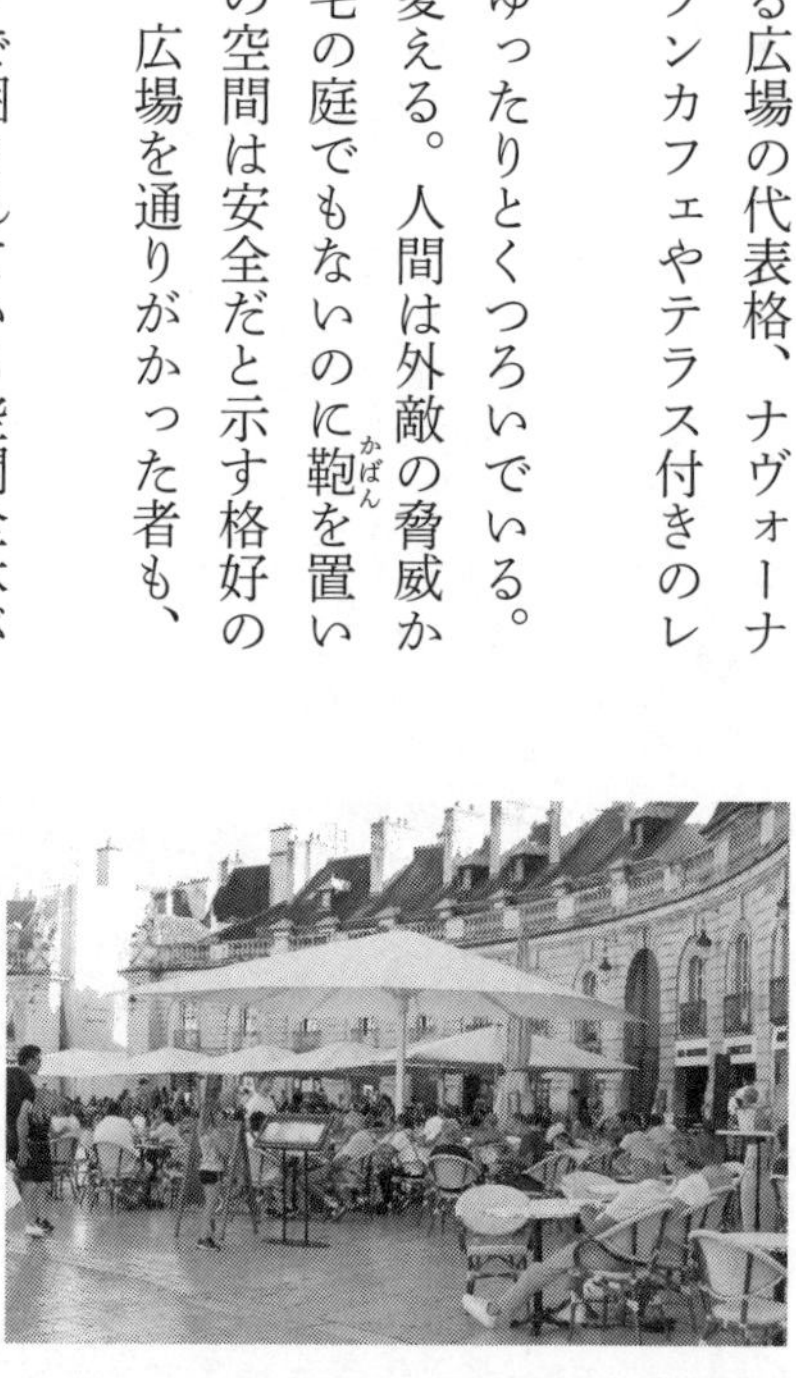

ディジョンの広場に面したオープンカフェでくつろぐ人たち

る要素である。（中略）見ることができれば、参加したいという気持ちが生まれる。子供だけでなく大人の活動にも、この関係をはっきり示す例がたくさんある。街路に面して窓がある青少年クラブやコミュニティセンターは、建物の地下にあるクラブよりも会員数が多い。これは、通行人がそこで行なわれていることや活動している人を見て、加入する気を起こすためである。商人は、昔から人通りがあるところに店を構え、街路に面して陳列窓を設けるのが何より大切なことを知っていた。同じように、街頭カフェは人を誘い込む単純かつ効果的な方法である。〔185〕

このように、広場にあるオープンカフェは、その空間を通りすがる者にポジティブな街の印象を与えている。オープンカフェに集う人は、その街での時間をゆったり楽しむ人として、街ゆく人の目に映る。これは重要なポイントである。

「パリのカフェ」というときに、私たちの頭に思い浮かぶイメージは、パリの人々に愛されているカフェテラスで人々がリラックスしている姿であって、一つの有名店だけを思い起こすわけではない。カフェはたしかに一つの営利企業かもしれない。しかし、オープンカフェがいくつか連なり、そこで客がリ

見ることができれば参加したいという気持ちが生まれる。ディジョンのオープンカフェ

185. ヤン・ゲール著、北原理雄訳 建物のあいだのアクティビティ（鹿島出版会 2011）

ラックスしている姿を街にさらけ出すことは、そこが「活気がある楽しそうなエリアである」という、エリア全体に対してポジティブな印象を与えてくれる。つまり、オープンカフェの連なりは、単に一つの店に利益をもたらすだけでなく、多くの人に、「ここは魅力的な場所である」と感じさせ、エリア全体にプラスのイメージを与え、また来たいという気持ちを促すことができるのだ。

オープンカフェという半公共・半私的空間

カフェという場は半公共、半私的という二つの側面を併せもつ、社会のなかでも独特の空間である。カフェは誰にでも開かれているが、カフェの店内は家賃を支払っているオーナーの私的空間である。客は飲み物代という対価と引き換えに、しばしカフェの一部を占有し、私的に利用する権利を手に入れる。完全に私的でも完全に公的でもないという独特の存在だからこそ、オープンカフェはエッジにやわらかさを与えてくれる。

ヤン・ゲールは「公的領域が人を引きつけるか、拒絶するか。それは何よりも、公的環境と私的環境の関係、そして二つの領域の境界ゾーンのデザインによって決まってくる」と述べている。〔186〕

パリのカフェは活気ある楽しそうなエリアというイメージを与えてくれる

186. ヤン・ゲール著、北原理雄訳 建物のあいだのアクティビティ（鹿島出版会 2011）

扉の前に仰々《ぎょうぎょう》しいスタッフが立っている高級ブランド店や、店内の見えない喫茶店などは、私的空間としてのニュアンスが強い。そのため、自分に合わない空間だったら、何か売りつけられたらどうしようなどと考えてしまうためにハードルが高くなり、扉を開けるのにそれなりの勇気を必要とする。

それに対して、オープンカフェは、自分と似たような人々が通りを歩く人に向かって腰かけている。そこに座っている客は、オーナーの親族でもスターでもなく、通りすがりの自分とそう変わらない存在である。彼らが楽しそうに座っているのを目にすると、人は自分にもそれが可能なのではないかと思う。街路を歩く人に向かって楽しそうな表情をみせるカフェの客は、あたかも自分に向かって手招きしているかのようでもある。

このように、エッジにオープンカフェがある場合、そこは公共的な性格を帯び、歓迎感のあるエッジになるのである。

エッジに独特のやわらかさを生み出すオープンカフェ。ウィーン

インフォーマル・パブリック・ライフを生み出すルール
六：朝から夜まで多様な用途を混合させる

用途の混合

インフォーマル・パブリック・ライフを生み出す六つ目のルールは、用途の混合である。これは、商店と飲食店、住宅、オフィスのように、用途の異なるものを同じ小さなエリアの中に混ぜていくことである。

「用途の多様性」の重要さについて最初に声を大にして訴えたのは、アメリカの車社会を大いに批判した『アメリカ大都市の死と生』の著者、ジェイン・ジェイコブズである。彼女は単一用途によるまちづくりの危険性を訴え、にぎわいがあり、成功している街にあるものは用途の多様性だと説いた。〔187〕

エリアをオフィス街、住宅街、工業地帯など一つの用途ごとに限定するゾーニングの問題は、用途が一つに限られると、対象も利用時間帯も限定されることである。ゾーニングを細かく設定し、「ここは高所得者用の住宅街」などと限定すると、居住者のライフスタイルや傾向、行動パターンも似通ってくる。すると彼らがある場所を使用する時間もほとんど同じ時間帯に限られるため、

187. ジェイン・ジェイコブズ著、山形浩生訳
アメリカ大都市の死と生（鹿島出版会 2010）

そのときだけは非常に混み合う一方で、他の時間帯は閑散としてしまう。たとえば、虎ノ門周辺のようにオフィス街としての側面を前面に押し出す街だと、休日は開いている店を見つけるのが難しい。私はニュータウンに住んでいた頃、目の前の広大な公園に驚くほど人がいないことをいつも不思議に思っていた。そして研究を進めるうちに、その理由は対象が限られていたからだと気がついた。

その公園は主に小学生向けにつくられており、遊具の対象も六歳以上とされているような、小さい子には難しいものだった。小学生は平日は朝から十五時ごろまで学校にいるため、午前中には公園に来られない。遊具が小学生向けでは小さい子には危険なため、子連れの親は違う公園に行ってしまう。

小学生は夕方も習い事がある子が多いため、夕方になったからといって公園に来るわけでもなく、今どきの小学生男子の多くは家でゲームをすることが多い。そのため、広大な公園は閑散とし、いつも人のいない公園は次第に人から避けられ、ジェイコブズの語る「真空地帯」と化してしまったのだ。

これはまさに、対象を限定しすぎたことによる失敗である。ジェイコブズは、時間帯ごとの極端な利用者の偏りをなくすべきだと説き、人々が集まる時間帯をずらすために、多様な用途を交ぜ込むべきだと語る。また、ジェイコブズは、

いつ訪れても人気のない洛西ニュータウンの大きな公園

一次用途の絶妙な組み合わせが、二次的多様性を生み出すとも述べている。[188]

二次的多様性とは、レストランで昼食をとる、書店に行く、観劇する、展覧会を見るなどの異なる用途が同じエリアにミックスされ、複数の用が足せるという多様性それ自体がエリアの魅力になるということだ。

たとえば、六本木ヒルズの場合、カフェで仕事をし、夜景の見えるバーでアペリティフを飲み、友人と映画館で映画を見てから遅い夕食をとる、といった一連の流れを一つの場所で行える。お金に余裕があれば、森美術館でアートや夜景を堪能した後、隣の高級ホテルのレストランで食事をし、宿泊することもできるだろう。

二子玉川の動線を変えたライズも、メインとなる蔦屋家電には素晴らしいセレクトの書店とカフェ、お洒落な家電がミックスされている。その周囲にはオープンカフェやラーメン店、コンビニ、レストランやインテリアショップ、楽天の本社、ホテルがある。少し歩くと子ども用の公園と多摩川の河川敷があり、住宅も連なっている。六本木や二子玉川はまさに異なる用途を上手に組み合わせて成功した例である。

ジェイコブズの提言以来、都市開発では「用途の混合」という言葉は多くの文献で語られ、実際に活用されてきた。とはいえ、イタリアを訪れるたびに私

188. ジェイン・ジェイコブズ著、山形浩生訳
アメリカ大都市の死と生
(鹿島出版会 2010)

様々な用途をミックスさせた六本木ヒルズ

が疑問に感じていたのは、まさにインフォーマル・パブリック・ライフを絵に描いたようなイタリアの広場では、アメリカ型の用途の混合、たとえば映画館とオフィス、スーパーと公園を近くに配置する、といった方法がとられていないということである。

イタリアの広場には、オープンカフェやキヨスク、土産物店、噴水、小さな市場などが存在するだけだ。活気ある広場の場合、広場のエッジの大部分をテラス席のあるレストランやカフェが占め、残りのスペースには思い思いに人が集う。そして、夕暮れ時には驚くほど多くの人が広場にやって来る。

ミラノのドゥオーモ前の広場には何もないが、いつも驚くほど多くの人たちで賑わっている。一体彼らはここに何をしに来るのだろうか。一つの答えとして、広場が「用途の混合」の起点になっていると考えられる。そこから歩いて数分のエリア全体が多様な用途をもち、お洒落な洋服店やレストラン、雑貨店、高級ブランド店やジェラート店に行くことができる。

そして二つ目の答えは、広場に面したカフェこそが「用途の混合」の代表格だということである。

広場の一辺がカフェやレストランで埋まり、真ん中に小さな市場のあるヴェローナのエルベ広場

「用途の混合」の代表格としてのオープンカフェ

それでは、オープンカフェはどのような用途の多様性を兼ね備えているのだろうか。「用途の混合」を成功させるポイントは、多様な用途をもち、対象者が多岐にわたり、誰もいない時間をできるだけつくらないことである。

まず、一つ目のポイントである「用途が多様で、対象者が多岐にわたること」について見てみよう。イタリアやフランスの広場や街路に面したオープンカフェは、日本のファミレス並みにメニューが豊富である。そのため、小さい子どもから高齢者、外国人まで誰もが対象となる。

日本でカフェや喫茶店というと、コーヒーやサンドイッチ程度しか扱わない店も多く、アルコールを出さない店も多い。

アメリカの場合、カフェはコーヒーがあくまでもメインで、食べ物はベーグルかクッキーがあるかないか、という店も多い。その場合、いくらカフェが好きでも、コーヒーを大量に飲めない人は一日に数回行くのが限度であり、またお昼時に行っても、ランチらしいものが食べられない。一緒に行く友人がコーヒーが飲めない、または小さい子ども連れだと注文できるものが少ないため、こうしたカフェは選択肢から外れてしまう。

アメリカではベーグルかクッキー程度しか軽食がないカフェも多い

一方で、イタリアではエスプレッソはもちろん、カプチーノ、ジュース、ミネラルウォーター、紅茶、ワインにカクテル、ノンアルコールカクテル、カフェインレスコーヒーなど、豊富な飲み物を提供している。また食事も、サンドイッチ、ジェラート、レストランを兼ねた店ではスパゲッティやピザ、ラザニア、デザートまで豊富に揃う。

こうした店では、朝食に甘いクロワッサンのコルネットとカプチーノ、昼はランチ、夕暮れ時にはアペロール・スプリッツとおつまみでアペリティーボ、夕食にはワインと食事、というように様々なシチュエーションで楽しめる。フランスのカフェも同様で、朝はクロワッサンにエスプレッソ、昼は肉料理やサラダ、夜はアペリティフなど、様々なシチュエーションで使い分けが可能である。

このように、イタリアやフランスのオープンカフェの場合、朝ご飯から軽い夕食に至るまで、気分に応じて、子連れでもお酒の飲めない人でも、コーヒーの飲めない人でも楽しめる。そのため、潜在的顧客のパイがコーヒーメインのカフェに比べ、圧倒的に大きいのだ。それだけ多くの人のニーズを満たせるからこそ、カフェの経営も成り立っているといえるだろう。

次に、朝から晩まで「誰もいない時間帯をできるだけつくらないこと」について見てみよう。イタリアやフランスのカフェは、開店時間が驚くほど長い。たとえばイタリア、シエナのカンポ広場やヴェローナのエルベ広場近辺のカフェは、大体朝八〜九時にはオープンし、深夜十二時ごろまで営業している。フランスのカフェも最近は開店が遅い店も増えたとはいえ、まだまだ八時にはオープンしている店が主流であり、モンパルナスやサン＝ジェルマン・デ・プレ、バスチーユなどでは夜十二時ごろまで営業している。

つまり、カフェというのは、一般的に自分が家を出る頃には開店しており、帰宅する頃にも営業しているものなのだ。よほどの早朝であるか地元民向けの小さな店が日曜日に閉めている場合を除き、カフェが閉まっているという状態はあまり目にしない。だからこそ、コロナ対策として政府が大規模なロックダウンに踏み切ったとき、フランス人やイタリア人は、彼らの大切な日常と文化の一部であり、いつも開いているはずのカフェが閉まっている姿から、事の重大さを痛感したのだろう。

空間の使い方にしても、カフェには多様性がある。イタリアやフランスのカフェには基本的に立ち飲みメインのカウンター、店内席とテラスの三つの異なる空間がある。

急いでいるから今日はエスプレッソをカウンターで、寒いから暖房が効いた

パリのカフェではカウンターでの会話が重要

店内で、ゆっくりと外を眺めにテラス席など、空間も自分の気分や目的に応じて使い分けることができるため、一ヶ所で多様なニーズに対応できるのだ。

また、小さなエリアに数軒のカフェやテラス付きのレストランが並んでいた場合、今日は朝食を食べたいからここ、夕食はあそこ、ちょっと特別感を得たいときはここ、と気分に応じてエリアの中でカフェを選ぶことも可能である。百貨店のレストラン街の中で入る店を探すように、そのエリアは多様なニーズを満たせるからこそ、人はそのエリア内に留まり、その中で選択するのである。

このように、ワンストップで数多くの異なるニーズに応えることができれば、人はそのエリアを目指すようになり、そこが目的地になっていく。

一人でいながら、他の人たちと一緒にいられる

カフェに入る目的は、なにも渇《かわ》いた喉を癒やしたり、昼食を食べたりするためだけではない。家にいたくない、帰りたくない、友人と話がしたい、本が読みたい、手紙を書きたい、ただ休みたいなど理由を問わず、カフェでは「何か一品注文する」というルールさえ守れば、ひと時の居場所として使うことが許される。

本当は家に一人でいるのが耐えられないとか、暇で仕方なくやって来たとしても、彼らには「飲み物を飲みに来た」という格好のエクスキューズが存在する。イタリアやフランスのカフェには基本的にカウンターがあり、そこに行けばいつもの店員さんや知人など、誰かに会ってちょっとした会話ができる。

もともと群れをなして生活していた人間にとって、「人と一緒にいたい」というのは根源的な欲求なのではないだろうか。戦後は室内環境が劇的に改善され、ネット通販やオンラインでの仕事などにより、外に行く必要性は大いに低下した。

とはいえ、毎日外に働きに出る必要のない者は自宅にこもりがちなため、孤独に襲われやすくなる。家庭内の住環境の良さが世界最高ランクといわれるアメリカでは、十人に一人が抗鬱剤を使っており、薬の大量服用が社会問題になっている。

イタリアのバールのような場を目指してつくられたスターバックスは、アメリカ人の精神衛生向上に貢献してきたようである。スターバックスを世界的なコーヒーチェーンに育て上げた元CEOのハワード・シュルツは著書の中でこう述べている。

われわれの宣伝を担当する広告会社が、ロサンゼルス地域の顧客を集めてフォーカスグループ形式のインタビューを行った。人々のコメントに共通しているのは次のような言葉だ。『スターバックスはとても社交的なところだ。ここへ来るのは、社交的な雰囲気を味わうためだ。』だが、代理店は奇妙なことに気づいた。よく観察してみると、実際にだれかに話しかける顧客の数は、時間帯を問わず全体の10％に満たなかったのだ。ほとんどの顧客は黙って列に並び、口を利くのはレジでオーダーするときだけだった。しかし、どういうわけかスターバックスの店内にいると、ふだん見知った顔が全く見当たらないにもかかわらず、安心できる世界にやって来たように感じるらしい。[189]

彼らはスターバックスに来ることで、実際に誰かと会話するわけではなくとも、人と一緒にいる感覚を味わえる。

私も執筆のためにカフェを利用していたが、なぜ、うるさい可能性のある店にわざわざ高いお金を払って行くのかといえば、単にコーヒーを飲むためではない。執筆という行為は孤独であり、家で続けていると激しい孤独感に襲われそうになることがある。

189．ハワード・シュルツ、ドリー・ジョーンズ・ヤング著、小幡照雄、大川修二訳 スターバックス成功物語（日経BP社 1998）

ボーヴォワールやヘミングウェイもパリのカフェで執筆を続けていたが、ボーヴォワールは「彼らの囁き声は私の邪魔にならなかった。白い紙を前にした孤独はきびしいものだ。わたしは目を上げ、人びとの存在を確かめる。それは私に、いつか、誰かの心に触れるかもしれない言葉を書き綴る勇気を与えた」と述べている。〔190〕

カフェでは、自分のやりたいことをしながらも誰かと一緒にいることが可能である。家で一人で書いていれば、誰かと一緒にいる気持ちにはなれないし、友人と約束してお茶をしていたら、創作活動には打ち込めない。だからこそ、人と一緒にいながら自分のやりたいことが追求できるカフェは、自分の道を追求したい者にとって格好の居場所なのである。

カフェの無目的性

カフェでは、席に座って飲み物さえ注文すれば、大抵のことが許される。本や新聞を読む、スマホを見る、考え事をする、人を眺める、友人と語り合う、恋人と過ごす、写真を撮る、生演奏を楽しむ、子どもの勉強をみる、チェスをする、仕事をする、打ち合わせをする……。歴史上、様々な議論や事件がカ

190．シモーヌ・ド・ボーヴォワール著、朝吹登水子、二宮フサ訳 女ざかり(上)―ある女の回想（紀伊國屋書店 1963）

フェで起こり、カフェは社会変革の発端の場としての機能すら果たしてきた。それはひとえにカフェという場の目的や用途が一つに限定されていないことによる。

劇場は観劇する場、図書館は本を読み、借りる場であり、ワインショップはワインを買う場所だが、カフェはただコーヒーを飲むための場所ではない。カフェにおける飲み物はその空間への入場料であり、飲み物はそこに滞在するための大義名分、エクスキューズとして機能する。カフェに連れてこられた子どもが一気にジュースを飲み干すように、大人だって五分でコーヒーを飲むことは可能である。

しかし、大人がさっと飲み干して立ち去らないのは、その値段に滞在費が含まれていると認識しているからである。ホテルのラウンジのように、値段が高ければ高いほど、客はそこに長居する権利を認識し、数時間座っているだろう。それこそが、カフェの飲み物代が場所代であり、入場料である証しである。

クリエイティブ・シティ論の第一人者であるリチャード・フロリダは、充実したストリート・ライフというのは、ビュッフェで様々な料理の中から好きなものが選べるように、一度で凝縮した経験ができる場だと述べていたが、素晴らしいカフェではまさにそれが可能である。[191]

カフェでは絵を描いていても怒られない

191. リチャード・フロリダ著、井口典夫訳
新 クリエイティブ資本論 才能が経済と都市の主役となる
（ダイヤモンド社 2014）

素晴らしいカフェの用途は、コーヒーを飲むことだけではない。目の前の景色を見ながら街との一体感を感じていられる。仕事や執筆など、自分のやりたかったことが誰にも邪魔されずに遂行できる。スタッフと心地よい会話ができる。子どもと朝ご飯を食べに来て、会話をした後、それぞれが好きなことをやっていられる。疲れたら美味しいケーキで休息できるなど、様々なことを複合的に経験できる可能性が高ければ高いほど、その店は求められ、賑わうことになる。

ジェイコブズが述べたように、一次用途の重なりが多様性をもった二次的要素になり、まさにそれこそが選ばれる理由となるのである。

また、そうした多様な経験ができると客が認識している場合、彼らはそのためなら仕方ないと思い、遠くてもそこを目指し、多少高くても場所代を支払うだろう。ヴェネチアのサン・マルコ広場には一軒だけ、他のカフェより値段が安いが、生演奏のないカフェがある。飲み物代だけを考えると人はそこに集いそうなものだが、不思議なことにその店のテラスは大抵ガラガラである。

人は喉の渇きを癒やすためにサン・マルコ広場のカフェに行くわけではないし、安ければどこでもよいというわけではない。喉の渇きを癒やすだけであれば、ペットボトルを持ち歩き、広場で立ち飲みすればそれでよい。

彼らが高い値段を払うのは、そこで豊かな時間を味わいたいからであり、それが唯一無二の経験であればあるほど、高級なコーヒー代に思えたものが、実は特別な空間への入場料であり、経験代だったということに気づくのである。

インフォーマル・パブリック・ライフを生み出すルール
七：街路に飲食店があること

街路に飲食店があること

インフォーマル・パブリック・ライフを生み出す七つ目のルールは、街路に飲食店があることである。

にぎわいをもたらすためにエッジに設置すべきアクティビティとは、老若男女、観光客や外国人も対象になり、人の滞留を促し、足取りをゆっくりさせるものである。そう考えると、多くの人を対象にし、立ち止まったり座ったりできる飲食店は、まさにエッジに設置すべき存在だとわかる。シリル・B・ポーマイアはこう述べる。

サン・マルコ広場のカフェでしかできない豊かな経験

ダウンタウンの中心公共空間のまわりに、小売商店、レストラン、喫茶店が並んでいると、生き生きとした雰囲気が自然につくりだされるだろう。経験によれば、公共空間の利用を促進する最善の方法のひとつは、商業活動、特にフードサービスを取り込むことである。食べ物は人びとを引きつけ、人はもっと多くの人を引きつける磁石の働きをする。[192]

誰もが対象となり、かつ人の滞留を促すもの。たとえばジェラート店やドリンクの無料試飲、肉まんの屋台などがある場合、そこにたたずむ人の姿が増え、彼らが他の人を惹きつけることで、「私も……」とそこに滞留する人が増えてくる。

ニューヨークのブライアント・パークをはじめとする公共空間の再編に貢献したウィリアム・ホワイトは、「食物キオスクか屋外レストランをもつ広場は、そのような特徴をもたない広場より多くの利用者を引きつけ活気づくばかりでなく、食物の露店はいっそう繁盛する結果になっている」と述べている。[193]

輸入食品店のカルディが全国的にヒットしたのは、無料のコーヒー試飲サービスがあり、それにつられて店内に入る人が多かったからだろう。飲食という人間の根源的な欲求は老若男女、国籍を問わず、誰にでも共通するものである。

192．シリル・B．ポーマイア著、北原理雄訳 街のデザイン――活気ある街づくりのシナリオ（鹿島出版会 1993）
193．クレア・クーパー・マーカス、キャロライン・フランシス編、湯川利和、湯川聡子訳 人間のための屋外環境デザイン オープンスペース設計のためのデザイン・ガイドライン（鹿島出版会 1993）

だからこそ、そこには圧倒的な潜在的顧客のパイが存在する。

飲食物を販売するということは、そこを通りすがる多くの人に対して、「あなたを歓迎していますよ」というサインになると同時に、「ちょっと試してみよう」という気持ちを抱かせ、それを実際に飲み食いしている人の姿は「美味しそうなものを食べている幸せそうな人」と街ゆく人の目に映るため、客自身がまさに格好の広告塔になる。

では、食品さえ扱えば何でもよいのだろうか。多くの人を歓迎するための大切なポイントは、ちょっと頑張れば手が届く程度の値段であり、多少の非日常感や特別感があることだ。

小さい頃に憧れた近所のお姉さんのように、ちょっと頑張れば手が届く、私とも遊んでくれる、少し憧れの存在くらいの感覚がよい。生活必需品で毎日使うわけではないが、日曜日には買いたいもの、ちょっと頑張ったときのご褒美に買えるようなものである。

たとえば、パン屋のイートインは、日本社会で人を滞留させることに一役買っている。パン食が増えたとはいえ、今でもパンはお米よりは特別感があり、手が届かないほどのものではないため、ハードルは低い。ケーキと違って食事の代わりにもなり、コーヒーだけの店と違って、幅広い嗜好や年齢層の人を対象にできる。

たまプラーザは上質なパン屋の多い街だが、少なくとも七軒存在するイートインは小さい子連れから一人で来店する女性、高齢者など様々な層の人で賑わっており、駅から離れていても客の絶えない店が多い。

エリアににぎわいをもたせるには、もちろん接客スタッフのいるカフェが重要だが、オープンカフェと共に、より気楽なテラス席があるパン屋があってもよいだろう。

横浜中華街は、飲食のおかげで賑わっている街の代表例である。中華街のメインストリートは歩行者空間であり、そこには中国料理のレストランだけでなく、軽食を販売する店がひしめいている。レストランに入らずとも、肉まん、小籠包、甘栗、タピオカなど、数百円で買えるものを食べるだけで、中華街に来た気分を味わうことができる。

また、熱海の駅前でも、歩行者空間である商店街の真ん中に大きなベンチが置かれ、その周りの店では温泉まんじゅうや魚の練り物など、数百円で熱海気分が味わえるものが販売されている。

中華街が本当に欲しい顧客は高級レストランの客であり、熱海が本当に求めているのは温泉旅館の宿泊客かもしれない。しかし、ちょっとその場を訪れた客にも気軽にエリアのよさを体験してもらおうという懐の深さがあることで、いつかレストランに行きたい、温泉旅館に泊まりたいと思う潜在的顧客になるだろう。

ある街を人があえて訪れるのは、その街だからこその経験をしたいからである。電車に一時間乗って行ったのに、できる経験が地元と似通っていたり、むしろ価値が低かったりすれば、再びその街を訪れることはないだろう。

歩行者は脆弱な存在だと先にも述べたが、旅行者、訪問者も同様である。仕事でもないのに遠出するのは面倒なものである。それでも、そこに行けば自分にとってプラスになる経験ができると思っているからこそ、時間とお金をかけて行ってみようと思うのだ。

中華街では、そこに来た自分も何かしら名物を食べることで、中華街に来たという気分が味わえ、一つの思い出を手にできる。そのためには、その土地らしさがあり、かつ他の場所ではなかなか味わえないようなものが、数百円程度で提供されることが重要である。

イタリアのジェラート、パリの街角でクロワッサン、ドイツのビールやソーセージ、大阪のたこ焼きなど、「ある場所で何かを食べる」というのは五感を使った包括的な経験であり、来日する外国人は東京の築地市場や京都の錦市場を楽しみ、同様にパリにやって来た日本人はマルシェに行って目をキラキラさせている。その場所ならではの景色や香りに包まれてその土地の名物を食べることは、体験した人にとってインパクトのある思い出となる。

とはいえ、その場で食べ物を販売する店が多い鎌倉や築地などでは、客のマナーがなっていないと憤慨した周辺の店から声が上がり、歩きながら食べることは悪い目で見られがちである。

ちょっとした飲食ができるということは、そのエリア自体の魅力を大きく上げることになり、インフォーマル・パブリック・ライフを生み出す重要なルールである。熱海のAという店で温泉まんじゅうを買った者は、「Aという店で物を買った」のではなく、「熱海で温泉まんじゅうを食べた」と思っており、それはエリア全体の印象につながっていく。

日本でも活気がある場所の多くは、食べ歩きのできる場所だった。浅草には人形焼、焼きたてのせんべい、揚げまんじゅうがあり、築地には練り物や卵焼きに魚介類、原宿の竹下通りにはクレープがあり、横浜中華街には肉まんや小籠包がある。

浅草に人が集まっているのは、なにも浅草寺を訪れるためだけではないし、築地を訪れる人が皆が皆、鰹節や魚を購入しに来ているわけではない。大半の人たちはその街独特の雰囲気を感じ、この街に来た証しとして何かを買って食べているのだ。

食べ歩きが問題なのは、食べることそのものではなく、飲食用のスペースとゴミ箱が設置されていないからである。

たしかに、他店で買ったコロッケや揚げまんじゅうなどを持って自分の店に入られ、それを食べた手で商品に触られようものなら憤慨したくもなるし、ゴミを自分の店先にそっと捨てられたりすると、なぜ他店のせいで自分の店が被害をこうむるのかと思い、食べ歩きを禁止したくもなるだろう。

しかし、これは観光客のマナーというより、エリアとして「飲食物が街を活気づけるツールである」という共通認識がもたれておらず、購入した店以外にゴミを捨てられないから起こるイタチごっこのような現象である。

私は外国人のガイドをしているので彼らの気持ちがよくわかるが、マナーを守りたいという気持ちはあれど、食べ歩きが歓迎されている街に見えながら、買った店から離れてしまった後でゴミ箱がないことに気がついた場合、彼らは途方に暮れるしかない。もしビニール袋を持っていれば、食べ終わったたこ焼きの容器や飲み終わったタピオカの容器をカバンにしまえるかもしれない。だが、大抵の人は袋など持っておらず、ゴミをずっと手に持っているわけにもいかないので、ゴミを捨ててもよさそうなところを見つけてそこに捨ててしまうのだ。

ちなみに、本書に登場した国々では、公共空間には市町村の名前が書かれたゴミ箱が設置されており、このゴミ箱問題は日本特有の現象である。「市町村には予算がないからできない」と言うのであれば、そんなときこそ脚光を浴びているエリア・マネジメントの出番であり、地元企業と市町村が知恵やお金を出し合って協力するべきではないだろうか。

なぜなら、先述の通り、飲食店が連なり、そこで飲食している人の姿が見えることは単に一つの企業の利益になるだけでなく、エリア全体ににぎわいと魅力を生み出し、結果としてエリア全体のブランド価値を上げるからである。

オープンカフェとフードカートの相違点

パブリック・ライフの活性化の方法として、近年フードカートや屋台が注目されている。ベンチとテーブルが設置されている場所にフードカートが数台集まれば、それだけでにぎわいを演出することができ、短期的なにぎわいを生み出すには非常に有効な手段だといえる。オープンカフェのハードルが高ければ、ハイライトの近くでフードカートとマルシェの組み合わせを月に数回開催し、そこに座れる場所を設置するだけでも大きな変化があるだろう。

現在日本のまちづくりにおいては、地域の活性化の成功例として取り上げられるのは、ヨーロッパ式の常設のオープンカフェよりもフードカートのほうである。とはいえ、社会実験に使われるフードカートに付随する椅子と、本当のカフェテラスは似て非なる存在であり、果たす役割も異なってくる。私は長年カフェ文化を研究してきたため、ここではあえて日本では稀少な存在のオープンカフェを擁護したい。

私は研究のために数々の公共空間を観察するなかで、ニューヨークのプラザ・プログラムなど、無料のテーブルと椅子が設置されている空間では、人々の表情や振る舞いは、どこかぎこちない、落ち着かない印象が多いことに気がついた。

彼らは駅のベンチに座る人たちのように、束の間の時間、そこに滞在している。座っている人の多くは一緒に来た人と話すか、スマホをいじっており、まるで何かを守っているかのようになぜか背中が丸まっている。一言で言えば、写真を撮っても絵にならないのである。

それに対して、オープンカフェの場合、人はもっとリラックスしてゆったりと椅子に腰かけ、文字通りキラキラしてまばゆいオーラを放っている。

私は長年この研究をしてきたが、オープンカフェに座る人たちがこぞってスマホを覗いている姿には未だに出会ったことがないし、彼らの背中はリラックスして椅子にもたれ、その穏やかな雰囲気が街ゆく人を惹きつける。

オープンカフェに座る人たちは、その街との一体感を感じ、そこにいられる自分であることに喜びを感じているような、独特のオーラを放っていることが多い。フードカートとオープンカフェは、屋外にテーブルと椅子を出しているという点で似通っているが、こうした違いは一体何に由来しているのだろう。理由は主に二つ考えられる。

一つ目は、完全な公共空間か半公共空間かの違いである。フードカートの場合はコンビニで肉まんやおにぎりを買うのと同様、あくまでも飲食物の対価を支払っており、場所代やサービス料は含まれない。商品を手にし、対価を支払った途端、自分は公共空間に投げ出されてしまう。

空いているベンチを見つけ、運がよければテーブルがあるが、そこでは何か困ったことがあっても自分を助けてくれる人はいない。フォークや水をもらい忘れたと思ったら荷物を全部持って立ち上がり、店先へ行ってまた戻って来る必要がある。寒くても膝かけはなく、運よく街路樹でもない限り、暑い日差しからも守られない。

公共空間で提供されているテーブルや椅子はもちろん使ってよいはずなのだが、ベンチ同様、誰にでも開かれているがゆえに占有する権利はない。もしそれらのテーブルや椅子がフードカートのために提供されているのであれば、飲食が終わればその場を離れなければと思うだろう。

一方、オープンカフェで支払う金額は単なる飲食代ではなく、そこに場所代やサービス料など、様々な価値が含まれている。フランスやイタリアでは、テラスで飲食する値段はカウンターより高くなるが、その分ゆっくりと過ごすことが可能である。客は場所代を支払うことで、しばしそこを合法的に占有する権利を手にしているわけだ。

オープンカフェは路上や公園、広場など、公共空間に面しており、ほとんど公共空間のような誰にでも開かれた空間である一方、実際にその空間に入ることができるのは、料金を払うと決意した者だけである。彼らはそのお金で、店のオーナーが所有している空間に入れてもらえる。つまり、街路に面したオープンカフェは公共空間と私的空間という二重の側面を併せもった独特な空間なのである。

オープンカフェとフードカートの二つ目の違いは、サービススタッフの有無である。オープンカフェの場合、飲食代に場所代とサービス料が含まれていることを客側も店側も認識しているため、何かあったらスタッフを呼べばよい。カフェのスタッフの存在意義は、一般に認識されているように、注文を取り、料理を運ぶことだけにあるのではない。そうであれば、スタッフは今後ロボットやセルフサービスにとって代わられるだろう。

スタッフの本来の使命は、商品を運ぶことだけでなく、場の隅々に気を配り、客の満足度を高め、店全体の心地よい雰囲気を保ち続けることである。心地よいサービスを提供するスタッフのおかげで、客は安心し、リラックスしてそこを自分の居場所として使用することができるのだ。

繰り返すが、カフェにおいて重要なのは、食事や飲み物の質だけでなく、スタッフによるサービスの質である。心地よく、使い勝手のよい場所として認識されるかどうかは、サービスの質にかかっている。その店で受けたサービスを快く感じ、他にはないよさを感じるのであれば、客は遠くからでも多少天気が悪くても足を運ぶようになる。

スタッフとの軽やかな会話を通じて、心地よいサービスを受けた客たちがまた戻って来ることで、少しずつ客と店側との関係が深まり、カフェに独特の雰囲気が生まれていくのである。

オープンカフェでできる凝縮した経験

オープンカフェにお金を払うことにした者は、飲み物だけでなく、実際には数々の権利が与えられ、無料で座れるベンチとはできる経験の質が大きく異なることに気づいていく。私は研究のために、ヴェネチアのサン・マルコ広場のカフェに行くなかで、多くの人が一度座った後でメニューを眺めて値段の高さに驚き、席を立つのを目にしてきた。彼らの言い分はこうだろう。

「これらのカフェはぼったくりだ！　カプチーノ一杯が千五百円なんてバカバカしい。他にもっと安い店があるではないか」

そんな人に対し、スタッフは黙って彼らの決断を受け入れる。しかし、そこで高い値段を思い切って支払うことで用意されている経験は、実際にはお値段以上のものであり、まさにそこでしかできない経験なのである。

それは、公共のビーチの隣にあるプライベート・ビーチでの経験と同様である。客は皆、値段が高いと認識しながらもそれを支払っている。支払うからこそ、誰しもがそこでゆっくりし、そこでの時間や経験を堪能する権利があると、客側も店側も認識している。

サン・マルコ広場のカフェでは、アルコールを注文すると信じられない量のおつまみが運ばれてくるが、追加料金は取られない。そこではゆったり腰を下ろして黄金色に染まる夕暮れ時のサン・マルコ寺院を心ゆくまで眺めていられ、目の前の生演奏に耳を傾け、家族や友人と共に楽しい会話を交わし、何時間でも過ごしていられる。

カフェに入らない場合、生演奏の立ち聴きは可能だが、足が疲れるのとカフェの演奏を無料で立ち聴きしている自分が後ろめたくなり、大抵の人は二曲も聴くと立ち去って行く。彼らがしているのは、ごく束の間の経験である。

一方で、客になった者はそこにいながら、同時にいくつもの凝縮した経験ができる。美味しいお酒を飲みながら恋人と語り合う。周りの人や、美しい広場と空を眺め、生演奏を堪能する。ココアを飲みながら考え事をし、気が向いたときに家族と話す。好きな音楽が流れたら耳を傾け、たまに写真を撮ってみる。カクテルとおつまみを楽しみながら雑誌を読む。子連れの場合は親がゆっくりしながら、子どもは時折広場に行って鳩とたわむれ、遊び終わったら自分の席に戻って来るだろう。

カフェでの凝縮した経験とは、自分が主体的に行う行為だけを指すのではない。カフェでは予期せぬ物事や光景との出会いがあり、それが連続的に起これば起こるほど、その場の魅力は魔法のように増していく。

私は初めてウィーンの「カフェ・ツェントラル」という、十九世紀末に作家が集った宮殿のように美しいカフェを訪れたとき、なぜこのカフェに作家や詩人たちが一日中滞在していたのだろうかと不思議に思っていた。

観察を兼ねて店内の絵を描き始めると、次第にピアノの生演奏が始まっていく。私は演奏家を絵に描き、それに気づいた彼は「これは自分のことか？」と尋ねてくる。「そうだ」と言うと、彼は喜んで「では日本の曲をプレゼントしよう」と日本の曲を演奏してくれた。私はここでやっと合点がいった。彼らは初めから一日中このカフェにいようとしたのではなかったのだと。そうではなく、彼らはカフェを去れなかったのだ。

素晴らしいカフェでは何かが起こる。自分が帰ろうとしたときに、ドアを開けて知り合いの誰かがやって来る。今度こそ帰ろうとしたときに、美しい演奏が始まっていく。次こそ本当に帰ろうとしたときに、また次の何かが起こる。

素晴らしいカフェはベルト・コンベアのように、そこにいるだけで新たな出会いや経験を運んできてくれる。サン・マルコ広場のカフェでは子連れの私たちを楽しませようと、鼻に赤いボールをつけたスタッフが何度も息子を笑わせてくれた。

スタッフとのコミュニケーションが一旦終わっても、私たちには生演奏があり、あと一曲で帰ろうと思ったら大好きな曲が流れて盛り上がり、結局夕飯はどうでもよくなって、いつまでたっても立ち去れなかった。

こうした思いがけない出会いがあれば、人は目の前の世界に心を開いて、一期一会の出会いを楽しもうとする。自分のやりたいことをしながらも、予期せぬ経験、ちょっとした出会いが味わえるかもしれないということは、カフェという場の魅力を高めるために重要である。

カフェというのはスタッフと客が共につくり上げている場であり、両者がその場を大切にし、尊重しているからこそ生まれる経験、そこでしかできない経験が存在する。そんな素晴らしいカフェがいくつかエッジに存在すると、エリア全体の雰囲気が大きく変わり、サン・マルコ広場のように妖艶な魅力を放っていくのである。

第十章　カフェだからこそ

サードプレイスのあたたかさ

二十一世紀のまちづくりにおいて、インフォーマル・パブリック・ライフはその鍵となる存在である。そして、広場や公園などのインフォーマル・パブリック・ライフにはその中核として、オープンカフェがあることが望ましい。カフェがあれば、そこがひと時の街なかの居場所となるだけでなく、人との出会いを促す場となりうるからである。オルデンバーグはこう述べる。

人がパブに行くのは、自分が歓迎されていることを実感したいからだ。そんな人びとが高く評価するのは、食料雑貨店主や銀行支店長がするような歓迎のしかたより、もっとぬくもりがあって私的なそれである。〔194〕

ヨーロッパの人たちがカフェやパブに日常的に通うのは、そこでは見知った誰かと会話でき、自分を受け入れてもらえるからである。家でも職場でもない場所で、誰かとちょっとした会話がしたい、そんな欲求を満たしに彼らは飲み物を飲むというエクスキューズを使ってそこに行く。

よき店を運営している主人は、常連たちが必ずしも飲み物目当てに来ている

194. レイ・オルデンバーグ著、忠平美幸訳
サードプレイス―コミュニティの核になる
「とびきり居心地よい場所」(みすず書房 2013)

わけではないのを知っている。美味しさは大事とはいえ、サードプレイスにおいて何よりも重要なのはあたたかさ、自分を一人の人間として大切に扱ってくれるという感覚である。

オルデンバーグはいみじくも「あたたかみのない家庭は存在するが、あたたかみのないサードプレイスは存在しない（筆者訳）」と述べている。あたたかみのないサードプレイスは客から見限られ、サードプレイスとして機能しえないからである。〔195〕

かつて、ウィーンのカフェやパリのカフェに通った芸術家たちは、カフェを第二の我が家と称し、長時間滞在していた。彼らが選んだカフェは街なかの我が家と思えるほど自分を受け入れ、落ち着いていられる空間だった。第一次世界大戦中、パリ、モンパルナスのカフェ「ロトンド」の常連たちが戦地から帰還して真っ先に訪れ、祝杯を挙げたのはそのカフェだった。

第二次世界大戦中、厳しい経済状況下でなんとか営業を続けていたパリの「カフェ・ド・フロール」に作家たちはこぞって集まった。カフェがそんなにも大事な場として機能したのは、カフェの主人やスタッフが客の存在をあたたかく見守り、客はそんな場をつくってくれる主人に感謝して、飲食代を支払うことでお互いにウィン-ウィンの関係をつくっていたからである。

195. Ray Oldenburg The Great Good Place: Cafés, Coffee Shops, Bookstores, Bars, Hair Salons and Other Hangouts at the Heart of a Community (Da Capo Press 1999)

カウンターの重要性

日本では、カフェで見知らぬ人と話すことはあまりないが、場のデザインは想像以上に重要な役割を果たしており、テーブル席のみの店では見知らぬ人同士の会話は生まれにくい。

フランスやイタリアのカフェ、バールには立ち飲み用のカウンターが併設されており、そこでは一ユーロ程度でコーヒーを飲むことができる。一ユーロというのは、現地の人にとっては百円ぐらいの感覚である。

カウンターは、客同士の出会いを促す場として機能している。カウンターの料金は室内やテラス席より安く設定されており、どんなにテラス席が高級でも、カウンターに行けば同じものが安く味わえる。

イタリアではこの値段の差が顕著であり、有名店のテラスは観光客で埋まり、地元の人はカウンターに集っている。カウンターを利用する者は大抵が常連客であり、彼らは喉の渇きを癒やすだけでなく、知人と出会えるだろうと思ってそこを訪れる。

たとえ知り合いがいなくとも、カウンターはコーヒーを飲んだり軽食をとりたい人にはうってつけの空間である。二度目か三度目になれば、周りの人との

サン・マルコ広場のカフェテラスは高級だがカウンターは地元の客で賑わう

ちょっとした会話も起こりうる。何度も足を運ぶうちに次第に会話が増え、知人になることもあるだろう。その頃には、来店の理由はエスプレッソではなく、誰かに会えるかもしれないという期待に変わっているかもしれない。

カウンターにいる主人は、客がどれだけ話したがっていても、一人の客の話を真剣に聴き続けることは不可能である。話に夢中になりすぎると手元が狂い、サービスに支障が生じるからだ。そんなとき、もう一人の客にさりげなく会話を振り、その人が話し相手になってくれれば、主人は手元に集中しながら相槌を打っていられる。

こうした事情により、カウンターでの会話は主人から話を振られた客同士のものとなりやすく、客たちは自然と知人になっていく。

見知らぬ街、特に大都会のなかで、そこに行けば少なくとも一人くらい、自分のことを認識し、挨拶してくれる人がいるというのは本当に心強いものである。大都会ではイベントに参加したり友人の家にでも招かれない限り、友達をつくることは難しい。たとえ知人の数が増えても、彼らに偶然出会うことはまずないだろう。

しかし、カフェのスタッフや数人の常連と顔見知りになった場合、そこに行けば自分を知っている人に会える可能性が高くなる。大都会にいて個人の自由

パリのカフェのカウンター

を最大限に享受しながら、そんな場所に出会えた人は幸せである。

そこに行くか行かないかは完全に個人の自由意思に任されており、強制力は働かない。常連も自由意思でその店に行くのであって、彼らと自分に共通しているのはその店の雰囲気や味が好きということだけなのだが、数多くの飲食店があるなかで、あえてその店を選んだという連帯感を感じていられる。

このように、「同じカフェを愛する者同士」というフラットな関係性だからこそ生まれるつながりや、できる話があるからこそ、カフェには独特の魅力があるのである。

自分は大切にされていると感じられること

デール・カーネギーは、人間関係における最も重要な法則は「常に相手に重要感を持たせること」であり、この法則に従えば多くの友人や幸福が訪れるが、これに背《そむ》くとすぐに絶え間ないトラブルに見舞われると説いてる。[196]
実際、これは人間関係やビジネスのみならず、まちづくりの成功の秘訣といってても過言ではないだろう。自分のことを人として大切に扱ってもらいたいという欲求は、老若男女、国籍を問わず共通している。

196. Dale Carnegie
How to Win Friends and Influence People
(Vermilion 2004)

特に富裕層はその欲求が顕著であり、彼らはそのためなら大金をはたく。高級ホテルの料金が驚くほど高くても宿泊するのは、そこでは大切な客として扱ってもらえるからである。

また、高級ホテルには多くの付加価値があり、様々な用途が凝縮されている。いいホテルには質の保証されたレストランが入っているため、彼らは飲食店がひしめく街に滞在していても、一度はホテルで夕食をとろうとする。これは部屋から近くて楽なだけでなく、このランクのホテルなら料理の味やサービス、エレガントな雰囲気や景色が保証されていると考えているからである。

こうしたホテルでは、美しい空間で豪華な朝食をとる、窓から絶景を眺める、夜景が綺麗なバーに行く、屋内のプールで泳いで気分転換をするなど、ワンストップで凝縮された豊かな経験ができ、時差ぼけで疲れているときや悪天候のときも、ホテル内にいること自体を楽しめる上に、困ったときはコンシェルジュが助けてくれる。つまり、見知らぬ土地であってもそこに行けば自分を丁寧に扱ってもらえ、豊かな時間が保証されていると想定して大金を支払っているのである。

高級ホテルに泊まれるのはごく一部の人だけとはいえ、高級なカフェの場合、ホテルに比べて格安の価格でホテルに近いサービスを受けられることがある。コーヒーが一杯千五百円するとしても、その値段を要求するからには、当然コーヒー以外の付加価値が存在するはずである。

　素晴らしい店には気配りがうまいスタッフがいるもので、歴史に名を残したパリのカフェでは、素晴らしいギャルソン（給仕係）が存在した。客の様子をしっかり把握し、テキパキ行動するが、客にとってマイナスなことは何ひとつしない。こうしたギャルソンは客に愛され、「あのギャルソンがいるからあの店に行こう」というインセンティブになっていく。ウィーンのカフェでは、名給仕が一人いなくなっただけで雰囲気がガラリと変わり、客たちは非常に残念がったという。

　現代のパリのカフェはギャルソンの態度が悪いと観光客から不評だが、フランス語で話しかけると別人のように優しくなることがある。私はカフェ・ド・フロールのテラスで、寒いから席を移ってもよいかと尋ねたところ、ギャルソンが気を利かせて、よりあたたかいところにと二度も席を変えさせてくれた。

　ヴェネチアのサン・マルコ広場のカフェも値段は高額だが、こちらが少し呼ぶ素振りをしただけでスタッフがすぐに来てくれる。もちろん写真撮影にも慣れており、子連れで座っていたらピエロの赤い鼻をつけてかまってくれたスタッフもいて、息子はそこが自分の居場所になったように感じて非常に喜んでいた。そのスタッフは、イタリア語、英語、ドイツ語、フランス語など数ヶ国語で客と言葉を交わし、心地よいやり取りによって彼らをリラックスさせ、笑顔にさせていた。

「カメリエーレ」と呼ばれるイタリアのサービススタッフは、客に給仕できるようになるまで、かなりの修業が必要だという。彼らはただ単に飲み物を運んでいるのではなく、客のカフェでの滞在を豊かにするための演出家であり、客を再度その店に来店させる力をもっている。

フランスやイタリアのカフェやバールが大切にしているのは、客とのコミュニケーションである。スタッフと話をし、ちょっとした願いを聞き入れてもらい、自分を受け入れてもらえたと思えるからこそ、そこが世界にたった一つの大切な居場所に変化するのである。

日本でも、私が本書の執筆当時によく使っていた半蔵門のあるホテルのカフェでは、こうしたちょっとした会話が独特の雰囲気をつくっていた。このホテルは永田町と国立劇場から近いこともあり、政治家風の方や着物姿の風格ある年配の方がいたり、出版社の打ち合わせなどにもよく使われていた。私はこのカフェほど、「こういうものはメニューにないか」とか、「私はこういうものがよい」など、ちょっとしたわがままを言う客が多い店を見たことがない。

サン・マルコ広場で笑顔の私たち。カフェのカメリエーレが笑わせてくれた

場所柄、スタッフはそうしたやり取りに慣れており、時折見事な返し方を見せてくれた。なるほど、往々にして偉い人の対応はややこしいことが多いものだが、客の要求に応じて可能な限り臨機応変に対応できるとその店は評価され、また一人その店を愛する客が増えていくのだと実感した。

また、帝国ホテル東京の「ランデブー・ラウンジ」は、ケーキが絶品なだけでなく、サービスの質が非常に高い。たとえば何かを頼みたいと思ったときにスタッフのほうに目をやると、すぐに誰かが来てくれる。

また、何より感心するのは、内心「こんな注文は無理だろうな」と思いながらダメ元で聞いてみたようなことでも、一度も無理だと言われなかったことである。他の店では即座に断られそうなことであっても、ここでは嫌な顔ひとつせずに対応してもらえ、尋ねたこちらのほうが驚いてしまう。

そんな使い勝手、居心地のよさから、このラウンジは国内外のビジネスマンからも愛されており、大抵いつも満席である。ちなみに、一見低いように感じるテーブルも、ひとたび執筆を始めると抜群の心地よさであり、私はここで時を過ごしながら、「なるほど、カフェが第二の我が家とはこういうことか」と感じ入ったものである。

フラットな関係性になることで身近になる世界

あるカフェに集う者には何かしらの共通点があり、そのためにカフェは独特の雰囲気を醸し出す。初めてそのカフェの扉を開けた者にとって、常連客たちが、自分にとって遠い憧れの世界の人たちだとしても、何度かカフェに通っていると、彼らの存在や属する世界が身近に感じられるようになっていくから不思議なものである。

たとえば、先述の半蔵門のホテルのカフェでは、ただ者ではない雰囲気の人をよく見かけ、初めて訪れたときはその雰囲気に恐れ入り、ハイヒールかワンピースで来ないとまずいと思ったものだが、慣れてくると段々と彼らの存在を身近に感じ、自分とそう変わらないように思えてくるから面白い。

ある日は、後ろの席にちょっと変わったモーニング姿の男性が来たと思ったら、皇居で勲章を授与された方だった。そんな人もいるのかと思っていると、目の前のエスカレーターから、遠目にも質の良さがわかる着物姿の叙勲者の奥方たちが続々と下りて来る。

勲章なんて新聞の上の世界だと思っていたが、その男性が「僕はトイレが近くなっちゃうからね、コーヒーは飲めないんだよ」と言ってミルクを注文したのを聞いて、なんだこんな人にも弱点があるのかと、その人を身近に感じたのを覚えている。

もし私が勲章授与式に通りかかり、何十メートルも先から彼らを眺めていても、決して彼らを自分と同じ世界にいる人間だと思うことはなかっただろう。しかし、カフェでは同じように飲み物を注文することによって誰しもがフラットな関係になる。隣の人が勲章受章者であれ、社長であれ、私のほうが先に注文していれば、飲み物を先に手にする権利があるのは私の方なのだ。

こうして彼らがジャケットと共に威厳ある社会的身分を一旦脱ぎ捨て、綺麗な女性と一緒にケーキセットを注文して喜んでいる姿を見ると、彼らの存在がぐんと身近になっていく。自分が思っていたほど彼らは遠く離れた存在ではなく、自分と同じようにわがままな注文をする客の一人なのだ。

このように、自分にとって想像上の世界の人々が集まるカフェに身を置くと、彼らの存在が急に身近に感じられ、「自分もいつかそうなれるかもしれない」という未来へのプラスの力が湧いてくる。自分が憧れる世界にいる者がリラックスし、素の姿でいられるようなカフェに通うことは、その世界に憧れを抱く者にとって、大きな飛躍のきっかけになる可能性を秘めている。

ゆらぎ

オルデンバーグはいみじくも、「サードプレイスはインフォーマル・パブリック・ライフの中核となる空間である」と述べている。インフォーマル・パブリック・ライフの中核にカフェがある場合、幸福感のある空間が出現するだけでなく、カフェでの出会いによって人生が変わり始めることがある。

なぜなら、カフェは「ゆらぎ」を起こす場として機能しうるからである。ここで言う「ゆらぎ」とは、自分の想像を超える経験をしたときに起こる人生の大きな揺れのことである。素晴らしい場が大きな変化を起こしうるのは、その場があることで他ではできない経験が促され、その経験によって価値観がゆらぎ、人生が変わり始めるからである。

カフェでは、一杯の飲み物代を支払うことで客は対等な関係になる。カフェにおいては、こうして関係性がフラットになるからこそできる話が確実に存在する。

たとえば、講演会の話者や教授と共にカフェに行くと、先ほどまでは壇上の手の届かない存在に思えた人物も、コーヒーを飲み、時に疲れた表情をし、スマホをいじり、トイレに行き、何らかの欠点すらある人だとわかってくる。

すると、急にその人の存在が身近なものとなり、憧れの人物ですら同じ人間なのだという親近感が湧いてくる。彼らが何かを成しているのは、彼らが自分とは圧倒的に違い、生まれながらの才能の持ち主だからではなく、彼らが彼らなりにもがいた結果かもしれない。今は圧倒的な差があれど、いつか自分も彼らのようになれる日が来るかもしれない。

「ゆらぎ」というのは、これまで自分が押しつけられてきた社会的要請に対して、本来の自己への揺り戻しが起こる瞬間だといえる。大学教授になることも、ミュージシャンとして生きることも、自分が属してきた価値観の中では無理だった。しかし、目の前にそれをごく普通にやっている人がいて、その人に勇気を出して話しかけてみたとき、彼らは「ゆらぎ」を起こしてくれるだろう。「どうして?　やればいいじゃない!」と。

夢を描いている本人には無理としか思えないことも、その夢を実現している人にとっては、ごく普通の現実なのだ。そういう人とフラットに、同じ地平に立ったときに「ゆらぎ」は起こる。彼らはおずおずと夢を語った自分に対し、なぜやらないのかと真顔で問いかけてくるだろう。

このように、自分が憧れてきた世界を普通に経験している人と対等な関係で話をしてみると、「彼らがそれを実現しているのに、なぜ自分はやらないのか？」という根源的な問いが湧き起こる。そして往々にして、その理由は自分の置かれている状況が極めて困難で経済的にも時間的にもやり繰りが不可能だからではなく、単にやっていなかっただけなのだということを痛感するのである。

目の前にいる人は自分が本気で動いたら少しは手を貸してくれるかもしれない。渡航先でのアドバイスや、知り合いの連絡先を教えてくれることもあるだろう。そんな出会いを経験したとき、その人の人生は大きく揺らぐ。

本当は憧れていた、でも半ば諦めていた世界。それは現実にありうるし、可能なのだとわかったときに、人は希望を得る一方で恐ろしいほどの不安も抱くことになる。これまで自分が属してきた世界では誰もそんなことをしていないからだ。

「ゆらぎ」というのは、これまでの価値観がグラグラと揺らぎ、音を立てて崩れ始めることである。価値観はその人を支えてきたものであるから、もちろん「ゆらぎ」が起こると、人生の指針を一時失わせ、非常に不安定な状態にさせてしまう。これまで属してきた世界の人はその変化を喜ばしく思わず、話が合わなくなることもあるだろう。

「ゆらぎ」にはいい面もあるが恐ろしい面もあり、一度崩壊した価値観を立て直すためにはどれほどの時間がかかるかわからない。しかし、一度本当の自分の望みに気づいてしまうと、それまでと同じ人生を歩むことは難しいし、「ゆらぎ」は長い目で見るとポジティブな変化なのである。

「ゆらぎ」は、インフォーマル・パブリック・ライフでほんの少し時を過ごしただけで起こるようなものではない。人は自分を支えてきた価値観を軸に生きており、外国に行って何かを見ても、多くの場合は自分が拠り所としてきた価値観に沿って物事を判断するため、わからないもの、自分が属してきた価値観と相容れないものはシャットアウトする傾向があるからだ。

とはいえ、深い会話を通じてそれが成り立っている理由や経緯をきちんと説明されると、あまりに遠くて理解不能だったものが一気に身近になってくる。そして、「ありえへん」が「そんなんありか！」に変化したとき、自分の中で大きな「ゆらぎ」が起こるのだ。

往々にして「ゆらぎ」を起こしてくれるのは人との出会いと深い会話である。憧れていた生き方を実現している人との出会い、自分が想像もしなかったような生き方を普通にしている人との出会い、そして彼らとの深い会話を通して、自分の価値観は絶対的なものではなく、違う道もありうるのだと合点がいくのである。

そうした出会いがあったとき、これまで自分を縛ってきた価値観や、「ありえない」という思い込みは音を立てて崩れ始め、新たな人生への変化が始まっていく。

社会の中で、カフェという場が重要なのは、ただそこに居続けられるだけでなく、人との出会いや深い語り合いを通じて、人生が変わっていくからだ。パリやウィーンでカフェが新たな文化の発信地となっていったのは、ただ美味しいコーヒーが飲めたからでも、一人でゆっくり読書ができたからでもなく、こうした出会いが頻繁に起こり、人々が深く語り合い、人生が変わる場として機能していたからなのである。

カフェという恒常的な場があることで

日本の場合、私の知る限りでは、こうした「ゆらぎ」が起こりうる場というのはイベントやセミナーだった。とはいえ、セミナーやイベントが素晴らしい出会いをもたらし、豊かな議論ができたとしても、悲しいかな、イベントは長くても数日しか続かない。

イベントで出会った人と素晴らしいアイデアを共有し、何かができそうに思えても、異なる会社や地方から集まった人々が日常生活に戻ってしまうと、彼らが一緒になって何かを起こしていく可能性は急速にしぼんでしまう。

結局のところ、リチャード・フロリダが語るように、人々が物理的に同じ場所に集い、膝を突き合わせ、アイデアを出し合ってプロジェクトに取り組むとは物事を加速させ、具現化するために非常に重要なのである。〔197〕

イベントで驚くような化学反応が起こるのは、そこで生身の人間が出会い、熱く語り合い、お互いのエネルギーがぶつかり合うからである。人はそこで感動し、何かが変わったように思いがちだが、大切なのはそこで出たアイデアをかたちにすることである。せっかく出会った人たちが遠く離れた日常に戻ってしまうと、どんなによい経験をしても、その熱量は拡散し、日常の慌ただしさに流されてしまう。

それに対して、こうした出会いがカフェを起点に起こった場合、気の合った人たちが再び出会う可能性が高くなる。というのも、彼らはもともと何らかの理由でカフェに来ており、時間や曜日を少し調整するだけで、再び会える可能性があるからだ。

人は誰しも面倒を嫌うものであり、モールであれ、高級ホテルであれ、機能の凝縮された都心部であれ、ワンストップでできるだけ多くの用が足せる場所

197. リチャード・フロリダ著、井口典夫訳
新 クリエイティブ資本論 才能が経済と都市の主役となる
（ダイヤモンド社 2014）

を好むものだ。わざわざ一つの目的のためだけに外出するのは面倒だが、何かのついでにカフェに寄るならハードルも低くなり、日常の中に出会いがあれば、年に一度のイベントのように非日常として生活から乖離《かいり》することもない。

従って、こうしたカフェは、カフェとしての機能を果たすだけでなく、人々が普段から立ち寄る場所にできる限り近いことが重要である。

カフェのすぐ近くに公園、広場、市場や駅など、多様な機能が凝縮されていれば、多くの人がそのカフェに立ち寄る可能性も高くなる。人がゆるやかに出会うようになればなるほど、何かをやりたかった者とそれを欲していた者との出会いも起こりやすくなるだろう。

パリのモンパルナスのカフェには、画家を目指す者もいればモデルの女性も、画商も通っていた。モデルが見つからなくて困っている画家がいれば、誰かが「彼女はモデルだよ」と教えてくれただろう。

作家志望も編集者も通うカフェであれば、彼らの作品が世に出る可能性も高くなる。カフェ・ド・フロールのオーナーの孫であるクリストフ・ブバルは、店に来ていた作家のロラン・バルトに才能を見出され、作家としてやっていくことを決意した。

フロールに作家が多かったのは、そこで静かに執筆できただけでなく、近くにいくつもの出版社があり、編集者と作家が打ち合わせしやすかったからである。何かを提供したい人とそれを欲している人がカフェで出会えば、新たな可能性が生まれ、それが仕事につながっていく。

カフェはほとんどいつでも開かれていて、仕事もできるため、そこで生まれたアイデアが具現化される可能性も高い。実際に、カフェ・ド・フロールやモンパルナスの「クローズリー・デ・リラ」の一角は、常連客が発行している雑誌の編集部として機能していたほどである。

カフェから街は変えられる

最後に、まちづくりにおけるカフェの可能性について言及しよう。本書では、街の活性化のためには行政の努力が欠かせないと繰り返し述べてきた。とはいえ、行政が主体となったまちづくりを行うには、行政側の強いモチベーションや予算が必要であり、行政を動かすのはさすがに無理だと思われるかもしれない。

だからこそ、この本の最後に、カフェが街を変える可能性についても言及したい。ある街に一軒のカフェをつくる、または既存のカフェのあり方、場のデザインを変えてみることで、街が変わる可能性があるのである。もちろんここで語るカフェとは、インフォーマル・パブリック・ライフの中核となるオープンカフェのことである。

第九章で考察してきたように、オープンカフェはインフォーマル・パブリック・ライフを生み出すルールを小宇宙のように内包している空間である。だからこそ、そのルールが凝縮されたカフェが街に一軒、できれば数軒がごく近い範囲に集まれば、そこを起点に人が集まり、変わってゆく可能性があるのである。

カフェも街も、そこを訪れる人を尊厳ある一人の人間として大切にし、あたたかくもてなし、街なかでの居場所を提供すること。カーネギーが言うように、常に相手を重要な人物として扱うことは、ビジネスだけでなく、まちづくりにおいても成功の秘訣である。

そのカフェが、常に質の高いサービスを提供し続けていれば、次第に唯一無二の存在として認知され、遠方からも人が訪れ、ブランド価値をもつ存在として光を放っていくだろう。

そのためには、飲食の質以上に質の高いサービスと居心地のよさが重要である。遠くからでもわざわざ来てよかった、そのかいがあった、これなら喜んでお金を払いたい、と思わせるものを提供し続けていくと、カフェはやがて人の動線を変え、人をそこに引き寄せる磁場となるだろう。

モンパルナスのカフェ、ロトンドは、あたたかい主人のいるごく小さなカフェだった。繁華街からも遠く、立地条件も悪かったが、主人は客たちを愛することで帝国を築こうと試み、モンパルナスは十年後には世界中の芸術家がやって来る街になり、やがて観光バスが前に停車するほど有名な店になった。

街に一軒のあたたかいカフェがあれば、やがてクリエイティブな人が集まり、次第に店の周りに少しずつ店が増え、訪れる人が増え、面白いエリアとして認知されていく。

街は変えられる。行政が市民のために取り組むことで。そして、一軒のあたたかいカフェからも。

モンパルナスのカフェ、ロトンド

おわりに

「お父さん、私ね、郊外の本を書いてるんだ」

父と散歩をしながら私は言った。本書の完成間近に父と近所のカフェに出かけた時間は、本を書くことを誰より応援してくれていた父に、この本の話を聞いてもらう最後の機会となった。

父はアメリカで数年間仕事をした後、郊外にまさにアメリカ風の一軒家を建て、私は幼少期からそこで暮らした。大学院に行くためにその家を出て、八年ほど京都で暮らした後に、またその家に戻ってきた。私がこんなにも郊外について長く書いてきたのは、何十年もの時を過ごした郊外という場が自分の人生に大きく影響しているからだ。

もしも郊外にインフォーマル・パブリック・ライフがあったなら。郊外にインフォーマル・パブリック・ライフがあり、そこで気軽に気分転換ができたなら。かつての私のように乳幼児を抱えて身動きのとれない母親だけでなく、高齢になり、頻繁に都心に行く気力がなくなった人にとっても大きな慰めとなったのではないだろうか。

本書を書き始めてから出版までには七年以上の歳月がかかり、身の回りでも多くの変化があった。たまプラーザでは駅前に使い勝手のよいカフェができ、瞬く間に満席の店となった。駅から遠い私の家の近くにもカフェができ、在宅勤務の人やママたちで朝から賑わい、オープンから数年たった今でも昼間はとても混んでいるという。

私はそのにぎわいを見るたびに、住宅しかない場所にこれだけの需要があったのかと驚きを隠せない。その場所が父の気分転換の場所になり、少しでも通ってくれたらと願って何度かそのカフェまで父と行ったが、残念ながらその願いは叶わなかった。

本書の執筆中に誕生したこれらのカフェには、高齢の男性が一人で新聞を読みに来たり、在宅勤務の人が仕事をしに来たり、ママたちが子連れでお茶をしに来るなど、家ではできない気分転換ができるかけがえのない場となっていた。近所にできたカフェにはお客のことを覚えてくれる素晴らしい店員さんもいて、ちょっとした会話ができるのが本当にありがたかった。きっと他の人たちも、ささやかな交流を期待しながらその店に通っていたことだろう。

この研究は私が子どもを産んで母となり、周りの人たちから祝福される一方で、実際には突然、社会の周縁に追いやられて愕然としたことから始まった。それから十年以上がたち、私の人生も変化して、研究の発端であるニュータウンに半ば閉じ込められた暮らしは過去のものとなり、今では都心にも海外にも行けるようになった。一方で、コロナ禍を経てすっかり都心が遠のいた父にとっては半径五百メートル以内の世界が生々しい現実だった。

父と共に郊外の道を歩いていると、この本で書いたことや研究内容が一つひとつ思い出され、思わずそれを語らずにはいられなかった。

バイパス沿いでは車の騒音が大きすぎて隣の人の声が耳に入らず、人は会話をやめてしまうこと。郊外のバイパス沿いでの交通事故のほうが都心部よりも多いこと。それはまさに家の近所のように必要な場所に横断歩道が設置されていないからであり、そこを歩行者が無理やり渡ろうとするからだ。

ただコンビニに行くために車にはねられるのはまっぴらだが、父の安全のために迂回して横断歩道を経由して近所のコンビニまで行ったときは往復四十分もかかって驚いた。

そのとき一緒に歩きながら「お父さん、何かやりたいことあるの?」と聞いたら、「あるよ、ヨーロッパに行きたい」と即答して私を驚かせた父だったが、それが父との最後の散歩になった。

人は自分が社会的弱者になって初めて、その状況の酷《ひど》さに気づいて愕然とするのだろう。外を歩いても何もなく、誰とも、面白いことにも出会えなければ、外に出ても仕方がないと思って家の中に閉じこもり、次第に体力も気力も衰えていく。そんな人は昔の私に限らず、日本中、いや世界中の郊外にいるだろう。

私がこの本を書き始めて以来、日本では雨後の筍のように「パブリック」と名のつく本が出版されてきた。おかげで街は以前よりも変わり、私たちの暮らし向きは良くなってきたのだろうか？

私が本書を通じて声を大にして訴えたいのは、インフォーマル・パブリック・ライフを真に必要としているのは、代々木公園や渋谷など、都心の一等地に住める特別な人よりもむしろ、住宅以外に何もない場所、半ば閉じ込められた暮らしをしている人だということである。

私は、父と歩きながらよく言った。「それでも、お父さんは恵まれているほうだ」と。なぜなら、この街は電車やバスの便もよく、都心に行けるし、駅前の充実ぶりは驚くほどで、もはや都心に行く必要すらないからだ。書店もあればカフェも百貨店もあり、公園もいくつかあるため、駅前に行きさえすれば多少の気分転換ができる。

ところが、同じ田園都市線沿線でも、他の多くの駅は愕然とするほど閑散としており、より都心に近い駅周辺に住む人ですら、たまプラーザのにぎわいを羨んでいたのには驚いた。私たちはせめてものにぎわいを求めて駅前に行くが、そこにスーパーとコンビニ、ドラッグストアくらいしかない場所のほうが多いだろう。

また、完全な車社会と高齢化が重なったらどうだろう。ジープを何より大切にしていた父は結果的に免許の更新を諦めたが、それでもこの街はバスや電車が機能しているので移動に問題は生じなかった。

では、車社会で免許を剝奪された高齢者は一体どうすればよいのだろう。もともと車社会でアクティビティが分散している街には、徒歩圏で気分転換ができるような場所もかなり限られていることだろう。

横浜の希望が丘で素晴らしいコミュニティカフェ「ハートフル・ポート」を運営している五味真紀さんは、「結局、人は最後は地域で生きるのだ」と言っていたが、父と近所を歩きながら本当にそうだと痛感させられた。元気で体力もお金もあれば一時間かけて日々都心に通えるかもしれないが、そうでない場合には、結局長い時間を過ごすのは自分の家の周辺になる。

だからこそ、その環境が充実し、少しでも外に出たくなり、何かが起こり、誰かとちょっとした会話をしたり、家の中とは違う経験ができること。そんな場が身近な生活圏にあることは、今後の超高齢社会にとっても、乳幼児の子育てをしている人にとっても本当に重要なのである。

当事者には、社会を変える力も気力も残っていない。彼らの声は単なる文句のように聞こえがちであり、残念ながら、往々にして「サバルタンは語りえない」。しかし、誰しもがある日突然、社会的弱者になる可能性があるからこそ、誰にとってもより住みやすいまちづくりを進めることが重要なのではないだろうか。

理想の楽園として誕生し、世界中に広まった郊外にはまだポテンシャルがあるはずだ。私は郊外の里山や近所の森林公園はとても美しいと思っているし、コロナ禍以前に本書のための研究を始め、気分転換に走りに行きながら、こうした美しい場所にほとんど人が歩いていないのを残念に思ったものだ。

父が建てた家の近くには桃源郷のように美しい山や、嵐山に行く必要すらなさそうな美しい竹林があり、有名なパン屋が二軒もある。それらはどこも徒歩十分程度である。今のところ、これらの店は点在しており、多くの人は車で来るため、歩ける距離にもかかわらず、その間を歩く人はあまりいない。しかし、これらの場所がぎゅっと凝縮されていれば、そこは郊外の拠点となってもっと賑わい、家にこもりがちな人も散歩がてらに行ってみようと思えるだろう。

美しい景色を見ながら美味しいパンを食べられるテラスやベンチがあったらどうだろう。近くには有名なコーヒー店も存在するから、それらの店が里山の麓や丘の頂上でフードカートを出すだけで、きっと賑わうことだろう。

里山を歩く人やその自然を愛でる人も増え、ここに住んでいてよかったと思えるだろう。

パソコンを開いて仕事のできるカフェがあれば、美味しいコーヒー片手に仕事をし、終わったら空気のよい竹林を散歩して一息つける。人が集まる拠点では、近所の人や同じ学校の誰かと出会うこともあるだろう。そこでのちょっとした立ち話こそが人を元気づけてくれるのではないだろうか。

繰り返すが、大切なのは大きなビジョンを描きながらも、初めから完璧を目指すのではなく、できることから少しずつ変えていくことである。いきなりオープンカフェはできなくても、イベント的にコーヒーの屋台を出店することはできる。そして人が集まることがわかれば、イベントが恒常的なものになり、やがて常設のカフェができるかもしれない。

心落ち着く自然やちょっとした広場、オープンカフェが一〜二軒あるだけで、そこは人々の目的地となり、日常の中の非日常が味わえる拠点となっていく。

コロナ禍前までは世界中で郊外は見捨てられつつあったが、在宅勤務を機に再び見直されるようになってきた。在宅勤務のよさが身に染みてわかった今だからこそ、カフェという場やインフォーマル・パブリック・ライフを軸に、世界の郊外をより住みやすい場所に変えていくことができるだろう。そうすれば、十九世紀に抱かれた「自然と調和した家庭生活」という美しい理想は、今度こそ実現できるかもしれない。

車や電車があるにしても、人は結局のところ自宅からそう離れては生きられない。だからこそ身近な生活圏の住環境が充実していることは、その人の人生の幸福度に直結する。

弱者の文句にすぎないような街への不満や違和感には、よりよいまちづくりのための大きなヒントが隠されている。この本を読んで少しでも誰かが共感してくれ、何かが変わるきっかけになってくれれば幸いである。

飯田美樹（いいだ・みき）
カフェ文化、パブリック・ライフ研究家。学生時代に環境問題に興味を持ち、社会はどうしたら変えられるかに関心を抱く。交換留学でパリ政治学院に行き、世界のエリートたちとの圧倒的な差を感じ、避難所としてのカフェに通う。その頃、パリのカフェは社会変革の発端の場であったと知り、研究開始。帰国後、大学院で研究をすすめ『カフェから時代は創られる』を出版。その後、郊外のニュータウンでの孤独な子育て経験から、インフォーマル・パブリック・ライフの重要性に気づき、研究開始。現在は「カフェ的サードプレイス」「世界レベルの語学・教養」「もっと気軽に本物を」の３つのコンセプトで活動中。リュミエール代表。

クレア・クーパー・マーカス、キャロライン・フランシス編、湯川利和、湯川聡子訳 人間のための屋外環境デザイン オープンスペース設計のためのデザイン・ガイドライン（鹿島出版会 1993）

ケヴィン・リンチ著、丹下健三、富田玲子訳 都市のイメージ（岩波書店 2007）

和田幸信著 フランスの景観を読む―保存と規制の現代都市計画（鹿島出版会 2007）

小林章夫著 コーヒー・ハウス 都市の生活史―18世紀ロンドン（駸々堂 1984）

ジェイン・ジェイコブズ著、山形浩生訳 アメリカ大都市の死と生（鹿島出版会 2010）

シモーヌ・ド・ボーヴォワール著 女性と知的創造（人文書院 1978）

シモーヌ・ド・ボーヴォワール著、朝吹登水子訳 娘時代―ある女の回想（紀伊國屋書店 1961）

シモーヌ・ド・ボーヴォワール著、朝吹登水子、二宮フサ訳 女ざかり(上)―ある女の回想（紀伊國屋書店 1963）

ジャン・ボードリヤール著、今村仁司、塚原史訳 消費社会の神話と構造（紀伊國屋書店 1995）

シリル・B.ポーマイア著、北原理雄訳 街のデザイン―活気ある街づくりのシナリオ（鹿島出版会 1993）

陣内秀信著 イタリア 小さなまちの底力（講談社 2006）

デイヴィッド・リースマン著、加藤秀俊訳 孤独な群衆（みすず書房 1983）

パオラ・ファリーニ、上田暁編、陣内秀信監 イタリアの都市再生(造景別冊;no.1)（建築資料研究社 1998）

橋爪大三郎、大澤真幸著 ふしぎなキリスト教（講談社 2011）

ハワード・シュルツ、ドリー・ジョーンズ・ヤング著、小幡照雄、大川修二訳 スターバックス成功物語（日経BP社 1998）

プロジェクト・フォー・パブリックスペース著、加藤源監訳、鈴木俊治、服部圭郎、加藤潤訳 オープンスペースを魅力的にする―親しまれる公共空間のためのハンドブック（学芸出版社 2005）

マックス・ヴェーバー著、大塚久雄訳 プロテスタンティズムの倫理と資本主義の精神（岩波書店 1989）

松本佐保著 熱狂する「神の国」アメリカ 大統領とキリスト教（文藝春秋 2016）

望月真一著 路面電車が街をつくる―21世紀フランスの都市づくり（鹿島出版会 2001）

宗田好史著 にぎわいを呼ぶ イタリアのまちづくり―歴史的景観の再生と商業政策（学芸出版社 2000）

ヤン・ゲール著、北原理雄訳 人間の街：公共空間のデザイン（鹿島出版会 2014）

ヤン・ゲール著、北原理雄訳 建物のあいだのアクティビティ（鹿島出版会 2011）

リチャード・フロリダ著、井口典夫訳 クリエイティブ都市論 創造性は居心地のよい場所を求める（ダイヤモンド社 2009）

リチャード・フロリダ著、井口典夫訳 新 クリエイティブ資本論 才能が経済と都市の主役となる（ダイヤモンド社 2014）

ル・コルビュジエ著、白石哲雄訳 輝ける都市（河出書房新社 2016）

レイ・オルデンバーグ著、忠平美幸訳 サードプレイス―コミュニティの核になる「とびきり居心地よい場所」（みすず書房 2013）

ロバート・フィッシュマン著、小池和子訳 ブルジョワ・ユートピア：郊外住宅地の盛衰（勁草書房 1990）

報告書、論文

BOP Consulting Editorial Team World Cities Culture Report 2015（2015）

Greater London Authority Congestion Charge Income（2024）

Ville de Paris Plan Climat de Paris: vers une ville neutre en carbone et 100% énergies renouvelables（2018）

Mayor of London Healthy Streets for London: Prioritising walking, cycling and public transport to create a healthy city（2017）

The City of New York PlaNYC A GREENER, GREATER NEW YORK（2007）

The City of New York PlaNYC Progress Report 2009: A GREENER, GREATER NEW YORK（2009）

主要参考文献

英語文献

Andres Duany, Elizabeth Plater-Zyberk, and Jeff Speck Suburban Nation: The Rise of Sprawl and the Decline of the American Dream (North Point Press 2010)

Clare Cooper Marcus, and Carolyn Francis People Places: Design Guidelines for Urban Open Space, 2nd Edition (Wiley 1997)

Charles Montgomery Happy City: Transforming Our Lives Through Urban Design (Penguin Books 2015)

Dale Carnegie How to Stop Worrying and Start Living (Vermillion 2004)

Dale Carnegie How to Win Friends and Influence People (Vermilion 2004)

E.M.Forster Marianne Thornton (Hodder & Stoughton Educational 1956)

Janette Sadik-Khan and Seth Solomonow Streetfight: Handbook for an Urban Revolution (Viking 2016)

Jeff Speck WALKABLE CITY: How Downtown Can Save America, One Step at a Time (North Point Press 2013)

Judith Flanders The Victorian House: Domestic Life from Childbirth to Deathbed (Harper Perrenial 2004)

Kenneth T.Jackson Crabgrass Frontier: The Suburbanization of The United States (Oxford University Press 1987)

Mark A. Noll The Scandal of the Evangelical Mind (Eerdmans Pub Co 1995)

Michelle DeRobertis, and Maurizio Tira The Most Widespread Traffic Control Strategy You've Never Heard of: Traffic-Restricted Zones in Italy (Institute of Transportation Engineers 2016)

Michael Sinclair, Josie Seydel, and Emily Shaw Mindfulness for Busy People: Turning Frantic and Frazzled into Calm and Composed, 2nd edition (Pearson 2017)

Mike Lydon and Anthony Garcia Tactical Urbanism: Short-term Action for Long-term Change (Island Press 2015)

National Association of City Transportation Officials Global Street Design Guide (Island Press 2016)

Ray Oldenburg The Great Good Place: Cafés, Coffee Shops, Bookstores, Bars, Hair Salons and Other Hangouts at the Heart of a Community (Da Capo Press 1999)

Robert Fishman Bourgeois Utopias: The Rise And Fall Of Suburbia (Basic Books 1987)

Robert J. Gibbs Principles of Urban Retail Planning and Development (Wiley 2012)

Robert T. Kiyosaki Rich Dad's Guide to investing: What the Rich Invest in, That the Poor and the Middle Class Do Not! (Plata Publishing 2012)

Stephen Tomkins The Clapham Sect: How Wilberforce's Circle Transformed Britain (Lion Hudson 2010)

Sung Wook Chung John Calvin and Evangelical Theology: Legacy and Prospect (Westminster John Knox Press 2009)

日本語文献

エーリッヒ・フロム著、日高六郎訳 自由からの逃走（東京創元社 1951）

エルンスト・トレルチ著、深井智朗訳 近代世界の成立にとってのプロテスタンティズムの意義（新教出版社 2015）

エンゲルス著、一條和生、杉山忠平訳 イギリスにおける労働者階級の状態（上）——九世紀のロンドンとマンチェスター（岩波文庫 1990）

カミロ・ジッテ著、大石敏雄訳 広場の造形（鹿島出版会 1983）

インフォーマル・パブリック・ライフ　人が惹かれる街のルール

発行日　２０２４年５月３日　第１版　第１刷
著者　飯田美樹（いいだ・みき）
発行人　西村勇哉
発行　ＮＰＯ法人ミラック（〒600-8841　京都府京都市下京区朱雀正会町１－１　ＫＹＯＣＡ５０４）
MAIL　info@emerging-future.org　WEB　emerging-future.org
発売　英治出版株式会社（〒150-0022　東京都渋谷区恵比寿南１－９－１２　ピトレスクビル４Ｆ）
TEL　03-5773-0193　FAX　03-5773-0194　WEB　www.eijipress.co.jp
編集　赤司研介（imato）
編集協力　高野達成（英治出版）　石川歩・井上陽子・北嶋友香・行徳ゆりな・後藤香織・末岡優里（ミラック）
販売協力　田中三枝（英治出版）
装丁・組版　中家寿之
校正　株式会社聚珍社
印刷・製本　中央精版印刷株式会社

　ISBN978-4-9912132-3-6　Printed in Japan